Changing Strategy of Mission

변화하는 선교 전략

송영만 · 이수환 · 이희훈 · 윤승범 공저

기독교문서선교회

기독교문서선교회(Christian Literature Center: 약칭 CLC)는 1941년 영국 콜체스터에서 켄 아담스에 의해 시작되었으며 국제 본부는 영국의 쉐필드에 있습니다.

국제 CLC는 59개 나라에서 180개의 본부를 두고, 약 650여 명의 선교사들이 이동도서차량 40대를 이용하여 문서 보급에 힘쓰고 있으며 이메일 주문을 통해 130여 국으로 책을 공급하고 있습니다.

한국 CLC는 청교도적 복음주의 신학과 신앙서적을 출판하는 문서선교기관으로서, 한 영혼이라도 구원되길 소망하면서 주님이 오시는 그날까지 최선을 다할 것입니다.

Changing
Strategy of Mission

Written by
Soo-Hwan Lee et al.

Korean Edition
Copyright © 2015 by Christian Literature Center
Seoul, Korea

Changing Strategy of Mission

추천사 1

김성욱 박사
총신대학교 선교학 교수

　오늘의 한국 선교는 이제 전 세계 선교 사역에서 전략적인 공헌을 가져야 할 시대에 이르렀다. 선교사 27,000명의 거대 한국 선교에서 이제 질적인 대안이 있는 선교로 나아가야 하고, 세계 선교에 대한 전략적인 선교시대로 가야 할 필요가 있다.
　이러한 시점에서 『변화하는 선교 전략』은 오늘 한국 교회가 필요로 하는 최신 선교 전략에 대해 학문적으로 깊이 있는 내용을 가진 도서로서, 현재 한국에서 활발하게 사역하고 가르치는 젊고 유능한 한국 교회 선교학자들이 공동으로 집필한 책이다.
　본서는 도시 목회, 교육 목회, 어린이 목회, 직장 선교, 전문인 선교, 태권도 선교, 신유 사역, 한인 디아스포라 선교, 이슬람 선교 그리고 영적 전쟁과 선교 전략이라는 다양한 선교 전략에 관한 주제들을 깊이 있게 다루고 있다. 세계 선교에 대한 비전과 사랑을 가진 모든 주님의 일꾼들과 각자의 삶의 자리에서 선교 사역을 감당하는 모든 독자에게 필독을 권한다.

추천사 2

서무영 박사
California Difference University 총장

　현재 세계 선교 환경 속에서 기독교는 어떤 방향과 전략으로 선교해야 하는가? 이러한 질문에 가장 절실히 필요로 하는 선교 전략은 총체적인 선교일 것이다. 그 이유는 기존 선교의 단점들과 문제점들을 극복할 수 있으며, 선교사들이 접근할 수 없는 국가와 지역에 창의적인 접촉점을 찾아서 복음을 증거할 수 있기 때문이다.
　과거 선교 역사와 전략들을 살펴보면, 교회 개척과 영혼 구원에만 집중한 것이 사실이다. 지금의 선교는 총체적인 선교를 통해 영혼 구원과 더불어 사회와 개인의 필요를 채워주며, 이를 통해 복음의 접촉점을 찾아 한 명의 영혼이라도 예수님의 제자로 만들어야 한다.
　현재 직면한 선교 현장은 다양한 선교 전략을 요청하며, 선교지마다 창의적인 선교와 사역을 감당할 수 있는 선교사들을 필요로 하고 있다. 이런 시점에서 본서는 현재 선교학을 전공하는 학생들과 선교를 준비하는 모든 사역자들에게 유익한 책이며, 또한 앞으로의 선교 패러다임이 어떻게 변화되어야 하는지 잘 알려주고 있다.

추천사 3

오현철 박사
성결대학교 신학대학장

  본서는 선교 전략서 5.0이다. 선교 1.0이 교회가 선교에 크게 관여하지 않은 둔감한 시대의 전략이었다면 선교 2.0은 선교 활성화 시대의 전략이었다. 하지만 강조만 하다 보니 시행착오가 많았고 무전략적이었다. 선교 3.0은 시스템, 복지, 전문인, 차세대 양성 등이 강조된 전략이었고 선교 4.0이 현장중심의 필요를 강조한 전략이었다면 본서는 3.0의 강조점을 기저로 4.0을 거쳐 새로운 변화를 추적했다는 점에서 5.0이다. 최신의 전략과 여전히 유효한 전략을 탑재했지만 본서는 본질을 지향한다. 선교는 교회의 본질이기 때문이다.
  매 장마다 성경적, 신학적 근거를 제시하고 특히 구체적인 사례를 들어 제시한 교육 목회와 직장 선교 또한 세계 선교 동향을 개관하며 제시한 전문인 선교, 1세대 한인 디아스포라 선교 전략가라 할 수 있는 이수정과 연관시킨 한인 디아스포라 선교 등과 관련된 선교 전략이 네 명의 선교학자들에 의해 씨줄과 날줄처럼 엮이며 펼쳐진 본서의 지평에 모든 목회자들과 선교사들과 예비 선교사들을 초청한다.

추천사 4

이효선 박사
전 단국대학교 정책경영대학원장 및 산업정보대학원장

　21세기는 급변하게 변화되어 가고 있는 글로컬리제이션(Glocalization) 시대이다. 이러한 세계화와 지역화가 동시에 이루어지는 다변화 시대에는 전 세계에서 동시에 선교적인 역사와 변화가 일어나고 있어서 이에 적합한 선교적 패러다임의 변화가 필연적일 수밖에 없다.

　시대적 변화에 선교적인 대응을 모색하기 위해서는 동서양의 모든 그리스도인들과 교회와 단체들이 경쟁이 아닌 서로 협력해야 하는 파트너십을 발휘해야 할 것이다. 서로의 신학적 입장 차이로 인해 그동안 공동의 과제인 선교를 위해 협력하지 못해 왔던 점들이 있다면 본서를 통하여 극복될 수 있기를 기대한다.

　본서는 현대선교의 흐름을 보다 쉽고 객관적으로 이해할 수 있도록 그 해법을 제시하고 있다. 모든 나라와 지역에서의 선교적 변화와 상황에 매우 적합한 복음전도의 선교적 방안의 중요성을 강조하고 있고, 문화의 벽을 뛰어넘어 세계 선교의 변화에 대응하는 선교 전략과 방안을 제시하고 있어서, 현대시대의 선교적 변화와 그 방안을 만나 볼 수 있을 것이다.

추천사 5

조귀삼 박사
한세대학교 선교학 교수

교회의 존재 이유는 선교에 있다. 급변하는 세상 속에서 변질되지 않는 복음을 변화하는 세상에 적응하며 전해야 한다. 그래서 선교에는 전략이 필요하다. 이번에 출간되는 『변화하는 선교 전략』은 여기에 귀중한 답을 제시하는 해답지 같은 책이다. 특별히 각 장 마다 전공자의 솜씨가 정갈한 필체로 녹아져 있다.

본서를 출간하는 네 분의 신진학자들은 모두 나의 제자요, 동역자들이다. 박사학위 과정을 지도하며 살펴본 네 분의 저자는 선교에 대한 열정이 탁월하고 교회 성장을 위해 전적으로 헌신하고 있는 예수님의 제자들이었다. 그래서 이분들이 저술한 본서는 이론만이 아닌 실제적인 지침들을 제시하고 있다는 장점이 돋보이며, 결코 편협하지 않은 광폭의 통찰을 보여준다.

목회자와 선교사 그리고 선교지망생들이 꼭 읽어야 할 양서라고 생각된다. 이에 주님이 다시 오실 때까지 계속되어야 할 귀중한 선교 사역을 위해 사명감을 가지고 현대적 시각과 전문적 안목을 투영하여 저술된 본서를 기쁜 마음으로 추천하는 바이다.

추천사 6

최기수 박사
성결대학교 신학대학원장

 선교 전략은 선교를 함에 있어 매우 중요한 과제라 할 수 있다. 선교는 전 세계를 대상으로 복음을 전하는 사역이고, 그에 따른 선교 전략은 선교를 효과적으로 수행해내는 필수적인 방법이다. 이러한 학문을 그동안 연구하고 결과물로 한국 교회 앞에 제시한 네 명의 선교학자들의 노고에 박수를 보낸다.
 변화하는 시대적 상황 속에서 선교 전략에도 변화가 필요하다. 본서에 이러한 선교 전략의 변화에 대한 깊은 관심을 가지고 연구한 흔적이 엿보인다. 많은 선교 전략들이 서구 교회들에게서 영향을 받은 것이 사실이지만 이제 하나님은 한국 교회에 다양한 선교 전략을 주셨다. 적절한 하나님의 타이밍에 『변화하는 선교 전략』은 한국 교회 목회자들과 선교사들의 선교 사역에 있어 간단하면서 효과적이며 적용하기 쉬운 것이 특징이라 할 수 있다.
 본서를 한국 교회의 선교 전략에 요긴하게 사용될 훌륭한 참고서라고 생각하며 추천하는 바이다.

저자 서문

　본서가 나오기까지 인도하시고 은혜를 베풀어 주신 하나님께 영광을 돌린다. 선교는 교회에 주신 주님의 대 위임명령으로 교회의 본질이며 사명인 것이다. 무엇보다도 저자들은 한국 교회가 온 세상에 하나님 나라의 복음을 전파하기 위해서는 선교적 전략이 절대적으로 필요함을 인식하게 되었다.

　한국 교회가 건강한 선교를 지향할 뿐만 아니라 세계 선교를 위해서는 시대적 상황에 맞는 선교 전략의 새로운 패러다임 변화에 적극적으로 순응해야 하기 때문이다. 왜냐하면 21세기는 다양화된 정보화 시대에 급변하는 시대적 변화의 물결을 타고 있기 때문에 이러한 상황에 적합한 선교 전략을 찾지 않으면 안 된다. 하나님은 다양한 형태의 선교 전략을, 보내는 선교사와 가는 선교사를 통해서 선교하신다. 그러므로 목회자와 선교사는 선교 현장에서 어떠한 선교 전략을 가지고 사역해야 할지를 결정해야 할 것이다.

　본서는 변화하는 21세기의 시대적 상황 가운데 기독교 선교 전략에 대한 깊은 연구와 선교에 대한 열정을 가지고 네 명의 저자들이 저술한 자료를 바탕으로 출판되었다. 그러므로 한국 교회와 선교회에 매우 의미 있고 값진 연구서가 아닐 수 없다.

본서의 공동 저자인 송영만 박사, 이희훈 박사, 윤승범 박사의 노고에 진심으로 감사를 드린다. 또 본서가 출간되기까지 격려와 기도를 아끼지 않으신 동료 분들께 깊은 감사를 드린다. 특별히 세심한 조언과 배려를 아끼지 않은 기독교문서선교회(CLC)의 박영호 대표와 이경옥 실장 그리고 모든 직원들의 수고로운 손길에 진심으로 감사드린다.

2015년 8월 공동 저자를 대신하여
이수환 드림

저자 소개

■ 송영만 박사
- 성결대학교(B.A.)
- 성결대학교 신학대학원(M.Div.)
- 성결대학교 신학전문대학원(Th.M.)
- 성결대학교 신학전문대학원 신학박사(Th.D.)
- 호서대학교 일반대학원 철학박사(Ph.D.)
- 빛과소금교회 담임목사
- 성결대학교 외래교수

■ 이수환 박사
- 성결대학교(B.A.)
- 총신대학교 대학원(M.A.)
- 한세대학교 신학대학원(M.Div.)
- 계명대학교 연합신학대학원(Th.M.)
- 성결대학교 신학전문대학원(Th.M.)
- 성결대학교 일반대학원 철학박사(Ph.D.)
- 수지더사랑교회 담임목사
- 성결대학교 외래교수
- 성결대학교 신학대학원 외래교수
- 한세대학교 신학대학원 외래교수

- 이희훈 박사
- 총신대학교(B.A.)
- 한세대학교 신학대학원(M.Div.)
- 성산효대학원대학교(M.A.)
- 총신대학교 선교대학원(Th.M.)
- 한세대학교 일반대학원 철학박사(Ph.D.)
- 순복음영광교회 담임목사
- 한세대학교 외래교수

- 윤승범 박사
- 성결대학교(B.A.)
- 성결대학교 신학대학원(M.Div.)
- 성결대학교 신학전문대학원(Th.M.)
- 성결대학교 일반대학원 철학박사(Ph.D.)
- 선교교회 담임목사
- 성결대학교 외래교수

목차

추천사 1 / 김성욱 박사: 총신대학교 선교학 교수
추천사 2 / 서무영 박사: California Difference University 총장
추천사 3 / 오현철 박사: 성결대학교 신학대학장
추천사 4 / 이효선 박사: 전 단국대학교 정책경영대학원장 및 산업정보대학원장
추천사 5 / 조귀삼 박사: 한세대학교 선교학 교수
추천사 6 / 최기수 박사: 성결대학교 신학대학원장
저자 서문 / 이수환 박사: 성결대학교 신학대학원 외래교수 　　　　　11

제1장	도시 목회와 선교 전략 / 송영만	16
제2장	교육 목회와 선교 전략 / 송영만	46
제3장	어린이 목회와 선교 전략 / 윤승범	80
제4장	직장과 선교 전략 / 송영만	111
제5장	전문인과 선교 전략 / 윤승범	149
제6장	태권도와 선교 전략 / 윤승범	179
제7장	신유 사역과 선교 전략 / 이희훈	208
제8장	한인 디아스포라와 선교 전략 / 이수환	240
제9장	이슬람과 선교 전략 / 이수환	266
제10장	영적 전쟁과 선교 전략 / 이희훈	302

제1장
도시 목회와 선교 전략

송 영 만

1. 들어가는 말

지난 2011년 10월 31일, 세계 인구는 70억 명이 넘었다.[1] 유엔이 정한 "70억 인구의 날"인 31일, 인도 북동부 우타르프라데시(Uttar Pradesh)[2]에서 세계 70억 번째 아기가 탄생했다.[3] 새 생명의 탄생은 축복받아 마땅한 일이다. 하지만 작금의 지구촌을 둘러보면 마냥 기뻐할 일만도 아니다. 지구는 더 이상의 인구를 감당할 여력이 없다.

산업 혁명 이후 인구는 엄청난 속도로 늘어나고 있다. 서기 1년 2억 명이던 인구는 1805년에 10억 명이 되었다. 이에 비해 1999년

---

[1] 「국민일보」, 2011년 10월 24일자.

[2] 우타르프라데시는 주 남동부에 있는 도시. 인도에서 인구가 가장 많은 주로, 인도 전체 인구의 16% 이상이 살고 있으며, 인구 밀도는 두 번째로 높다. 힌두교도들이 성스럽게 여기는 일곱 개 도시 중 하나로 "빛의 도시"라고도 불린다. 성지 갠지스 강을 끼고 있어 다른 곳보다 더욱 성스러운 곳으로 여기며, 신앙심이 깊은 힌두교도들은 누구나 일생에 소원이 바라나시를 방문하고 바라나시에서 죽음을 맞는 것이어서 매년 100만 명이 넘는 힌두교와 불교 순례자들이 방문하는 곳이다. 세계 최고의 도시답게 갠지스 강가에서 죄를 씻는 종교적인 정화 의식을 하는 사람들의 발길이 3천 년을 이어서 내려오고 있다. 오랫동안 인도의 학문 및 교육과 예술의 중심 도시이다.

[3] 「국민일보」, 2011년 10월 24일자.

60억 명이던 인구가 70억 명이 되는데 12년밖에 걸리지 않았다. 지금 이 순간에도 1초마다 2.5명의 아기가 탄생하고 있다. 유엔인구기금(UNFPA)은 13년 후인 2025년에 세계 인구가 80억 명에 이를 것이라고 전망했다.[4] 이러한 급격한 인구 증가와 산업 발전으로 지구는 병들어 가고 있다. 한국도 인구 문제에 있어서는 선진국과 고민을 같이하고 있다. 매년 인구는 0.3%도 안 늘어나는 인구 저성장 국가지만 서울과 수도권 등에서는 도심 과밀화에 따른 주택, 환경 문제가 여전하다. 한국의 경우 인구 저성장과 도심 과밀화라는 이질적인 문제를 한꺼번에 안고 있기도 하다.

교회는 땅끝까지 복음을 전파한다는 측면에서 미전도 종족 선교에 역점을 기울일 필요가 있으나, 바울처럼 전략적 요충지인 도시를 중심으로 선교할 필요도 있다.[5] 21세기 말, 세계 인구의 90%가 도시에서 살게 될 것이다. 이 같은 도시화의 많은 것이 제3세계의 거대 도시들에서 발생할 것이다.[6] 전 세계에 걸쳐 도시화가 급속히 진행되고 있다. 그러나 아직 교회는 세계 도시들이 가지고 있는 잠재력을 충분히 인식하지 못하고 고향을 떠나 도시에 온 대중들의 엄청난 필요들을 충분히 인식하지 못하고 있다. 도시로 모든 것이 모여들고 있으며, 경제와 발달된 첨단과학 그리고 모든 정보가 집중되고 있다. 바로 도시가 정치, 경제, 교육, 산업 등 모든 영향력의 중심지가 된 것이다.

한국 교회의 급성장은 전국의 도심권 중심으로 교회 설립, 신자 배가 운동 등 다각적인 선교 활동에 의해 이룩되었다. 이에 따라 한

---

4 「국민일보」, 2011년 10월 24일자.

5 이홍석·정희현, 『바울의 선교와 한국 교회 선교 전략』 (서울: 하늘양식, 2009), 221.

6 Harvie M. Conn & Manuel Ortiz, *Urban Ministry the Kingdom, the city & the people of God*, 한화룡 역, 『도시 목회와 선교』 (서울: CLC, 2006), 31.

국 교회도 격변하는 세계 속에서 복음전파와 효과적인 선교 사명이 필요할 때이다. 한국적 상황에서는 한국의 도시화라는 사회학적인 요인이 한국 교회 성장과 밀접하게 맞물려 왔기에 지금도 도시화 현상에 따른 선교적 사명은 더욱 구체적이고 성공적인 대안이 요청되는 것이다. 도시화 지역에 위치해 있는 도시 교회는 이제 도시의 확장 추세에 따라 새로운 출발을 해야 한다. 도시는 계속해서 관심을 갖고 선교해야 할 선교지이며, 교회는 이에 맞는 선교 전략을 수립해야 한다. 잘못된 견해 가운데 자리 잡았던 도시 선교가 이제는 성경적이고, 복음적인 입장에서 논의되어야 한다. 하나님의 위대한 세계 선교 사명 앞에서 도시에 대한 전략을 세우고, 현대 도시를 선교적 측면에서 접근해 가는 것은 도시 내에 수많은 사람들에게 관심을 갖는 일이며, 또 다른 제3세계 국가의 도시들을 복음화하는 전략적 모델이 될 것이다.

세계가 더욱더 도시화되어 가고 있다. 한국 교회는 세계에서 유사한 사례를 찾아보기 어려울 정도로 도시에서 강세를 나타냈다. "농촌 선교"하면 농촌 지역에서 선교 활동을 하는 것으로 금방 이해하지만, "도시 선교"하면 도시 지역에서 선교 활동을 하는 것이 아닌 다른 특별한 무엇을 뜻하는 것인 양 의아해하는 독특한 상황이 연출될 정도다. 1970-1980년대의 한국 교회 안에는 도시 선교에 대한 소극적이고 부정적인 생각이 만연해 있었다.[7] 이러한 상황 속에 한국 교회가 도시에서 큰 성장을 이룩한 교회라는 점에서 주목해야 하며, 세계 선교를 위해 도시에 관심을 가져야 할 한국 교회의 중차대한 사명임을 인식하게 된다.

---

7 한화룡, 『도시 선교』 (서울: 한국기독학생출판부, 1993), 15. 독재 정권들이 정권을 유지하기 위해 일부 교단의 도시 산업 선교 활동을 호도하였으며, 일부 운동권 세력들이 도시 산업 선교 활동을 사회운동의 도구로 이용한 전례가 있다.

도시 선교는 성경적인 선교 전략 중에 하나이다.[8] 성경에 바벨론, 니느웨, 예루살렘과 같은 도시 이름과 사도행전에 기록된 사도 바울의 선교지는 각 지방의 도시를 중심으로 선교 사역이 이루어진 것을 알 수 있다.[9] 사도 바울은 선교에 있어서 도시의 중요성을 인식하고 있었다. 그 후로, 종교개혁 역시 도시를 중심으로 이루어졌다.[10] 이와 같은 상황에서 본 연구는 도시 선교에 대한 바른 이해를 도모하고, 한국 교회가 지향해야 할 도시 선교의 지침을 제시해야 하며, 신학적 이해와 성경적 근거, 도시화와 인구 추이에 대한 올바른 분석을 통해 현대 한국 교회의 선교 전략을 세우고, 이를 토대로 이론적 근거와 실천적 선교를 마련하는 데 있다.

또한 현대 교회로 하여금 선교에 대한 관심을 갖고 도시를 향한 선교의 사명을 증진시키도록 하는 데 그 목적이 있다. 아울러 현대 도시 선교의 부재에 따른 그 대안적 전략을 제시하는 데도 목적이 있다. 따라서 한국 교회의 도시 선교의 바른 이론과 전략을 제시하고, 이를 수행할 수 있는 사역을 정리한 후 앞으로 한국 교회가 지향해야 할 도시 목회의 활성화 방안과 선교 전략을 제시하고자 한다.

2. 도시에 대한 이해

최근까지 지구상의 인구의 대부분은 농촌에서 살았다. 1850년만 하더라도 겨우 약 2% 정도만이 인구 10만 명이 넘는 도시에서 거

---

8 Harvie M. Conn & Manuel Ortiz, *Urban Ministry: The Kingdom, the City, the People of God* (Downers Grove: Inter Varsity Press, 2001), 24.

9 그 당시 도시로 안디옥, 빌립보, 데살로니가, 에베소, 고린도, 아덴 등이 있다.

10 A. Scott Moreau, *Evangelical Dictionary of World Missions* (Grand Rapids: Baker, 2004), 990.

주하였다. 1900년에는 약 5.5% 정도만을 차지하였다.[11] 그러던 것이 1970년에 이르러 세계 인구의 사분의 일 정도까지 차지하게 되었다.[12] 1983년에는 42%에 이르렀으며,[13] 현재에 들어서는 세계 인구의 절반 이상이 도시에 살고 있다.[14] 오늘날 선진국과 개발도상국에 점점 더 폭발적 도시 팽창 현상이 두드러지는데, 미국의 경우 국토 넓이의 3%에 해당하는 도시에 2억 4,300만 명에 이르는 미국 인구가 살고 있다.[15] 세계에서 가장 생산적인 대도시인 도쿄와 그 주변에는 3,600만 명이 살고 있다. 인도 뭄바이 중심에는 1,200만 명이 거주하고 있으며, 상하이의 규모도 뭄바이 못지않게 크다.[16] 전 세계 인구가 각자 개인용 단독 주택을 갖고 미국 텍사스 주에 살 수 있을 만큼 엄청나게 넓은 이 지구상에서 우리는 도시를 선택한다.[17]

이러한 추세가 결국 개발도상국의 경우에도 20억 이상이 도시에

---

11 J. John Palen, *The Urban World* (New York: Mcraw-Hill, 1975), 10.

12 Kingsley A. Davis, *World Urbanization 1950-1970 Vol.2* (Berkeley: Institute of International Studies, 1972), 23.

13 UN, *The World Population Situation in 1979* (New York: United Nations, 1980), 55.

14 Elain M. Murphy, *World Population: Toward the Next Century* (Washington: Population Reference Bureau, 1981), 15.

15 2009년 7월 현재 미국 인구는 3억 700만 6,550명이며, 이 중 79%는 도시에 살고 있다. 따라서 도시 인구는 2억 4,253만 5,175명이다.

16 United Nations, Department of Economic and Social Affairs, Population Division, *World Urbanization Prospects: 2009*, File12, "Population of Urban Agglomerations with 750,000 Inhabitants or more in 2009, by Country, 1950-2025", http://esa.un.org/unpd/wup/CD-ROM_2009/WUP2009-F12-Cities_Over_750K.xls.

17 텍사스의 면적은 69만 6,241제곱킬로미터이다. 미국 인구조사국 통계에 따르면, 2010년 7월 12일 현재 전 세계 인구는 69억 명에 육박한다. 우리가 69만 6,241제곱킬로미터를 69억 명으로 나누면 1인당 면적은 약 96제곱미터가 나오는데 이는 개인당 적절한 크기의 타운 하우스를 지을 수 있는 충분한 공간이다. 우리가 이 공간을 도로와 상업시설 등에도 쓰고 싶다면 각 타운 하우스에 평균 두 명씩 살아야 한다고 전제해야 할지 모른다. U.S. Census 2000, GCT-PH1:Population, Housing Units, Area, and Density 2000, Summary File 1, 100-Percent Data, generated using American Fact Finder; 그리고 U.S. Census Bureau, International Database, World Population Summary, www.census.gov/ipc/www/idb/worldpopinfo.php.

살게 되었고, 이러한 엄청난 속도의 도시 성장은 세계 전역, 특히 제3세계 전역에 걸쳐 전통적인 태도, 믿음, 풍습, 행위들을 변화시키고, 사회를 급진적으로 뒤바꾸어 놓고 있으며 오늘날 현대인들의 삶은 굳이 그들이 도시에 사느냐 안 사느냐에 관계없이 점점 더 도시의 강력한 영향을 받고 있다는 사실이다.[18]

도시들은 복잡한 사회의 신경 센터이다. 권력과 정치적 영향력이 도시의 엘리트 집단에게 집중되어 있다. 유력한 경제 세력, 정부의 소재지, 교통과 통신의 중추지이며, 현대 인간사회에 영향을 주는 많은 주요한 사회적 혁신들(social innovations)이 도시들로부터 나온다.[19] 당면한 많은 사회의 근본적 문제들 역시 도시에서 발생하는 것들이다. 분명한 것은 도시의 급격한 성장과 도시로의 인구집중이 도시로 하여금 현대사회의 기본적 형태와 구조의 기초를 이루어 간다는 중요한 의미를 가진다. 이러한 현실적인 상황 속에서 도시의 바른 이해와 도시의 형태에 대하여 살펴보고자 한다.

1) 도시의 일반적 이해

도시가 중요한 것은 단순히 도시에 더 많은 사람들이 살기 때문만은 아니다. 세계 인구의 절반가량이 도시에 살고 있다는 통계적 사실과 함께, 도시가 인근 시골 지역에 주는 문화적 영향이 크다는 사실은 도시 사역의 중요성을 말해준다.[20] 일반적으로 도시는 시, 도회지, 도읍 등의 개념과 동일하거나 유사하다. 도시는 인구학적으로 일정한 인구 규모 내지 인구 밀도를 초과한 지역으로 규정한다.

---

18 Population Reference Bureau, *Population Data Sheet*, 1995
19 정병관, 『복음혁명을 주도하는 도시 교회 성장학』 (서울: 총신대학교출판부, 2009), 18.
20 문상철, "도시 목회를 위한 복음의 상황화", 『목회와 신학』 통권 153 (2002, 3월): 109.

물론 도시에 대한 여러 연구에서는 도시를 단순히 인구가 집중된 지역으로만 정의하지 않는다. 그것은 도시에서 인구집중뿐만 아니라, 제반 사회 경제적 특성이 나타나기 때문이다. 오늘날의 이르러 도시의 규모가 커지면서 도시의 공간적 영역에 대한 개념 규정이 다양해지고 있는 점도 이런 이유에서이다.[21]

과거 인구 통계학에 근거해 편협하게 도시를 정의하던 방식은 더 이상 받아들여지지 않는다. 학자들은 도시는 장소일 뿐만 아니라 또한 사회 과정에 참여하기도 하고 또 그 과정에 반응하기도 하는 존재라는 것을 더욱더 깨달아 가고 있다.[22]

사회학자 루이스 워스(Louis Wirth)는 도시성(Urbanism)에 관한 그의 논문에서 이러한 일반적인 도시의 특징에 대하여 말하기를, "상대적 크기, 높은 인구밀도, 인구의 이질성이다."라고 하였다.[23] 폴 히버트(Paul G. Hiebert)는 도시에 대한 일반적 특징들에 대하여 말하기를, "규모, 중심지, 다양성, 전문화, 계급조직, 변화 등이다."라고 정의하였다.[24] 물론 나라마다 상이하지만, 대부분 주민의 수로 표현

---

21 권용우 외 공저, 『도시의 이해』 (서울: 박영사, 2001), 3.
22 J. John Palen, *The Urban World*, 4th ed (New York: McGraw-hill, 1992).
23 Louis Wirth, *Urbanism in the World Perspective* (New York: Crowell, 1968), 49. 큰 규모: 도시 내에는 빈번한 접촉이 많다. 그러나 그 접촉점들은 비인격적, 피상적, 일시적, 단편적이며, 실리적이다. 도시 거주자는 친밀한 집단의 통제에서 자유롭고 싶어 하는 경향이 있으며, 자기 표현과 참여 의식에 대한 능력을 상실하며 낮은 도덕관념을 갖는다. 대중매체가 활성화되어 있다. 밀도: 도시의 인구분포는 생태학적으로 동심원 지역으로 유형화되는 경향이 있는데, 상업 지역을 중심으로 그 주변의 통과 지역, 노동자 주거 지역, 고급 주택 지역 그리고 대도시를 에워싸고 있는 교외나 통근자 거주 지역이 있을 수 있다. 경쟁이 치열하고 개발이 두드러지며, 삶에 대한 세속적 접근이 지배적이다. 도시 거주자는 점점 더 소외되고 외로워진다. 그리고 갈등과 좌절을 경험한다. 계급적 구분은 붕괴되어 있으며, 사회적 연대의 전통적 기반은 훼손되어 있다. 이질감: 계층구조는 복잡하다. 사회조직들은 개인에게 절대적 중요성을 가진다. 그러나 어떤 집단도 그 구성원들 간의 일체된 연합 관계를 가지고 있지는 않으며 회원자격은 유동적이다. 많은 대중 매체들은 사회의 결정하는 경향이 있다.
24 Paul G. Hiebert and Eloise Hibert Meneses, *Incarnational Ministry* (Grand Rapids: Baker Books, 1995), 298-305. 규모: 도시의 사회구조는 같은 장소에 다양한 문화를 가진 사

되는 인구규모, 인구밀도, 비 농업직 종사자율 등의 통계 자료와 도시화된 연속적 시가지(built-up area) 내지 도시적 기능이 얼마나 나타나는가를 기준으로 도시를 정의하기도 한다.[25]

2) 도시의 성서 신학적 이해

고대 문명 발상지에서 발굴되는 고대 도시들은 대다수가 구약 성경에 나오거나 관련되는 것으로 추론된다.[26] 어떤 측면에서는 메소포타미아의 고대 도시들이 구약 성경과 일정의 관련성을 가진다고 할 수 있다. 먼저 제리코(Jericho, 성경 명칭: 여리고)는 1950년대에 발견된 유적지로, 성벽은 기원전 1,400년 즈음에 무너진 것으로 추정되며, 그 시기는 여호수아의 여리고 전투와 일치한다. 더 놀라운 것

람들이 함께 살아갈 때 형성된다. 공동생활을 가능하게 하는 매우 복잡한 형태의 사회, 경제, 정치적 체계들이 부재한 가운데 1,000만 이상의 사람들이 함께 살아간다는 것은 불가능하다. 중심지: 도시를 특징지우는 단어를 선택하라면 "중심지"라고 할 수 있다. 도시는 권력, 부, 지식, 전문가를 끌어들인다. 도시 안에서 정부, 은행, 상업, 산업, 시장, 교육, 예술, 수송, 종교의 중심지를 발견한다. 이러한 도시는 주변의 농촌을 지배한다. 이러한 가운데 도심지로 많은 사람들이 몰려든다. 도시 문화의 풍성함은 부자와 가난한 모두에게 매력적이다. 이런 요인은 계속해서 도시를 중심지로 만들어 간다. 다양성: 다양한 문화적 공동체를 배경으로 하는 사람들이 도시로 모여든다. 다양한 문화, 다양한 음식, 다양한 종류의 차를 가지며, 다른 장소들을 방문하고 새로운 패션을 찾는다. 전문화: 전문직 출현에 있다. 도시인들이 살아가는 일에는 거의 제한이 없다. 전에 들어보지도 못한 새로운 종류의 업종, 야구 심판, 보석 세공사, 엔지니어, 탐정, 중개인, 컴퓨터 프로그래머, 인류학자 그리고 수많은 일에 종사하는 사람들이 도시에서 그들의 삶을 영위해 간다. 계급조직: 도시의 거대성과 복잡성, 도시 권력의 집중화는 도시 안에 계급조직을 형성한다. 부자와 가난한 자, 권력이 있는 자와 없는 자, 높은 지위에 있는 자와 낮은 지위에 있는 자와의 거리는 엄청나게 멀다. 계급조직은 공적인 도시 관계 속에서 대부분을 지배한다. 변화: 모든 인간사회는 변한다. 도시의 변화 속도는 농촌사회나 부족사회보다 더 빠르고 급진적이다. 이유는 전문화가 사람들로 하여금 전문직에 자신들의 전력을 다하기 때문이다. 이것은 과학, 기술, 서비스, 정보의 성장을 촉진한다.

25 권용우 외 공저, 『도시의 이해』, 5.
26 김중은 편, 『갈대아 우르에서 가나안까지』 (서울: 장로회신학대학교 출판부, 1999). 고대 도시들에 대한 화보와 함께 설명을 제공하고 있다.

은 무너진 성벽의 20M 아래에서 발굴된 초기 성벽은 약 10,000년 전에 축조된 것이었다. 메소포타미아의 다른 고대 도시들, 예컨대 우르, 라가쉬, 에리두 등의 수메르 도시들이 기원전 3,500년경인 것으로 추정되고, 이집트 도시들 역시 그 즈음으로 밝혀지고 있다. 구약성경에 등장하는 도시들인 소돔과 고모라, 이집트 시절의 파라오 도시들, 여리고, 니느웨, 바빌론 유수 시기에 나오는 도시들이 고고학적 발굴과 연구에 의해 실존했던 것 또는 실존 가능성이 매우 높은 것으로 드러나고 있다.[27]

3) 도시의 선교 신학적 이해

성경에 등장하는 도시들은 넓은 의미에서 선교와 관련된다. 선교가 하나님의 구원 계획이 펼쳐지는 것이라면 소돔과 고모라에서 의인을 찾았던 것은 바로 그 도시들을 구원하려는 선교적 의도를 드러내는 것이라고 할 수 있다. 구원 계획이 가장 명확하게 펼쳐졌던 사례는 요나의 니느웨 선교로 보여진다. 니느웨는 이방의 도시였지만 하나님의 구원 계획은 요나를 통해 이방 도시까지 전개되었으며, 도시 전체가 회개하고 하나님께로 돌아온 것으로써 구약성경에서 성공적인 도시 선교 사례로 꼽힐 수 있다.[28]

어거스틴(Aurelius Augustinus)은 『신의 도시』(The City of God)라는 책에서 도시에는 하나님을 사랑하는 도시와 자기를 사랑하는 도시가 있다고 분류하고, 인간의 도시는 결코 만족을 줄 수 없으므로 신의 영원한 도시를 소망해야 된다고 가르쳤다. 한편 하비 콕스(Harvey

---

27 김중은 편, 『갈대아 우르에서 가나안까지』, 60-65.
28 이광순·이향순, "도시의 발달과 도시 선교", 『선교와 신학』 제10집 (2002): 67.

Cox)는 『세속 도시』(The Secular city)라는 책에서 우리는 더 이상 존재하지 않는 천상의 도시를 기다리지 말고 세속화와 도시화의 융합으로 발생한 세속 도시를 신의 도시로 수용하고 선교적 자세로 임하자고 역설하였다.[29]

그러나 복음의 관점에서 두 도시를 다 포기할 수 없다. 종말론적으로 천상의 예루살렘을 기다리면서도, 동시에 지상의 도시들을 사랑해야 한다. 의인이 아니라 죄인을 위해 오셨고 죄악이 관영한 세상을 사랑하여 목숨을 바치신 예수 그리스도의 심장으로 도시와 도시인들을 사랑해야 한다. 모든 도시는 바벨론과 예루살렘의 두 가능성 사이에 존재하기 때문에, 도시의 성화를 통해 세속 도시를 그리스도의 공동체로 만드는 노력도 게을리 해서는 안 된다.[30]

우리는 도시를 우리의 선교적 소명으로 받아들이는 자세가 절실히 필요하다. 성경은 동산에서 시작하지만 도시로 끝난다. 성경은 가인이 지은 도시로 시작하지만 그리스도가 다스리시는 도시로 끝나는 것이다.[31] 그동안 도시 교회는 도시 속에서 어떻게 하면 생명력 넘치는 선교적인 믿음의 공동체를 세울 수 있을지를 놓고 씨름해 왔다. 예수 그리스도의 교회의 도시 안에서의 삶과 사역에는 깊은 긴장이 있다.

바울의 선교가 대도시 중심으로 이루어졌다고 하는 것은 주지의 사실이다. 이것은 예수님이나 예루살렘 모교회의 선교 형태와는 다른 것이다. 바울이 다소라고 하는 대도시 출신임을 감안하더라도, 그의 대도시 중심의 선교는 보다 더 전략적인 의미를 가진다.[32]

29　Harvey M. Cox, *The Secular City*, 구덕관 역, 『세속 도시』(서울: 대한기독교서회, 1967).
30　이정석, "도시인을 위한 복음", 67.
31　한화룡, 『도시 선교』, 75-76.
32　권오현, 『바울의 생애(상)』(서울: 대한기독교서회, 1997), 348-360.

사도행전에 묘사되고 있는 바울은 쉴 새 없이 이곳에서 저곳으로 여행하는 순회 설교자였다는 인상을 준다. 그러나 그가 몇몇 장소에서 오랫동안 머물렀다는 사실을 고려할 때, 실상은 매우 다르다.[33] 바울은 지금까지 행했던 순회 중심의 여행 선교와 결별하고 세계 선교 비전에 상응하는 중심 도시 선교, 소위 중심 선교(Zentrummission)를 발전시킨다.[34] 이 대도시들은 하나같이 교통, 상업, 정치, 문화, 종교에 있어서 주요 중심지이며, 수많은 인종들이 왕래하는 인구의 유동성이 강한 지역들이다.

바울은 중심 도시에 하나의 교회를 세우고, 가능하면 그 교회가 자신의 발로 설 수 있을 때까지 일정한 기간 동안 머물다 교회의 기반이 다져지면 그 도시가 속한 전 지방이 복음화된 것으로 간주하고 다시 순회하였다. 한 사람 한 사람에게 직접 복음을 전하는 것은 땅끝까지 가려는 그의 계획에 적합하지 않았을 것이다.

따라서 그는 전 로마의 제국의 주(Provinz)의 테두리 안에서 "대표적으로",[35] "중점적으로"[36] 선교하는 방법을 택하였다. 바울의 선교 전략은 더 이상 출발점으로서의 모 교회를 가지고 반복해서 회귀하

---

33 Paulus, M. Dibelius, *Paul*, 전경연 역, 『바울』(서울: 대한기독교서회 1991), 61-74. 디벨리우스의 바울 연구 중 큰 기여는 사도행전의 바울이 항상 여행하는 것 같이 보이지만, 실상은 한 도시에 중심지를 정하고 그곳을 중심으로 활동했다는 사실을 밝히고 있는 점이다.

34 W. H. Ollrog, *Paulus und seine Mitarbeiter. Untersuchungen zu Theorie und Praxis der paulinischen Mission WMANT 50* (Neukirchen-Vluyn: Neukirchener Verlag, 1979), 125-9. D. J. Bosch, *Transforming Mission*, 김병길·장훈태 역, 『변화하고 있는 선교』(서울: CLC, 2000), 208-12.

35 D. Zeller, "Theologie der Mission bei Paulus", in *Mission im Neuen Testament* QD93, hrg. v. K. Kertelege (Freiburg: Verlag Herder, 1982), 182; H. Greeven, *Die Missionierende Gemeinde nach den apostolischen Briefen, in: Sammlung und Sendung*. FS H. Rendtorff, hrg. v. J. Heubach und H. H. Ulrich (Berlin, 1958), 61.

36 H. Kasting, *Die Anfaenge der urchristlichen Mission. Eine historische Untersuchung* (Muenchen, 1969), 107.

는 중앙집권적인 선교 방법이 아니라, 각각의 대도시에 중심 교회를 세우고 이 중심 교회로부터 복음이 주변 마을로 퍼지기를 기대하는, 소위 지역 분권적인 선교 전략이라고 말할 수 있을 것이다.

3. 도시의 형태론

도시는 일정한 형태와 발달된 문화적 특성을 가지고 있다. 도시를 공간적으로 설명하는 이론은 세 분야로 나눠서 설명되고 있다. 첫째, 계획 이론이라고 불린다. 계획 이론은 정치, 경제 분야에서 잘 발달되었다. 둘째, 기능적 이론으로 도시가 형태를 이루는 이유와 그 형태가 어떻게 작용하는가를 설명한다. 셋째, 규범적 이론으로 인간에 대한 가치와 주거 형태 사이의 도시 인식 방법을 담고 있다. 현재의 도시 형태에 대한 올바른 이해는 복음전파를 효율적으로 수행하는 기초가 된다.

1) 도시 형태의 개념

도시 형태(urban morphology)는 도시의 형상과 양식 등 구상적인 측면을 말하는데 특히 도시의 계획 개발과 인간생활을 직접 반영하는 중요한 요소이다.[37] 좁은 의미로 도시 외형에 대한 가시적 형태를 의미하는 도시 형태(urban form urban shape)에 한정할 수 있다. 그러나 넓게는 도시의 물적 비물적 요소의 입지와 배치 상태 및 이들의 상호 작용을 나타내는 포괄적 개념인 도시 패턴과 도시 내부 및 도

---

37 권용우 외 공저, 『도시의 이해』 (서울: 박영사 2006), 49.

시 구조, 도시 경관까지도 포함된다.[38] 도시의 형태는 외부 형태와 내부 형태로 나뉠 수 있다. 외부 형태는 도시의 윤곽을, 내부 형태는 도시의 내부 구조를 지칭한다.

2) 도시 형태의 구성 요소

도시 형태의 구성 요소는 영향 요소, 도시 형태의 평가 요소로 구분 지을 수 있다.

(1) 도시 형태의 영향 요소

도시 공간의 변화상은 공간상의 움직임과 상호 작용을 전제로 한다. 도시 변화의 요인으로는 교통, 통신 기술, 사회적 이념과 목적에 따라 변화한다.[39] 변화의 동기로는 정치적 요소, 경제적인 요인과 사회 문화적인 요인이 있다.

(2) 도시 형태의 평가 요소

케빈 린치(Kevin Lynch)는 도시 형태의 평가 요소로 5개의 기본 척도와 2개의 부수적 척도를 제시하였다. 기본적인 척도로는 생명력(vitality), 감각성(sense), 적합성(fit), 접근성(access), 통제성(control) 등의 5가지를 제시했다.

---

38 이주형, 『도시 형태론』 (서울: 도서출판 보성각 2001), 16.
39 이주형, 『도시 형태론』, 39

3) 도시 형태와 성장

도시는 출발부터 특수한 지형인 강과 구릉 그리고 계곡에다 고속도로와 정거장을 중심으로 해서 생겨났다. 도시가 성장함에 따라 장애물도 많아지고, 산업시설이 확장되면 공원과 공동묘지도 확대되고, 폭증하는 교통난을 해소하기 위해 고가 도로가 세워진다. 이런 여러 가지 요인들로 해서 도시가 여러 가지의 "자연지대"(natural areas)로 나누어져 주택지와는 분리되며, 그것이 나아가 인구 이동에 영향을 끼친다.

4) 도시의 문화 형태

문화는 사람들이 어떻게 입고, 먹고, 주거하며, 혼인을 하며, 사회 속에서 어떻게 인간관계를 이루어 가는가에 대한 특정한 방식들의 총체를 말한다. 선교문화인류학자인 루이스 루즈베탁(Louis Luzbetak)은 선교학적 관점에서 "문화는 보다 나은 삶을 위해서 그리고 여러 가지 삶의 요구에 대응하기 위해서 사회적으로 공유된 계획이나 규칙, 규범, 신념들로서, 배어지고 전달되는 역동적 통제체제이다."라고 보았다.[40]

5) 한국 도시 형태의 특징

한국 도시 형성 배경을 이해하려면 전통적인 한국 도시의 성장 과정을 역사적으로 분석해 볼 필요가 있다. 한국 사회는 1876년 개

---

[40] Louis Luzbetak, *The Church and Cultures* (NY: Orbis, 1995), 156.

항 이후 급격한 사회 변동을 겪게 되었으며 오늘날 대부분의 도시 기반이 이미 이 시기에 형성되어 있었기 때문이다.

한국의 경우는 오히려 도시화가 복음화를 활성화시켜 기독교인이 급격히 증가하는 계기로 작용하였다. 1950년대에 기독교인은 5%에도 달하지 못하였으나, 산업화와 도시화가 시작된 1960년대 이후 매 10년마다 2배 혹은 3배씩 증가하여 오늘날 전 인구의 약 25%가 복음화되는 급성장을 이룩하였다. 특히 도시가 시골보다 5%이상 복음화율이 높게 나타나고 있다. 물론 이런 경우는 이례적이며 90년대에는 정체 상태를 보이고 있으나, 도시화가 반드시 세속화를 결정한다는 주장에 하나의 강력한 반증이 아닐 수 없다.[41]

4. 도시 목회의 신학적 이해

현대는 도시화 시대이다. 1900년대의 세계의 도시 인구 비율이 9%, 1990년대에는 50%, 2004년에는 70%가 예상되고 있다. 이러한 도시화는 선교 역사를 보더라도 알 수 있다. 현대선교의 아버지인 윌리엄 캐리(William Carrey, 1761~1834)는 해안 중심의 선교(coastal mission)를 하였고, 중국 선교 선구자인 허드슨 테일러(J. Hudson Taylor, 1832~1905)는 내지 중심의 선교(inland mission)를 하였다. 그러나 현대는 도시 선교(urban mission)가 중심이 되고 있다.[42]

21세기 선교의 승부는 대도시에서 판가름날 것이다.[43] 만약 우리가 도시를 복음화하지 못한다면 미래의 기독교는 주변 세력으로 전

---

41 이정석, "도시인을 위한 복음", 63.
42 소강석, 『신도시 목회의 키를 잡아라』 (서울: 쿰란출판사, 2004), 159.
43 James A. Scherer, *Gospel, Church and Kingdom* (Minneapolis: Augsburg, 1987), 47.

락할 것이다.[44] 바로 여기에 도시 선교의 역사적 중요성이 있는 것이다.

1) 도시의 영적 전쟁

영적 전쟁은 하나님의 주신 사명(mission)을 이루는 데 필요불가결한 핵심 요소이다. 악한 영의 세력은 우리가 하나님의 사명을 완수하지 못하게 하려고 우리 내부에서 공략을 가하고 있다. 하나님의 영으로 충만하여 선교 사역을 감당할 때에 영적 전쟁에서 승리할 수 있다.[45] 많은 사람들은 영적 전쟁(spiritual warfare)을 도시 사역과 같은 것으로 생각한다. 사탄의 견고한 진은 교외나 농촌이 아니라 바로 도시에 있다. 악은 도시에서 가장 극악한 형태로 발견된다. 그래서 도시 중심지에서 일어나는 영적 전쟁을 그냥 무시해버릴 수는 없다.

우리는 교회를 타도하고 세계 복음화의 과업을 좌절시키려는 악의 정사 및 권세들과 끊임없이 영적 전쟁을 하고 있다. 우리는 하나님의 전신갑주로 무장하고 진리와 기도라는 영적 무기를 가지고 이 전투를 싸울 필요가 있음을 알아야 한다.[46] 노윤식은 성경적 영적 전쟁 혹은 하나님의 선교와 영적 전쟁은 지배하려는 성읍 "가사"에 대한 것이며, 가사는 블레셋의 수도였고 지배를 상징한다고 말하였다.[47] 인간은 하나님 없이 자기 마음대로 하기를 원한다. 하나님의

44　Paul G. Hiebert, "World Trends and Their Implications for Mission", *Trinity World Forum* (Winter 1990): 2.
45　노윤식, 『성경에 선교가 있는가』 (서울: 한들출판사, 2005), 107.
46　C. Rene Padilla, *Introduction to The New Face of Evangelism: An International Symposium on the Lausanne Conference* (Downers Grove: Inter Varisity Press, 1976), 9-16.
47　노윤식, 『성경에 선교가 있는가』, 110.

선교와 영적 전쟁에서 승리하려면 주도권을 자기로부터 하나님께로 양도하여야 할 것이다.

2) 성육신의 사역

선교는 예수 그리스도를 만나고 영접함으로써 구원에 이르는 것이며, 다른 한편으로는 예수 그리스도를 통한 구원의 복음을 선포하는 것이다. 예수 그리스도는 선교의 모범이다. 예수 그리스도의 성육신은 그 자체가 하나님의 구원의 선교이다. 하나님의 본체이신 예수 그리스도는 인간을 구원하시기 위해 친히 사람이 되어 이 땅에 오신 최초의 선교사이시다.[48]

3) 선교적 리더십

성육신적인 삶을 사는 선교사는 내부 사람들의 방식, 그들의 감정, 소원, 태도, 두려움에 대해 깊은 이해를 할 수 있는 기회를 갖게 된다. 그렇게 해야만 감추어졌을지도 모르는 그들의 가치, 관심, 동기에 대해 예민하게 들을 수 있다. 그리하여 그는 지역 사람들이 그를 좋은 소식으로 보도록 만들어서 그들을 하나님께로 인도할 수 있는 통찰을 획득하고 또 생활 습관과 사역 방식을 채택할 수 있다.[49]

---

48 이광순, 『선교의 특수성과 보편성』 (서울: 미션아카데미, 2000), 32-3.

49 E. Thomas and Elizabeth S. Brewster, *Bonding and the Missionary Task: Establishing a Sense of Belonging* (Pasadena: Linqua House, 1982), 6-7.

4) 선교적 교회

선교는 교회의 선교 이전에 하나님의 선교(Missio Dei)이고, 교회의 영역을 넘어서 종말론적인 하나님의 나라를 목적으로 하는 정치, 경제, 역사, 종교, 문화, 생태계 등 전 인류와 우주의 영역까지 확장되는 일(mission)이다.[50] 교회는 근본적으로 하나님의 선교를 감당하는 선교적 본능을 지니고 있기 때문에 존재 자체가 선교적이어야 한다.

선교적 교회는 깨어지고 죄로 물든 세계 속에서 모든 것을 바르게 하고, 구속(救贖)하고, 하나님께서 세계에 대해 항상 의도해 오신 대로 회복하는, 하나님의 선교에 참여함으로써 형성되는 교회다. 선교란 교회에 부과된 부담스러운 것이 아니라, 포도가 포도나무의 가지에 속한 것이 당연하듯이 선교는 교회의 본질이며 동시에 너무나 당연한 것이다. 이 선교는 교회의 내부 구조와 특성, 부르심 그리고 계획에서 발한다.

5. 도시 목회를 위한 선교 전략

에드워드 데이톤(Edward Dayton)과 데이빗 프레이저(David Fraser)는 전략에 대하여 말하기를, "전략은 전면적인 접근 방법, 기획, 목표에 도달하거나 또는 문제 해결을 위해서 어떻게 나아갈 것인가를 서술하는 방법이다."라고 정의했다.[51]

---

50 한국선교신학회, 『선교학 개론』(서울: 대한기독교서회, 2001), 70-1.
51 Edward R. Dayton and David Fraser, *Planning Strategies for World Evangelization* (Grand Rapids: Eerdmans, 1990), 13.

1) 인터넷 선교 사역

인터넷으로 목양을 한다는 것, 곧 전도와 선교, 양육, 교육, 예배, 설교, 교제를 이뤄간다는 것이 가능할 것인가? 인터넷 목회를 하려면 목양에 동원될 콘텐츠가 있어야 한다.[52] 지금은 인터넷이 목회에서 피할 수 없는 시대의 요청이다. 이 시대의 가장 강력한 목회의 수단이다.

2) 도시 이주민 선교 사역

이주민(Immigrant)이란 한국에 들어온 외국인 근로자, 결혼 이민자, 북한이탈주민 혹은 새터민, 입양자, 난민, 동포, 유학생 및 불법체류 외국인과 이들 가정의 자녀를 포함한 사람들을 의미하는 용어로 사용됐다.[53] 도널드 맥가브란(Donald A. McGavran)이 시골 지역으로부터 도시로 새로 이주해 온 사람들은 복음에 대해 상당히 수용적이라고 지적한 것처럼,[54] 이런 변화는 복음에 대한 수용성까지도 포함한다고 보아 교회 성장과 선교적 관점에서 도시 이주민에 대한 연구들이 활발히 진행되었다. 또한 효과적인 도시 선교를 위해 피터

---

52 오정현, 『인터넷 목회』 (서울: 규장출판사 2001), 11.

53 박천웅은 이주민(Immigrant)이란 용어에 대하여, 한국사회가 다문화사회로 급변하면서 이주 노동자 이외에 결혼이민자, 난민, 귀화자, 입양자, 국내출생 이주 노동자 자녀 등이 급증하고 있다고 하면서, 미래지향적 측면에서 이들이 바로 시민권적 차원에서의 이주민이라고 했다. 박천웅, 『이주민 신학과 국경없는 마을 실천』, 6. 현재 다문화사회를 논의할 때 이주민의 의미에 대하여, 주로 이주 노동자와 결혼 이민자들만을 대표적으로 지칭하여 사용하고 있지만, 이주민이란 용어 안에 소수이기는 하나 난민, 입양자, 북한이탈주민 혹은 새터민과 같은 이들이 포함된다는 사실을 인식할 필요가 있다. 통일부는 2005년 1월에 탈북자로 불리던 북한이탈주민을 "새터민"으로 이름 하였는데, 그 의미는 "새로운 터전에서 삶의 희망을 갖고 사는 사람"이라는 뜻을 가지고 있다.

54 Donald A. McGavran, *Understanding Church Growth* (Grand Rapids: Eerdmans, 1980), 326.

와그너(C. Peter Wagner)는 이주민 사역을 특별히 고려할 것을 명시했다.[55] 특히 비브 그리그(Vig Grigg)는 도시 무단 정착자들이야말로 국제적으로 복음에 대해 가장 수용적인 문화적 블록(block)이라고 보았다.[56]

3) 도시 빈민 선교 사역

도시화된 사회 속에서 살아가는 이 시점에 도시가 지구상에서 영원히 사라지기 전까지는 도시화는 계속해서 신속하게 진행되어 갈 것이고, 더불어 도시 빈민의 급증과 도시 빈민의 선교적 사명과 적절한 선교적 방법이 시급한 과제가 되어 버렸다.

로저 그린웨이(Roger S. Greenway)는 중상층 기독교인들이 가난한 자들에 대하여 원칙적인 대화만 하는 것을 볼 때마다 좌절감을 느낀다고 하였다. 특히, 북미 지역의 중산층 기독교인들이 빈민들을 향하는 태도에 매우 심각한 우려를 하고 있다. 반면에 어떤 교회 진영에서는 교회가 양심의 가책을 느끼고 가난한 자들을 위해서 더욱 관심을 가지는 경우도 있다. 그러나 이것 또한 위험한 신호인데, 최근에 이러한 종교적이며 사회적인 나르시시즘(narcissism)이 떠오르고 있기 때문이다.[57] 2002년에는 세계 인구의 48%에 달하는 30억 인구

---

55 C. Peter Wagner, *Frontiers in Missionary Strategy* (Chicago: Moody, 1971), 180-1.
56 Vig Grigg, "Squatters: The Most Responsive Unreached Bloc", *Urban Mission 6* (1989): 43.
57 로저 그린웨이는 1983년 12월 샌프란시스코에서 "그리스도와 도시"라는 대회를 IVP의 후원으로 열게 되었을 때 깨닫게 되었다. 약1000명의 젊은이들이 모였는데 많은 사람들이 강연자와 워크숍의 리더들이 주장하는 전인적 사역에 대하여 매우 깊은 감동을 받았다. 그러나 그때 매우 힘든 일이 생겼는데, 실제로 도시 사역에 대한 53개의 다른 강의가 준비되어 있었음에도 그 중에서 16개가 관심이 없는 고로 취소가 되었다. 대부분 취소된 과목들은 도시의 사회 문제였다. 예를 들어 실직 문제, 이민자 문제, 노인 문제, 알콜 중독자와 마약 중독자 문제, 도시 빈민 문제, 종족차별과 그 결과의 문제, 도시 건강 문제와 공공복지 문제 등이었다. 나르시시즘이란 자기 자신을 사랑하고, 자아도취나 자

가 도시에 살고 있다. 이런 현상으로 현재에 도시화와 함께 도시 빈민들이 증가하고 있으며, 농촌과 오지에서 도시로 이주해 온 사람들은 도시 빈민가나 슬럼에 정착하게 된다. 2002년 도시 빈민 인구는 30억 인구 가운데 거의 50%에 육박하여 14억 9천만 명이며, 2025년에는 도시 인구 46억 가운데 3분의 2에 해당하는 30억 명이 도시 빈민이 될 것이다.[58]

4) 도시 노숙자 선교 사역

1998년 이후에 노숙인의 수가 급격히 늘어남에 따라 한국 교회는 노숙인 선교에 관심을 가지게 되었다. 그 후 13년간 여러 가지 모습으로 노숙인 선교를 감당해 왔다. 그러나 노숙인에 대한 이해 부족으로 인해 노숙인 선교에서 괄목할 만한 성과를 이루지 못했다.

보건복지부에서 발표한 전국 부랑인, 노숙인 현황에 의하면, 전국 노숙인 수는 2010년 4천 187명에서 6월 현재 4천 403명으로 늘었다. 이중 노숙인 쉼터에 있는 노숙인 수는 지난해 3천 113명에서 올해 6월 3천 82명으로 감소했으나, 거리 노숙인 수는 지난해 1천 74명에서 올해 6월 1천 321명으로 증가했다. 특히 올해 8월 현재 서울 노숙인 수는 1천 843명, 거리 노숙인은 622명으로 나타났는데, 지역별로는 서울역 주변이 286명으로 가장 많았으며, 다음으로 영등포역 110명, 용산역 주변 76명으로 집계됐다.[59]

의식 과잉을 비유적으로 나타내는 말이다. San Francisco A. M, *Inter Varsity's Conference on Christ and the City*, December 27, 1983.

58 David B. Barret & Todd M. Johnson, "Annual Statistical Table on Global Mission:2002", *IBMR* (January): 23.

59 *Views & News*, 2011년 9월 25일자.

5) 다문화 가정 선교 사역

세계의 인구가 늘어나면서 도시의 숫자와 규모도 커지고 있다. 도시는 점점 더 많은 사람들이 사는 삶의 무대가 되고 있으며, 우리에게는 중요한 선교의 장이 되고 있다. 21세기에 와서 폭발적인 인구 성장, 교통과 통신의 발달, 그로 인한 가치관의 변화와 삶에 대한 기대 수준의 향상 등으로 많은 사람들이 도시로 몰리고 있는 것이다.

오늘날 국내 체류 중인 외국인 110만 명, 그중 국제결혼을 통한 이민자가 12만 명을 넘어섰다. 매년 국내에서 결혼하는 커플의 13%가 다문화 가정을 이루고 있다. 한국 사회가 다문화 사회로 진입하고 있는 것이다. 이러한 다문화 가정을 이루고 있는 문화가 대부분 도시에 집중되어 있다. 한국 교회는 이런 흐름에 발맞춰 다문화 가정 사역에 박차를 가하고 있다.[60]

6) 노인 선교 사역

교회의 소명은 선교와 봉사라고 할 수 있다. 존슨(Jonson)은 교회의 사회 봉사적 기능에 대해 "교회가 사회 사업의 어머니"라고 술회하였고, 신학자 라인홀드 니버(Reinhold Niebuhr)는 "기독교는 사회복지의 어머니"라고 언급한 것처럼 기독교는 초대교회부터 신앙의 원점이라고 할 수 있는 "네 이웃을 네 몸과 같이 사랑하라"는 명제 속에서 그 존재의 의미를 확인하며 사회복지 활동을 계속해 왔다.[61]

---

60 Nathan Glazer, *We are all multiculturalists now*, 서종남 · 최현미 역, 『우리는 이제 모두 다문화인이다』 (서울: 미래를소유한사람들, 2009), 11.
61 전광현, 『기독교 사회복지의 이해』 (서울: 양서원, 2005), 399.

우리 사회의 고령화는 세계에서 가장 빠른 속도로 진행되고 있다. 고령화 사회(Aging Society)에서 고령 사회(Aged Society)로 진입하는 데 걸리는 시간이 일본의 25년보다 빠른 18년에 불과할 것으로 예상하고 있다.[62] 급격한 고령화 사회는 사회의 구조적 변화와 관련하여 노인의 생활은 물론, 노인을 둘러싼 생활 환경, 사회적 환경, 경제적 환경도 매우 큰 변화를 겪을 전망이다.

7) 직장인 선교 사역

직장 선교는 선교의 동일 문화권에서의 직장 내 복음전도(傳道, Evangelism)라 할 것이다. 과거에는 전도를 같은 문화권 속에서의 복음전파, 선교를 타문화권 속에서의 전도로 구별하여 이해하기도 하였으나 오늘날에 와서는 두 용어가 별다른 차이 없이 쓰이고 있다. 왜냐하면 오늘의 복합적인 사회구조 속에서는 전도도 결국은 문화적 장벽을 초월하여 복음을 전하는 것이 될 수밖에 없기 때문이다.[63]

선교는 모든 교회에 위임된 주님의 최대 지상명령(The Great Commission)이다(마 28:18-20; 막 16:15-16; 행 1:8). 모든 그리스도인들에게 복음 증거하는 일이 선택 사항이 아니듯이 모든 직장인들에게 직장 복음화, 직장인 그리스도의 제자화를 위한 사역은 의무사항이지 취사선택 사항이 아니다.[64]

---

62 노인복지를 전공한 호서대학교 박현식 교수와 선교학을 전공한 백석대학교 전석재 교수가 공동으로 연구한 내용임
63 김연진, 『선교신학 총론』(서울: 성광문화사, 1995), 11.
64 김경원·전동운·전상기 공저, 『직장 선교학』(서울: 기독교직장선교회, 2001), 15.

8) 제자 선교 사역

먼저 도시 사역자들은 성경과 기독교 교리와 도덕적 가치와 복음 전파의 방법과 실제적인 제자훈련에 대한 기본적인 훈련이 있어야 한다는 원칙이 있어야 한다.

9) 연합 선교 사역

선교는 하나님의 일이다. 하나님이 선교의 주체이시다. 선교의 주체이신 하나님은 자신부터 협력적인 선교방식을 취하셨다.[65] 성부, 성자, 성령 삼위일체 하나님의 협력으로 천지 만물을 창조하시고 구원사역과 역사를 섭리하신다. 오랫동안 선교를 지나치게 그리스도 중심적으로 이해해 온 데 대한 신학적 반성이 있었다. 빌링엔(Willingen)대회에서 성부, 성자, 성령, 삼위일체 하나님 중심으로 이해하게 된 것은 선교 개념에 관한 한 흔히 코페르니쿠스적(Copernicus, Nicolaus) 전환이라고까지 평가되는 중요한 발상의 전환이었다.[66]

10) 교육 선교 사역

한국 교회가 세계 가운데 주목받는 놀라운 선교 확장과 결실을 맺을 수 있었던 이유는 초기 선교사들이 채택한 선교 정책과 밀접한

---

65 협력은 영어로 "partnership"을 말하며 문장의 편의상 어떤 때는 협력 또는 동역으로 쓴다.
66 교회 중심 내지는 기독론 중심으로 이해되어온 개신교 선교의 개념을 삼위일체 하나님의 공동 사역으로 고쳐 생각한 하나님의 선교(Missio Dei)는 선교신학의 중요한 사고 전환의 계기가 되었다. J. Verkuyl, *Contemporary Missiology* (Grand Rapids: Eerdmans, 1978), 3.

관련이 있다. 초기 선교에 있어 빼놓을 수 없는 선교 정책의 하나는 교육 선교에 관한 정책이었다. 교육 선교는 의료 선교와 함께 초기 한국 선교를 이끌었던 중요한 축이며, 또한 복음화의 반석을 닦아 나가는 데 있어서 지대한 역할을 하였다.

6. 나가는 말

필자는 지금까지 도시 변화에 따른 한국 교회 선교에 대하여 연구하였다.

첫째, 도시에 대한 전 이해를 살펴보았다. 이 연구를 통해 도시의 현실적인 상황 속에서 도시의 특징들에 대한 일반적인 이해와 도시의 사회학적 이해 그리고 도시의 심리학적 이해들을 간략하게 살펴보았다. 이 연구를 통하여 도시에 대한 여러 연구에서 도시를 인구가 집중된 지역으로 정의하지 않고, 또한 인구 통계학에 근거해 편협하게 도시를 정의하지도 않는 것을 알게 되었다. 도시에 사는 사람들은 다른 사람들의 필요에 대해 덜 동정적이고, 자기 일 이외의 손해 날일이나 위기적 사건에 전혀 개입하지 않고 낯선 사람들을 신뢰하지 않는 습관이 몸에 배어 있는 사회적 특징이 있다.

도시의 생활은 기능과 능률만을 중요시하는 직업 구조 안에서 인간은 기계인간(機械人間), 기능인간(技能人間)으로 전락해 버렸다. 개인의 성품이나 개성, 인격은 더 이상 문제가 되지 않고, 그가 가지고 있는 재화, 사회적 지위, 재능으로 평가된다. 개인주의화된 분위기 속에서 사람들은 서로 이질감을 느끼며 대중 속에 있으나 외로운 자신을 보게 되며, 복잡하고 시끄러운 분위기 가운데 있으나 쉽게 동화될 수 없는 고독을 느낀다. 급변하는 현대 도시 사회는 갈등과 혼란을 야기시키게 함으로, 사람들로 하여금 심각한 심리적 고통을 당하고 있음을 알게 되었다.

둘째, 도시의 형태론에 따른 올바른 이해를 위해서 도시 형태의 개념과 도시 형태의 구성 요소 그리고 도시 형태와 성장, 도시의 문화 형태, 한국 도시 형태의 특징을 집중 있게 연구하였다.

여기서 필자는 도시의 계획, 개발과 인간생활을 직접 반영하는 중요한 요소로 도시 형태(urban morphology)의 개념과 도시 형태의 구성 요소는 영향 요소와 평가 요소로 구분됨을 알게 되었다. 인구 이동의 요인을 통한 도시 확장 및 성장에 대해 알 수 있으며, 루이스 루즈베탁(Louis Luzbetak)에 의하여 "문화는 보다 나은 삶을 위해서, 그리고 여러 가지 삶의 요구에 대응하기 위해서 사회적으로 공유된 계획이나 규칙, 규범, 신념들로서 배어지고 전달되는 역동적 체제"임을 알게 되었다.

셋째, 도시 선교의 신학적 이해를 위해서 도시의 성서학적 이해와 도시의 선교 신학적 이해 그리고 도시에 나타난 영적 전쟁, 성육신의 사역, 선교적 리더십, 선교적 교회에 대해 고찰하였다. 이 연구를 통해 21세기 선교의 승부는 도시에서 판가름 날 것이며 만약 우리가 복음화하지 못한다면 미래의 기독교는 주변 세력으로 전락하게 될 것이 자명하다.

또한 도시 선교 전략을 수립하는 데 신학적 근거를 마련하기 위해서는 성경에서 말하는 도시에 대한 고찰이 중요하다. 특히 니느웨는 이방의 도시였지만 하나님의 구원 계획은 요나를 통해 이방 도시까지 전개되고, 도시 전체가 회개하고 하나님께로 돌아온 것으로서 성경에서 성공적인 도시 선교 사례임을 알 수 있다.

넷째, 도시 선교를 위한 전략에 대하여 총체적인 사역에 대하여 제시하였다. 선교 대상에 따른 다양한 선교 전략과 방법에 대하여 제시하였다. 이 연구를 통해 알 수 있었던 것은 인터넷, 도시 이주민, 도시 빈민, 도시 노숙자, 다문화 가정, 노인, 직장인, 제자 선교가 도시 목회의 핵심전략이 될 수 있으며, 도시 선교 사역에 연합과 협동도 중요한 전략임을 알게 되었다.

끝으로 필자는 "도시 변화에 따른 한국 교회 도시 선교 전략에 관한 연구"를 마치면서 다섯 가지 제언을 하고자 한다. 폴 히버트(Paul G. Hiebert)에 의하면, "21세기 선교는 대도시에서 판가름 난다."라고 말했다. 대도시를 정복하는 정도가 세계를 지배한다. 대도시에 사람들이 몰려드는데 복음을 통해 교회를 세우고 지도자를 세우면 기독교적인 방향으로 이끌고 나가지만 만약 실패하게 된다면 이슬람과 힌두교, 불교가 대도시를 장악하게 되고 거기서 지도자가 나온다. 21세기의 후반부의 세계 선교, 세계 미래는 기독교와 상관이 없어진다. 타종교와의 경쟁에 밀리지 않기 위해서라도 대도시에 들어가 선교해야 한다.

첫째, 현대선교의 승부는 도시에서 판가름 날 것이며 만약 우리가 복음화하지 못한다면 미래의 기독교는 주변 세력으로 전락하게 될 것이다. 빠른 도시화 과정에서 교회가 역할을 하지 못한다면 교회는 더 이상 인간들을 구원하는 구속의 능력으로 하나님의 종이 되지 못하고 도시 사회의 세속적인 사고와 생활방식의 노예가 되고, 서유럽의 교회와 같이 무능력한 교회로 남을 수밖에 없을 것이다. 교회의 적극적 역할은 성경의 선교적 명령이며, 왕이신 총체적 그리스도의 복음을 전인격적으로 전하는 일이다.

둘째, 교육을 통한 성경적 도시 선교론이 절대적으로 필요하다. 역사를 통하여 하나님은 먼저 그의 종들을 세우셔서 도시의 복음을 전하게 하셨다. 도시 선교에 참여하는 사람들은 세계의 다른 지역에서 보다 효과적으로 행해지는 도시 사역을 배워야 할 필요가 있다.

도시의 문제에 대한 보다 학문적인 접근을 반영하는 신학교의 도시 선교에 관련된 신학 교육의 중요성이 명시되어야 한다.

셋째, 21세기를 위한 도시 안에서의 기독교 지도자들을 개발하여야 한다. 미래는 거대한 도시들 안에서 치열한 영적 싸움들이 일어날 것이기 때문이다. 도시 안에 있는 다양한 문화를 가지고 있는 소수 민족들을 위한 지도자들을 효과적으로 훈련하여야 하며, 이러한 여정에 부름 받은 도시 선교사들은 주님의 전신갑주를 완벽하게 갖추어야만 할 것이다.

넷째, 교회는 먼저 도시에 영향을 주어야 한다. 그렇지 않으면 도시가 교회를 변질시킬 것이다. 만약 도시가 교회를 지배하면 교회는 사람을 구원하는 구원의 능력을 가진 하나님의 종이 되지 못하고 도시의 유행을 따르는 종이 될 것이다. 불행하게도 많은 도시 교회가 무기력하게 되었고 도시에 대처하지 못한다. 교회의 갱신 없이는 도시의 소망도 없다.

다섯째, 도시 선교에 대한 종합적인 방법만이 도시의 필요를 만족시킬 수 있다. 교회는 복음, 십자가, 부활, 승천, 예배와 봉사, 교제와 선교가 있어야 할 것이다.

참고문헌

권오현.『바울의 생애(상)』. 서울: 대한기독교서회, 1997.
권용우 외 공저.『도시의 이해』. 서울: 박영사, 2001.
김경원 · 전동운 · 전상기 공저.『직장 선교학』. 서울: 기독교직장선교회, 2001.
김연진.『선교신학 총론』. 서울: 성광문화사, 1995.
김중은.『갈대아 우르에서 가나안까지』. 서울: 장신대학교출판부, 1999.
노윤식.『성경에 선교가 있는가』. 서울: 한들출판사, 2005.
소강석.『신도시 목회의 키를 잡아라』. 서울: 쿰란출판사, 2004.
오정현.『인터넷 목회』. 서울: 규장출판사 2001.
이광순.『선교의 특수성과 보편성』. 서울: 미션아카데미, 2000.
이광순 · 이향순. "도시의 발달과 도시 선교".『선교와 신학』제10집. 2002.
이주형.『도시 형태론』. 서울: 도서출판 보성각 2001
이홍석 · 정회현.『바울의 선교와 한국 교회 선교 전략』. 서울: 하늘양식, 2009.
전광현.『기독교 사회복지의 이해』. 서울: 양서원, 2005.
정병관.『복음혁명을 주도하는 도시 교회 성장학』. 서울: 총신대학교출판부, 2009.
한국선교신학회.『선교학 개론』. 서울: 대한기독교서회, 2001.
한화룡.『도시 선교』. 서울: 한국기독학생회출판부, 1993.
Barret, David B. & Johnson, Todd M. "Annual Statistical Table on Global Mission:2002". *IBMR*. January 2002.
Bosch, D. J. *Transforming Mission*. 김병길 · 장훈태 역.『변화하고 있는 선교』. 서울: CLC, 2000.

Conn, Harvie M. & Ortiz, Manuel. *Urban Ministry the kingdom, the city & the people of God.* 한화룡 역.『도시 목회와 선교』. 서울: CLC, 2006.

_____. & Ortiz, Manuel. *Urban Ministry: The Kingdom, the City, the People of God.* Downers Grove: Inter Varsity Press, 2001.

Cox, Harvey M. *The Secular City.* 구덕관 역.『세속 도시』. 서울: 대한기독교서회, 1967.

Dayton, Edward R. and Fraser, David. *Planning Strategies for World Evangelization.* Grand Rapids: Eerdmans, 1990.

Dibelius, Paulus, M. *Paul.* 전경연 역.『바울』. 서울: CLS, 1991.

Glazer, Nathan. *We are all multiculturalists now.* 서종남·최현미 역.『우리는 이제 모두 다문화인이다』. 서울: 미래를 소유한 사람들, 2009.

Grigg, Vig. "Squatters: The Most Responsive Unreached Bloc". *Urban Mission 6.* 1989.

Hiebert Paul G. and Meneses, Eloise Hibert. *Incarnational Ministry.* Grand Rapids: Baker Books, 1995.

_____. "World Trends and Their Implications for Mission", Trinity World Forum. Winter 1990.

_____. *Anthropological Reflections on Missiological Issues.* Grand Rapids: Baker, 1994.

McGavran, Donald A. *Understanding Church Growth.* Grand Rapids: Eerdmans, 1980.

Milgram, S. "The experience of living in cities". *Science 167.* 1970.

Murphy, Elain M. *World Population: Toward the Next Century.* Washington: Population Reference Bureau, 1981.

Verkuyl, J. *Contemporary Missiology.* Grand Rapids: Eerdmans, 1978.

Wagner, C. Peter. *Frontiers in Missionary Strategy.* Chicago: Moody, 1971.

제2장
교육 목회와 선교 전략

송 영 만

1. 들어가는 말

지난 2012년 3월, 한국사회는 주 5일 근무제도라는 큰 변화에 직면하였다. 주 5일제를 반대하든 찬성하든 이 제도는 우리의 삶이 되었다.[67] 주 5일제도의 시행에 있어서 사회의 가장 중요한 이슈 중에 하나는 교육에 관한 것이었다. 많은 우려 속에서도 교육당국과 사교육 그리고 각종 영리단체는 주 5일제에 맞추어 빠르게 준비하였다.[68] 특히 사교육의 경우 합숙학원, 체험학습업체 등이 프로그램을 준비하고 토요일을 기다려 왔다.

이제 본격적으로 주 5일 근무제도가 시작되었다. 이 시점에서 교회는 주 5일 수업제도에 대비하여 교육을 위해 무엇을 준비했는지 돌아봐야 할 것이다. 몇몇 교회를 제외하고는 토요프로그램에 대하여 교육부서 교역자들의 얼굴만 바라보는 것이 현실이다. 그러나 교

---

67 실제로 2000년대 초 주 5일제에 보수적인 기독교계는 반대의 입장을 취하였다.
68 마상욱, "주 5일 수업제도에 따른 교회 토요학교 방안 실행연구",『한국기독교교육정보학회』(2012): 88. 재인용.

육 부서를 담당하고 있는 교육 목사나 전도사 역시 답이 없기는 마찬가지다. 교회의 교육 부서 교역자들은 신학을 공부하면서 바로 현장에서 교육자의 역할을 담당하기 때문에 교육 전문가이기를 기대하기는 힘든 현실이다. 한국 교회의 현주소를 진단하면서 가장 먼저 꼽는 부분은 "비전문교역자에게 의존된 교육"[69]이다. 주일에 이루어지는 주일학교 운영도 버거워하던 교회 교육이 주 5일 수업제도에 맞추어 갑자기 변화한다는 것은 어려운 일이다.

현재 주 5일 수업제는 한국 교회 목회자들의 고민일 것이다. 주 5일 근무제와 동반되는 주 5일 수업은 곧 교인들의 삶의 자리와 모습들, 즉 교육의 현장(context)이 변화함을 의미한다. 즉 말씀(text)이 해석되고 적용되어야 할 삶의 자리가 달라진다는 것을 뜻한다. 먼저 이러한 변화는 교육의 장이 더욱 다양화된다는 것, 즉 교회건물 안에서의 교육이 도전 받는다는 것을 의미한다. 또한 주일 중심의 교회 교육이 도전 받는다는 것을 말한다.

교통수단의 발달과 늘어난 여가시간으로 인해, 보다 넓어진 삶의 자리는 이제 주 5일 수업 시대를 살아가는 기독교 교육이 새롭게 품어야 할 장이다. 즉 "공간(space)과 시간(time)적인 면에서 21세기 교육은 새로운 도전"[70]에 직면하고 있는 것이다. 토요일 프로그램을 준비한 교회는 문화센터의 유형, 학교교실의 유형, 성경학교의 유형, 기독교학교 형태의 유형으로 나누어 진행하고 있다. 이러한 유형의 교육프로그램 역시 얼마나 교회의 정체성과 관련이 있으며, 사교육과 다른 것이 무엇이며, 일반교회에서 진행될 수 있는 교육인지 질문하지 않을 수 없다. 이러한 사회의 변화에 따라 기독교 교육현

---

69 박영수, 『교회 교육 핸드북』 (서울: SFC, 2010), 13.
70 이성희, "주 5일 근무제와 기독교 교육", 『교육교회』 (2000, 11), 5.

장 역시 시대에 따른 교육적 고민을 해야 한다. 변화를 통해 기독교 교육의 정체성을 증명하고, 필요성을 확인해야 하는 시기가 찾아온 것이다. 다음 세대에게 영성과 지성 그리고 감성이 균형을 갖춘 총체적인 교육을 하기 위해서 주일학교(Sunday School)와 차별화된 교육을 준비해야 할 것이다.

주 5일 수업제는 입시 위주의 교육, 암기 중심, 학력 중시 교육관 등의 교육에서 탈피하여 전인적 교육의 기회가 확충되면서 학교, 가정, 지역사회 등이 하나의 교육 공동체가 되어 청소년의 전인적인 교육 추구에 목적이 있다.[71] 주 5일 수업제는 단순히 학습시간 단축이나 휴업일의 확대만을 의미하는 것이 아닌 사회의 변화의 물결에 따라 교육적 배경에서도 창의성 제고의 기회와 감성을 중시하는 "자기 주도적 학습 및 평생 교육을 강조하는 교육 의식의 전환으로 여가 시간을 능동적으로 활용"[72]하는 것을 의미한다.

2. 주 5일 수업제 실시의 사회적 배경

1) 주 5일 수업제 도입배경

2003년부터 우리나라에서도 서양의 여러 나라처럼 주 5일 근무제가 시작되었다. 주 5일제 수업은 2004년 7월부터 10% 시험학교에서 월 1회로 시작되었고, 2005년 3월부터 전국의 모든 학교에서

---

71 박정은, "중등학교 주 5일 수업제 시행에 대한 교사의 인식 연구", 『석사학위논문』 (서울: 연세대학교 교육대학원, 2005): 20.

72 이영숙, "주 5일 수업제의 효율적인 운영을 위한 교사의 역할 연구", 『석사학위논문』 (울산: 울산대학교 교육대학원, 2006): 10.

월 1회 주 5일 수업이 실시되었다. 2006년부터 2012년 2월까지 "놀토"라고 해서 격주 5일 수업으로 운영되다가, 2012년 3월 새 학기부터 주 5일제 수업은 전국의 초·중·고등학교에서 전면 실시되었다.[73] 이것이 본격적으로 시행되어 현재 사회 전반에 걸쳐 급속도로 확산되었다. 또한 주 5일 근무제에 발맞추어 교육의 현장에서도 주 5일 수업이 활발하게 일어나고 있다.[74]

주 5일 수업제는 교육을 학교교육 중심으로 보던 관점에서 "가정-사회 (교회)와의 연계관점으로의 전환과 체험학습, 자기 주도적 학습, 평생학습의 관점"[75]을 담고 있는 것이다. 학습과 교육의 개념이 확장되는 것을 의미하며, 앞으로 다가오는 미래의 교육 방향이 달라지고 있음을 시사한다.

디지털문화, 다원화, 다문화 사회 속에서 우리 사회가 필요로 하는 미래의 동력들은 창조적인 인간, 관계적인 인간, 공감하는 인간, 의미를 추구하는 인간, 놀이하는 인간, 조화를 이루는 삶을 추구하는 인간상 등이다. 이러한 미래 세대를 키워내기 위해서는 교육은 학교에서 이루어지는 지식 전달 위주의 교육체제를 탈피하여 경험적이고 관계적인 교육, 지성적이지만 감성적인 부분까지 성장시켜 줄 수 있는 교육, 개인의 정체성을 확고히 하지만 공동체적 삶을 통해 행복과 의미를 찾아 갈 수 있는 교육으로 전환되어야 한다. 이를 위해서는 교육의 장, 교육의 내용, 교육의 방법과 같은 교육 과정이 확장되고 다양화되어야 한다.[76]

주 5일 수업은 "학생들의 자기 주도적 학습능력 신장, 개인의 행

---

73 www.ymca.pe.kr/1125.
74 2004학년도 주 5일 수업제 운영 기본계획안, 교육인적 자원부, 2003.
75 조은하, "주 5일 수업제와 기독교 교육", 『한국기독교교육학회』 (2012): 1.
76 조은하, "주 5일 수업제와 기독교 교육", 2.

복과 삶의 질을 재고할 수 있는 미래 지향적 교육 실시, 가족 간 유대 증진, 사회 체험을 통한 바람직한 인성 함양" 등의 목적으로 실행되고 있다.

2) 주 5일 수업제에 대한 사회적 반응과 문제점

2012년 봄 학기부터 전국의 초, 중, 고교를 대상으로 주 5일 수업제가 전면적, 자율적으로 도입되었다. 격주간 "노는 토요일" 이라는 방식을 시행하며 전면적 주 5일 수업제를 검토하며 준비한다고는 했지만 완전한 준비 없이 주 5일 수업제를 시행하는 교육과학기술부나 현지의 학교들이 당황하는 모습이 역력하다. 완전히 놀게 된 토요일에 무엇을 해야 할지, 특히 맞벌이 부모를 둔 학생들을 위해 무엇을 누가 어떻게 해야 할지 충분한 대책이 없었다.

학교와 교육과학기술부보다 더 염려하는 곳은 교회이다. 부모와 학생들이 주말에 쉬는 날을 맞이하게 되면 교회학교 학생의 출석률이 줄어들까 노심초사하게 된다. 교회가 염려는 하지만 충분한 대책이 없어 보이는 것은 마찬가지이다.[77] 한국 교회는 한국 사회의 큰 변화 중의 하나인 주 5일 근무제와 주 5일 수업제로 인하여 생겨난 "놀토", 즉 "노는 토요일" 또는 "놀러가는 토요일"[78]을 어떻게 준비할 것인가에 깊은 관심을 기울이고, 특히 교육 목회적 차원에서 이에 대한 대비를 철저히 할 필요가 있다.

놀토를 대비한다는 것은 단순히 학교 가지 않는 토요일에 교회학교에서 무슨 프로그램을 해야 할 것인가만을 묻는 것이 아니라,

---

77 조용선, "주 5일 수업제와 기독교 교육 현장에 관한 연구", 『한국기독교교육정보학회』 (2012): 64. 재인용.
78 장신근, 『창조적 교회 교육 네비게이션』 (서울: 예영커뮤니케이션, 2009), 187.

주 5일 근무제로 인하여 변화된 사회적 상황과 교육적 상황에 대하여 교회학교가 어떠한 방식으로 응답해야 할 것인가에 대한 문제라고 보아야 할 것이다. 이런 의미에서 주 5일 근무제는 오늘의 교회 교육을 향하여 새로운 변화를 요구하는 커다란 도전이라고 할 수 있다.[79] 처음 주 5일 수업제에 대한 시행 계획이 발표되자 교회는 환영의 뜻보다는 우려의 시선으로 이를 바라보았다. 이런 제도를 교회 발전과 성장에 위기로 간주한 것이다. 토요일에 쉬게 되면 교인들은 세속적인 영향에 힘입어 주일을 포함해서 주말에 가족들과 여행을 떠나는 등 교인들이 주말 생활 리듬에 큰 변화가 생겨 교회에 부정적인 영향을 미치는 것을 우려했다.[80] 반면, 주 5일 수업제를 기회로 보는 시각[81]도 있었다. "놀토"라는 실험적 과정에서 주 5일제 전면실시에 대해 교회는 이를 현실로 인정하고 수용하면서 이에 대해 교회의 반응은 보다 적극적이고 대책을 간구하였다.

주 5일 수업제의 시범적 실시 기간 중에 교육 전문가들에 의해 반복적으로 제기된 가장 큰 문제는 토요일에 방치될 가능성이 높은 저소득층 맞벌이 부부 가정과 홀 부모 가정의 자녀들이었으며, 이들은 비교육적 환경에 노출되기 쉽다는 점이었다. 토요일에 쉬지 않는 5인 이하의 사업장에 근무하는 부모들은 전체 근로자의 20%에 해당하며, 자영업자와 비정규직에 종사하는 학부모들까지 포함하면 그 숫자는 더 늘어나게 된다. 여기에는 "빈곤"이라는 경제문제, "아동방치"라는 아동복지 문제, "교육적 환경미비"라는 교육문제, 그리고 "비조직적이고 비효율적인 임시 방편식의 토요 프로그램"이라는 행

79　장신근,『창조적 교회 교육 네비게이션』, 188.
80　이상원, "개혁신학적 관점에서 본 주 5일 근무제",『신학지남사』(2003): 207-242.
81　김홍현, "주 5일 수업을 활용한 교회 교육 프로그램: 산본푸른교회 어린이 세계관 학교",『교회 교육』(2006): 23-29.

정 문제[82]가 복합적으로 수반될 수 있다.

3) 주 5일 수업제 실시와 교회 역할의 변화

(1) 기독교적 관점에서 본 주 5일 수업제

주 5일 수업제는 우리의 교육환경이 지식 기반의 사회로 빠르게 전환되는 가운데 태동하게 되었다. 개인의 사고가 확산되고 사회의 분화가 촉진되고 있는 다원화 사회 속에서 이제 "교육은 평생교육(life-long education)의 개념으로 진화"[83]하고 있다. 주 5일 수업제를 맞이하여 교회 안에서 이를 교육적 기회로 확립시키기 위해 가장 시급하면서도 지속적으로 해야 하는 것은 교육적 인프라 및 지원체제의 확립이다.

주 5일 수업제를 통한 기독교적 입장은 "주 5일 사회가 노동을 줄이고 여가 산업이나 소비문화를 부추기므로 주일 성수에 부정적일 수밖에 없다는 의견, 곧 교회를 위협하는 요소로 받아들이는 입장"[84]이며, 주 5일 수업은 청소년들의 신앙생활에서 학업에 의한 교회 출석률의 저조와 함께 또 다른 변수로 작용한다. 주 5일 근무제와 동반되는 주 5일 수업은 곧 교인들의 삶의 자리와 모습들, 교육의 현장이 변화함을 의미하고 말씀이 해석되고 적용되어야 할 삶의 자리가 달라져야 함을 요구한다. 이러한 변화는 교육의 장이 더욱 다양화된다는 것, 즉 교회 건물 안에서의 교육과 주일 중심의 교회

---

82 이윤정, "주 5일제 수업에 대한 교회 교육적 대안", 『석사학위논문』 (부천: 서울신학대학교 대학원, 2007): 13.
83 한상길, "주 5일 수업제 도입에 따른 교육환경 변화와 정책과제", 『경기논단』 (2003): 21-33.
84 조혜정, "교회학교 프로그램개발을 위한 초·중·고등학생의 토요휴업일과 관련된 선호도 조사", 『총신대논총』 (2005): 394.

교육이 도전받는다는 것을 의미한다.[85]

주 5일제 수업은 그 자체로 놓고 볼 때, 단순히 금요일 오후부터 일요일까지 삼일간의 긴 주말을 의미한다. 이 사실 자체가 기독교 교육 문제의 해결사가 되는 것은 아니다. 그러나 이 기회를 잘 활용할 경우, 우리는 앞에서 언급한 문제들을 극복할 수 있는 새로운 가능성을 찾을 수 있다.

첫째, "주 5일제 수업"이 갖고 있는 최대의 장점은 "기독교 교육에 투자할 수 있는 시간의 증가"라는 점이다. 그것은 무엇보다 한 주에 1시간 30분이라는 절대부족의 시간에 숨통을 트일 수 있는 기본조건이 된다. 예배와 분반공부만 끝나면 흩어지기 바쁜 지금의 구도에서는 할 수 없었던 다양한 교육적 시도들이 가능하게 된다. 성경공부, 성경통독, 제자훈련, 전도학교, 공동체훈련 등의 전통적 교육 프로그램뿐만 아니라, 영성훈련, 기도학교, 내적치유세미나, 소그룹 활동, 지도자 훈련, 캠프, 반별 수련회, 여행, 기독교 역사와 문화체험에 이르기까지 기존의 구도에서는 할 수 없었던 새로운 교육적 시도가 가능하게 된다. 굉장한 기회요, 엄청난 도전이다.

둘째, 한 걸음 더 나아가 생각하면 "주 5일제 수업"으로 인하여 우리는 "기독교 교육의 새판짜기"도 할 수 있다. 교사와 학생이 교재를 가지고 배우는 학교식 형태를 벗어나, 예배와 봉사, 전도, 친교 등의 공동체의 삶을 나누고, 그 안으로 사회화할 수 있도록 돕는 "교육목회"로 교육의 폭을 넓힐 수 있다. 주일이라는 제한된 시간에 이루어지는 것이 기독교 교육이라는 생각에서 벗어나, 학습자의 일상적 삶 안으로 깊이 침투해 들어갈 수 있다. 기독교 교육을 예배와 성경공부로 국한하지 않고, 윤리학교, 봉사활동, 자연체험, 여가활동, 문

85　임성빈, "주 5일 수업에 대한 기독교 문화적 이해",『교육교회』(2006): 5. 재인용.

화 활동을 포함하는 전인 교육으로 확대하여, 기독교인이 어떻게 이 세상에서 살아가고, 시간을 사용하고, 돈을 쓰며, 사람과 관계를 맺고, 문화생활을 하는지를 자연스럽게 체득하고 익히는 통로로 확대될 수 있다. 다시 말하면 "주 5일제"는 기독교 교육의 목적, 내용, 형태와 방법에서 새로운 판을 짜는 변화를 가져올 수 있다는 것이다.

셋째, "주 5일제 수업"은 "교회가 통합적 교육의 장이 되는 계기"를 마련할 수 있다. 현대의 기독교 교육이 갖는 구조적 문제의 하나가 가정 교육의 결여이다. 가정과 부모가 기독교 교육적 역할을 제대로 할 수 없을 때, 교회는 이를 보충해 주는 장으로서의 역할을 해야 한다. 기존의 학교식 교육이 이루어지는 교회학교로는 그 역할을 기대할 수 없었지만, 주 5일제로 인해 확대되는 교회 교육은 어른과 아이, 노인과 청년이 함께 삶을 나누고 배우는 세대간(intergenerational) 교육의 기회를 포착할 수도 있다. 부모교육, 육아학교, "엄마와 함께 학교", "아빠와의 여행" 등의 프로그램도 할 수 있지만, 교회 자체가 세대간의 만남과 나눔이 이루어지는 느슨한 의미의 가정 역할을 할 수 있다.

(2) 교회 역할의 변화

교회 교육(Church Education)이란 교회가 교육의 주체가 되고, 또한 교회 공동체의 생활 전체가 교육의 "장"이 된다는 의미를 포괄한다. "교회 교육은 주일교회학교와 선교를 위한 평신도 교육을 그 안에 포함하지만 교회 교육은 주일학교 교육이나 평신도 교육과 동일시 될 수 없는 포괄성과 전체성"[86]을 가진다. 본래의 교회 교육이 회복될 때, 주일학교 교육과 평신도 교육은 교회 교육이라는 넓은 틀

---

86 은준관, 『기독교 교육 현장론』 (서울: 한들출판사, 2007), 198.

과 구조 안에서 새로운 위치와 관계를 가질 수 있게 된다.

토요 프로그램은 "인간관계"를 맺어가는 방식, "의사소통"의 방식, "상호작용"들의 경험들을 쌓아 갈 수 있는 주요한 기회이다. 이러한 교육들이 가능할 수 있도록 동아리 활동, 준거 집단 간의 활동 등을 통해서 상호관계에 대한 원칙들과 방법들에 대하여 익혀 갈 수 있도록 돕는 것이 필요[87]하며, 이것은 과잉연결의 시대를 살아가며 관계의 결핍 속에 고통스러워하는 오늘날의 세대에 있어서 반드시 필요한 교육활동이다. 한 마디로, 주 5일 수업시대의 교회 교육은 주일만의 주일학교를 넘어서는 적극적, 포괄적 교육을 지향하여야 한다.

동시에 문화의 모든 영역에 더욱 선교적인 열정으로 참여할 것을 요구한다. 20세기 교회의 교육 영역은 시간적으로는 주일 중심이고, 공간적으로 교회건물 중심이었다면, 21세기 교회는 시간적으로는 월요일부터 주일까지, 특별히 금요일 오후부터 주일까지를 하나님을 기쁘시게 하는 삶의 중심으로 삼아야 한다. 또한 공간적으로는 건물로서의 교회를 넘어서 유기적인 교회관을 확고히 하면서 자신의 신앙을 실천하는 영역으로 세계를 품는 포괄적인 교회 교육을 통한 기독교 문화 형성을 지향하고 또한 실천하여야 할 것이다.

3. 교회의 교육적 기능에 대한 성서 신학적 이해

교육은 교회의 본질에 속하는 일이다. 교회가 세상의 기관, 즉 조직체와 구별되는 것은 생명을 지닌 몸, 즉 유기체라는 점이다. 칼빈

---

[87] 조은하. "신앙공동체이론과 기독교 교육", 『신학과 현장』 (2005): 205-230.

(John Calvin)은 교회를 "하나님의 학교"(schola dei)라고 부를 정도로 교육의 기능을 교회의 본질적 요소로 이해했다. 교회를 "모든 신도들의 어머니"(piorum omnium mater)라고 표현한 칼빈은 『기독교 강론』 제4권 1장에서 "교회란 하나님이 그의 자녀들을 그의 품안으로 모으시고, 그들이 아직 미성년자요 어린아이와 같으므로 어머니 같이 돌봄으로 다스리고 양육하고 이를 통해 궁극적인 목적인 신앙의 성숙에로 이끌어 가시는 곳이다"라고 말했다. 이와 같이 교회는 하나님의 백성들을 양육하고 교육하는 하나님 교육의 통로(paedagogia dei)이다.[88]

루터(Martin Luther)와 칼빈은 교회사에 있어 교회를 개혁한 종교개혁자들이다. 이들의 공통점은 교회 개혁의 과정을 교육 개혁으로 생각하고 교육의 지평을 교회라는 틀 안에 묶어 두질 않고 가정과 학교에까지 연결하는 교육 개혁을 시도하였다. 이들이 단행한 교육 개혁은 단순히 개인의 영적인 양육이라는 측면뿐 아니라 사회적인 차원에서 사회교육, 시민교육에도 깊은 관심[89]을 가지고 있었다.

1) 기독교 교육의 성서적 기초

교회(敎會)란 가르칠 교(敎), 무리 또는 모임 회(會)자로, 풀이하면 "가르침 받기 위하여 모인 무리"라는 뜻이다. 이 말은 분명히 교육적 의도가 반영된 개념으로 이해되며, 한국의 초대 교회는 유대교의 회당(Synagogue)에 상응한 모습을 생각하였고, 그리스도인들이 항상 모여 하나님의 말씀을 가르치고 배우는 교육의 장(場)으로서 기능을

---

88 고용수, "21세기 한국 교회와 교육 목회", 『장신논단』 (2007, 가을호): 416.
89 강면광, "한국 교회의 성숙을 위한 교육 목회의 방향", 『석사학위논문』 (서울: 장로회신학대학교 신학대학원, 2005): 29.

더 많이 반영한 것 같다.[90] 마태복음 28:18-20에 의하면, 예수 그리스도가 그의 사도들과 제자들, 교회에 주신 최대의 사명은 복음전파였다. 이것을 "복음전파" 또는 "복음 증거"(marturia)의 사명으로 이해한다. 복음전파는 주님의 교회에 주신 사명이지만 구체적으로 오늘날 모든 믿는 그리스도인들, 하나님의 백성들에게 위임된 사명과 과제이기도 하다.

복음 증거의 사명과 과제는 초대 교회에서부터 국경을 넘어서 기독교의 복음 선교로 발전되었고, 국내적으로는 이웃을 향한 복음전도로 실천되었다. 매주일 교회의 예배와 함께 설교를 통하여 하나님의 말씀은 증거되며, 전파되고 있다고 하겠다. 지상의 교회는 이러한 복음증거의 사명을 주된 과제로 알고 실천해야 한다. 복음증거는 역시 가르치는 사역과 함께 병행되었다. 가르침은 증거의 또 다른 방식으로 이해할 수 있다. 오순절 성령강림을 통한 주님의 임재를 경험한 사도들은 가르치는 일에 충실한 사역자들이었다.[91] 교회 교육학은 자기 이론을 확립하기 위하여 근본적으로 교육(Paedagogik)과 신학(Theologie)과의 대화를 필요로 한다. 신학과 교육과의 대화를 통하여 교회 교육의 목적과 목표 그리고 교육 내용과 교육 방법의 근본 원리를 찾아야 하기 때문이다.

(1) 계시(啓示) 사상의 기초 - 예수 그리스도

교회 교육은 하나님의 계시와 성경에 그 바탕을 두어야 한다. 그 이유는 역사 속에 나타난 하나님의 계시, 하나님의 뜻을 인간으로 하여금 이해하도록 해 주어야 하는 과제가 교회 교육의 사명이기 때

90　정일웅, 『교회 교육학』(서울: 총신대학교 출판부, 2011), 31.
91　J. A. Comenius, *Johann Amos Comenius PAMPAEDIA ALLERZIEHUNG*, 정일웅 역, 『코메니우스의 범교육학』(서울: 그리심, 2005), 168.

문이다. 하나님의 계시는 원래 그 자체가 인간을 깨우치고 교육하는 원천적인 힘이요, 근거요, 내용이며, 교육의 주체[92]이기도 하다.

(2) 성경의 기초 – 하나님의 말씀

성경은 기록된 하나님의 말씀이다.[93] 성경은 그리스도를 통하여 나타내신 하나님의 뜻을 기록한 책이다. 성경의 중심은 메시아이신 예수 그리스도에 대한 것이다. 성경에서 중요한 것은 하나님의 말씀이다. 하나님은 원래 말씀이었으며, 그 말씀은 인간의 역사 속에 예수 그리스도로 오셨으며, 요한복음 1:14에 의하면, 그분은 인간의 몸을 입고 역사 속에 오신 하나님 자신이다. 하나님은 예수 그리스도를 통하여 그의 뜻을 드러내신다. 이제 하나님은 기록된 성경말씀을 통하여 우리에게 말씀하신다.

교회 교육은 하나님의 말씀인 성경을 가르치는 것을 중심적인 과제로 삼는다.[94] 교회 교육은 성경의 올바른 이해를 위하여 성경신학의 학문적 도움을 받아야 한다. 구약과 신약의 성경신학적인 정보를 근거하여 성경본문이 어떻게 해석되어야 할 것이며, 그 성경이 어떻게 가르치고 배워지도록 해야 할 것인지, 성경공부를 위한 적절한 교수방법이 개발되도록 힘써야 한다. 기본적으로는 성경본문을 어떻게 해석해야 할 것인지 해석학의 원리에 관심을 두어야 하며, 성경 말씀을 어떻게 삶의 상황에 적용되게 해야 할 것인지에 대한 적용법의 연구가 교회 교육학의 책임이 되는 것이다.[95]

---

92 아포칼립시스는 감추인 하나님의 비밀을 "드러내어 보이신다", "알게 한다"라는 뜻이다. 이 낱말은 이미 교육적 성격을 보여주고 있다.
93 J. A. Comenius, 『코메니우스의 범교육학』, 240-253.
94 정일웅, 『교회 교육학』, 156.
95 정일웅, 『교회 교육학』, 156.

(3) 복음의 교사 – 성령

하나님의 계시와 말씀의 기록인 성경은 하나님의 영(靈)의 역사와 그 영의 충만한 개입에 의하여 이루어졌다는 신학적 특징을 갖는다. 본래 하나님의 영은 창조주와 함께 계신 분으로 하나님의 창조사역(創造使役)에 동행하시고, 계시의 주체(主體)로 활동하심을 본다. 하나님은 그의 영을 보내시고, 영의 도움으로 모든 만물이 창조되었다는 사실이다. 창세기 2:7에 의하면, 인간은 흙으로 지어졌고, 코에 생기가 들어감으로 생령(生靈)이 되었다고 한다.[96] 영의 활동이 창조의 역사임을 알게 해준다.

교회 교육에 있어서 성령(聖靈)은 특별히 그리스도를 통하여 나타난 구원의 계시를 인간들에게 전달하며, 깨닫게 하는 교사라는 점이다. 요한복음 16:13에 의하면, "진리의 성령이 오시면 그가 너희를 모든 진리 가운데로 인도하시리라"고 말씀하셨다. 성령은 사람들을 진리이신 그리스도에게로 인도하시며, 진리를 깨닫게 하시며, 하나님의 사람들로 변화되게 하시는 교육의 주인이 되신 것이다.

4. 주 5일 수업제와 청소년 교회 교육의 변화

1) 청소년 교회 교육의 목적과 중요성

영어의 Education의 어원은 라틴어 *educere, deucare*에서 유래되었다. "*educere*"는 "이끌어내다", "끄집어내다"는 뜻이고 "*educare*"는 "훈육하다", "기른다"의 뜻이다.

---

96 "주께서 낯을 숨기신 즉 그들이 떨고 주께서 그들의 호흡을 거두신 즉 그들은 죽어 먼지로 돌아가나이다"(시 104:29).

이 두 가지를 강조하여 교육을 정의하면 다음과 같다.

첫째, 교육은 "채워주는"(infilling) 과정으로서의 계발, 이념의 형성을 꾀하는 것이다.

둘째, 교육은 "이끌어내는"(drawing out) 과정으로서 피교육자의 선천적 재질과 흥미를 재발견하여 활동, 유희, 실험을 통하여 창조적 독자적 생활방식을 수립하는 것이다.

셋째, 교육은 "보호하고 훈육하고 기른다"(to nourish)는 의미다.[97]

목적과 목표에 대한 용어에는 "purpose", "goal", "objective" 등이 사용되고 있는데, 장기적인 목적을 의미하는 경우는 "purpose", 측정 가능한 목적에는 "goal"이라는 용어를 사용하고 있다. 측정 가능한 목적을 나타내는 "goal"을 더 세분화하여 "행동목적"(behavioral goals) 또는 "구체적 목표"(concrete objective)라고도 하며, 이 둘은 시간적으로 단기적인 목표에 해당한다.[98] 긍정적인 목적은 점증적인(increased) 자기 이해와 하나님 이해이다.[99]

기독교 교육에서의 인간 이해는 하나님의 형상으로 창조되었으나 타락한 존재라는 것이다. 그래서 기독교 교육은 인간을 변질 이전의 본래의 상태대로 회복시키는 일이다. 이 일은 "주님의 훈련과 훈계 안에서(엡 4:6) 회개시켜 구원받는 인간에로 하나님의 형상에로, 영화롭게 된 인간에로 양육할 수 있다. 교육은 인간행동의 계획된 변화이다. 즉 인간행동에 변화를 주도록 함양하고 잠재력을 개발

---

97 김은곤, 『신앙 교육과 성공적 인생』(서울: 성광문화사, 1990), 112-113.
98 Iris V. Cully, *Plannig and Selecting Curriculum for Christian Education* (Valley Forge: Judson Press, 1983), 63.
99 William M. Reynolds, *Reading Curriculum Theory*, 217-218. 레이놀즈는 자기 이해만으로 제한하고 있으며, 이 책에서는 칼뱅의 『기독교 강요』에 힘입어 자기 이해와 하나님 이해는 상호보완적인 것으로 여기고 있다.

시켜주는 의도적인 수단이다.[100]

우리는 인간으로 태어난 모든 사람들이 인간이 되도록 서로서로 가르침을 받는다고 생각한다. 사람들은 가능한 한 상대에게 서로 용기를 주고, 자극하며 격려하기 위하여 서로서로 인도되어야 한다. 두 번째로 모든 사람들은 미덕, 겸손, 화합, 서로를 보호하기 위하여 교육받아야 한다고 말한다. 사람들은 이러한 것들을 그렇게 빠른 시기에 서로를 구분해서는 안 되며, 다른 사람들보다 자신을 더 많이 생각하고 자신을 제외한 다른 사람들을 무시하는 그러한 기회는 적게 만들어야 한다.[101]

베드로에게 나타나신 예수님은 3번에 걸쳐 "내 양을 먹이라, 치라, 먹이라"(요 21:15-17)를 강조하신다. 그뿐만 아니라 승천하실 때에 제자들에게 남기신 말씀은 "교육 유언"(pedagogical testament)이다. 이것은 예수님의 제자 된 자들의 선택사양(option)이 아니라 반드시 지켜야 하는 최후의 명령이다. 즉 "가르쳐 지키게 하라"(마 28:18-20)는 예수님이 제자들에게 준 교육 명령(educational mandate)인 것이다.[102] "하나님의 나라 : 부르심과 응답"은 "오직 하나님께 영광"(*Soli Deo Gloria*)이라는 개혁교회의 기본정신을 근간으로 "하나님 나라의 구현"을 교육이념으로 설정하고, 이를 아래와 같이 명시하고 있다.

모든 세대들에게 하나님의 은혜로 예수 그리스도를 통해서 이룩하셨고, 성령을 통해 지금도 계속 이루시는 구원의 복음을 신앙공동체 안에서 깨달아 알고 하나님의 말씀과 복음의 빛 안에서 가정과 교회, 이웃사회와 자연 및 세계와 바른 관계를 이루어서, 예배와 선

100　김은곤, 『신앙 교육과 성공적 인생』 (서울: 성광문화사, 1990), 113.
101　Klaus Grobmann & Henning Schroer, *Auf den Spuren des Comenius*, 정일웅 역, 『코메니우스의 발자취』 (서울: 여수룬, 1997), 261.
102　한미라, 『개신교 교회 교육』 (서울: 대한기독교서회, 2005), 408-409.

교의 사명을 지닌 하나님의 백성으로서 삶 속에서 하나님 나라와 그의를 위해 헌신하도록 양육하고 훈련하는 것이다.[103]

교회 교육의 일반적인 목적은 믿는 자들을 그리스도인답게 혹은 그리스도를 닮게 만드는 것이다. 주 5일 근무 시대의 주말학교의 목적도 이와 같다. 주어진 환경을 이용하여 주말학교를 통해 그리스도인으로 만들어 내는 것이다. 상황에 따라 야외로 나가야 된다면 나가서 교육하되 본질을 흐려서는 안 된다. 주말학교를 통해 그리스도인으로서의 모습을 갖출 수 있도록 하는 데 그 목적이 있다.

2) 주 5일 수업제 개편에 따른 청소년 교회 교육의 내용

(1) 주 5일 수업제 개편

주 5일 수업제도가 전면적으로 시행됨에 따라 교회 교육도 토요일과 주일이라는 2일 교육으로 확산되어 그 변화를 요구받고 있다. 교회학교(Church School)란 주일학교(Sunday School)만을 의미하는 것이 아니라 전반적인 교회 교육을 표현하는 개념이다. 주 5일 수업에 따라 교회 교육의 중심이었던 주일학교(Sunday School)는 이제 교회학교로 총괄하여 명칭을 사용해야 할 것이며, 토요학교(Saturday School)를 교회학교의 범주에 넣어야 한다.

교회의 토요학교가 시작되면서 주일학교 교육은 예배와 계단공과 중심의 교육이었다. 토요일은 주일의 보충적 개념이 아닌 또 하나의 주된 교육 현장이 되었다. 그러나 토요학교는 예배 중심의 주일학교와는 다른 교육시스템을 요구하고 있다. 따라서 교회 교육에 있어서 토요학교의 목표가 무엇이며 어떤 구조를 가져야 시대에 맞

---

103 대한예수교장로회 총회 교육부, 『교육과정 이론지침서 (I)/이론』 (서울 : 한국장로교출판사, 2001), 75-76.

는 역할을 할 것인가에 대한 고민이 필요하다.[104] 주 5일 수업을 위해서는 청소년들이 여가시간을 활용할 수 있는 기반시설과 여건이 마련되어야 한다. 그러한 시설과 여건이 매우 부족한 우리의 현실을 감안한다면 사회 문화적인 관점, 특별히 교육적인 관점에서의 주 5일 근무제의 성공적 정착은 상당한 준비과정을 필요로 함을 알 수 있다.

바로 이러한 현실에 착안하여 교회가 관심하고, 구체적인 힘을 쏟아야 할 분야가 바로 여가 및 교육 영역이다. 21세기 교회는 이러한 여가활용과 청소년 교육에 새로운 장을 마련하기 위해 더욱 전문적으로 기획하고 구체적으로 추진해야 하는 과제를 안고 있다. 주 5일 수업제를 준비하며 우리가 간과할 수 없는 것은 기독교인으로서의 정체성을 유지할 수 있도록 도와줄 예배와 친교와 교육과 봉사를 지향하는 교육교과과정의 정립[105]이다.

이러한 교과과정이 정착되려면 나날이 거세어지는 소비문화와 세속화의 물결 속에서도 기독교인으로서의 정체성을 살릴 수 있는 기독교 문화의 형성이 동반되어야 한다. 한 마디로 주 5일 수업시대의 교회 교육은 주일만의 주일학교를 넘어서는 적극적, 포괄적 교육을 지향하여야 한다. 동시에 문화의 모든 영역에 더욱 선교적인 열성으로 참여할 것을 요구한다. 20세기 교회의 교육영역은 시간적으로는 주일 중심이고, 공간적으로 교회건물 중심이었다.

그러나 21세기 교회는 시간적으로는 월요일부터 주일까지, 특별히 금요일 오후부터 주일까지를 하나님을 기쁘시게 하는 삶의 중심으로 삼아야 한다. 또한 공간적으로는 건물로서의 교회를 넘어서 유

---

104 마상욱, "주 5일 수업제도에 따른 교회 토요학교 방안 연구", 92.
105 임성빈, "주 5일 수업에 대한 기독교 문화적 이해", 7-8.

기적인 교회관을 확고히 하면서 자신의 신앙을 실천하는 영역으로 세계를 품는 포괄적인 교회 교육을 통한 기독교 문화형성을 지향하고 또한 실천하여야 할 것이다.

3) 청소년을 위한 주말교회 교육의 방법과 체계변화

21세기 교회가 지향해야 할 교육 목회 방향은 교회생활의 전 과정(예배, 가르침, 전도, 친교, 봉사 등)을 목회의 기능이기 이전에 교회의 존재 양태요, 공동체의 신앙경험의 표현양식으로 인식하고, 이들을 교육적 관점에서 재조명하고 구조화하는 작업이 우선되어야 한다. "신앙 공동체"인 교회를 교육구조로 재정립해서, 교회학교도 더 이상 목회와 분리된 교회의 부속기관이 아니라 "교회 안의 작은 교회"(ecclesiolae in ecclesia)[106]로 다시 회복되어야 함이 교회 교육 갱신의 우선과제이다.

주 5일 수업제도에서 공교육의 방향이 학교중심, 교사중심, 교육과정중심의 교육에서 현장중심, 관계중심, 개인에 맞는 활동중심의 교육으로 변하고 있다. 공교육의 방향이 창의성과 인성중심의 자기 주도적 학습능력 신장으로 전환되었다는 것은 교회 교육에 있어서도 많은 것을 시사한다. 교회의 토요학교 역시 주일학교의 한계를 극복하고 발전적인 방향을 제시할 수 있다.

첫째, 청소년을 위한 토요학교는 학생과 가정 그리고 교회가 함께 만들어 가야 한다. 그러기 위해서는 그동안 교회 교육의 수혜자로만 있던 학생과 부모를 주체로 인식해야 하고 학생과 부모의 요구

---

106 H. A. Synder, *The Radical Wesley & Pattern for Church Renewal* (Illinois: Interversity Press, 1980), 18. 스나이더는 위의 책에서 스페너, 웨슬리로 이어지는 소공동체 운동을 "교회 안의 작은 교회" 운동이라 불렀다.

에 교회가 귀를 기울여야 한다. 공교육과 사교육 현장에서 이루어지는 인지 중심의 정적인 교육에 지쳐 있는 학생들은 활동적이고 관계 중심적이고 창의적 활동을 요구하고 있다. 이러한 변화에 따라 비교과 활동의 중요성이 지속적으로 확대되고 있다.[107]

둘째, 청소년을 위한 토요학교는 주일학교, 공교육의 연장, 사설학원 혹은 문화센터 역할이 아닌 총체적인 청소년 활동센터가 되어야 한다.[108]

셋째, 청소년을 위한 토요학교는 비기독교인들에게도 열려있어야 한다. 기독교 교육의 목표는 하나님 나라의 일꾼을 만드는 것이다.[109] 일반교육의 목표는 민주시민을 만드는 것이다. 그러나 "교육 목회의 목표는 기독교 신앙을 가지고 민주 사회 속에서 살아야 하는 시민을 만드는 것"[110]이다. 그동안 교회 교육은 기독교 신앙과 민주사회 속에서 살아가는 시민의식을 구분해 왔다. 종교교육의 시민화는 일반교육이 지향하는 민주적 시민 양성교육에 검증을 받아야 한다.

토마스 그룸(Thomas H. Groome)은 교회가 하나님의 나라를 위해 살고자 할 때 갖는 세 가지 사명을 케리그마(*Kerygma*), 코이노니아(*Koinonia*), 디아코니아(*Diakoniea*)로 설명한다. 토요학교 역시 말씀과 나눔과 봉사의 틀 안에서 전인 교육을 실시해야 한다. 그리고 이러

107　2011년 한국교육과정평가원에서 청소년을 대상으로 진행된 선호하는 토요프로그램에 관한 조사에서 중학생은 체육(29.9%), 취미·레저(29.4%), 음악·미술(21%), 교과학습(8.56%) 순으로 나타났으며, 고등학생의 경우는 취미·레저(28%), 체육(22.6%), 음악·미술(19.1%), 교과학습(15.8%) 순이다.
108　토요학교는 공교육과 유사구조인 주일학교와 차별화되고, 문화센터와도 다르게 다음 세대를 길러낼 수 있는 교육기관이어야 한다. 그러기 위해서는 종합적인 진단과 활동(activity)이라는 처방을 할 수 있고, 참여한 학생들의 발달을 정기적, 지속적, 목적 중심적으로 지도해 줄 수 있는 청소년 활동센터의 역할이 필요하다.
109　한미라, "한국 기독교 교육학의 비판적 성찰", 『기독교교육논총』(vol. 29, 2012): 57-86.
110　임영택, "교육 목회의 실천도덕적 방법의 모델 연구", 『기독교교육논총』(vol. 29, 2012): 123-147.

한 전인 교육의 틀은 얼마든지 비기독교인들도 배울 수 있는 보편적인 가치다.[111]

교회는 청소년들의 환경변화에 현명하게 대처할 수 있고 더 나아가 성숙한 신앙인이 될 수 있는 교육을 실행해야 한다. 교회는 오늘이라는 삶의 자리에서 가장 필요한 교육이 실행해야 한다. 그렇지 못할 경우 청소년은 세속화된 세상에서 더욱 혼란이 가중될 것이며, 심지어 신앙을 떠날 수도 있다. 교회는 역동적으로 기독교 신앙 교육의 방향을 제시해야 한다.[112]

그러므로 21세기 교회 교육의 갱신과제는 기존 교회학교의 교육시설 확충, 교사 훈련, 교육 프로그램의 보안 및 교재개편 등과 관련된 지엽적인 문제보다 본질적이고 보다 근원적인 차원에서 접근해야 할 것이다. 즉 하나님께서 교육하시는 교육공동체 이해를 기반으로 접근하는 "교육 목회"(educational ministry)에 대한 새로운 인식의 전환과 함께 기존 목회활동에 전체를 "교육적" 관점에서 일관성 있게 구조화하는 "평생 교육적 교육 목회"에로의 패러다임 전환이 요구된다.[113]

따라서 21세기 교회가 지향해야 할 교육 목회 방향은 교회생활의 전 과정(예배, 가르침, 전도, 친교, 봉사 등)을 목회의 기능이기 이전에 교회의 존재 양태요, 공동체의 신앙경험의 표현양식으로 인식하고, 이들을 교육적 관점에서 재조명하고 구조화하는 작업이 우선되어야 한다. "신앙 공동체"인 교회를 교육구조로 재정립해서, 교회학교도 더 이상 목회와 분리된 교회의 부속기관이 아니라, "교회 안의 작은

111　마상욱, "주 5일 수업제도에 따른 교회 토요학교 방안 연구", 95.
112　이정관, "청소년 기독교 신앙 교육을 위한 가정과 교회의 교육연계", 『신학과 실천』(vol. 31, 2012): 477.
113　박봉수, 『교육 목회의 이해』(서울: 에듀민, 2004), 55.

교회"(ecclesiolae in ecclesia)¹¹⁴로 다시 회복되어야 함이 교회 교육 갱신의 우선과제이다.

5. 사례연구

1) S교회¹¹⁵

S교회는 1987년 7월에 개척하여 2012년에 이르는 동안 수만 명의 교회로 성장하였다. 교회 교육과 훈련으로는 제자훈련, 사역훈련, 성경대학, 교리대학, 전도폭발훈련, 호스피스, 포에버 평생교육 등이 있다. 여기서 제자훈련과 사역훈련을 살펴보면, "제자훈련" 목회철학 기반 위에 "모든 성도들을 주님의 제자로 만든다"는 목표를 세우고 세상의 크리스천으로서 영향력을 나타내고자 하고 있다. 그리고 사역훈련은 S교회에서 교역자들과 함께 동역할 수 있는 브리스길라와 아굴라처럼 평신도 지도자를 세우기 위한 훈련이며, 제자훈련을 마친 사람 중에 가르치는 은사가 있고 섬기는 은사가 있는 사람은 말씀으로 교회 내에서 사역을 하게 한다.¹¹⁶

S교회는 주 5일제 수업에 따른 유·청소년을 위한 교회 교육으로 "주말학교"¹¹⁷를 실행하고 있다. S교회는 다른 교회와 다르게 주말학교를 서울의 대도심이 아닌 경기도 안성에 자리한 수양관에서 갖

---

114 H. A. Synder, *The Radical Wesley & Pattern for Church Renewal*, 18. 스나이더는 위의 책에서 스페너, 웨슬리로 이어지는 소공동체 운동을 "교회 안의 작은 교회" 운동이라 불렀다.
115 1978년 7월 "강남은평교회" 개척 창립예배를 드리고 1981년 9월에 "S교회"로 개칭하였다.
116 http://sarang.org.
117 S교회 주말 주일학교(http://jumal.sarang.org)는 안성 수양관에 위치한 주말 영성 공동체로 유아부, 유치부, 아동부, 중·고등부로 구성되어 있다.

는 것이 특징이다. 교회 성도들을 대상으로 주말과 주일을 이용하여 쉼과 회복을 얻고자 수양관에서 주일 예배를 드리고 다양한 프로그램을 갖는 주말 학교의 한 형태를 보여주고 있다. 하나님의 말씀을 눈으로만 보고 듣는 것이 아니라 체험하는 장으로 이어짐으로 하나님의 말씀이 오감을 통해 확인할 수 있도록 제작, 기획되고 있다. 많은 학생들에게 살아 있는 예배가 무엇인지를 경험하도록 하는 데에 주력하고 있다.

2) Y교회[118]

Y교회는 주 5일제 수업에 따라 교회학교의 새로운 교육에 인식의 변화가 일어났다.

① 주일성수의 중요성에 대하여 부모와 자녀들을 교육한다.
② 부모와 함께 드리는 예배와 금·토요일에 드리는 예배 등 예배의 활성화를 이룬다.
③ 토요일에 견학이나 탐방 등을 통한 특별시간 운영 등과 야외에서 여는 교회 교육 프로그램을 계획한다.
④ 청소년 문화원을 만들어 다양한 교육 프로그램들을 제공한다.
⑤ 청소년의 신앙과 학업을 연계시킬 수 있는 주말교육 프로그램을 마련하여 청소년들을 위한 봉사활동의 기회를 교회가 제공하여 준다.
⑥ 학생들을 위한 공간으로 도서관, 컴퓨터, 건전한 오락, 노래기기 등을 준비하여 토요일 등에도 학생들이 교회 속에

---

118 Y교회 역사. 서울특별시 종로구 연지동에 위치한 대한예수교장로회(통합) 소속 교회. http://www.ydpc.org/bbs/board.php?bo_table=com01_1.

있게 하는 교육내용이 제공되도록 한다.
⑦ 이웃 교회와 연계하여 청소년 부흥회와 청소년 찬양집회 등을 토요일에 열어 다음날 주일에 교회로 연결시킬 수 있도록 한다.

가족을 위한 교회 교육 프로그램으로 가정예배 프로그램을 교회에서 제공하여 온 가족이 함께 할 수 있는 예배교육을 기획하고, 온 가족이 함께 드리는 예배와 가족이 함께하는 성경통독, 가족 수련회, 가족 찬양대나 가정별 경연대회 등을 통한 찬양 프로그램을 제공하고, 주말 농장을 찾아 성경적인 생명 존중 운동과 자연보호 운동을 함께하며, 가족이 함께 볼 수 있는 영화물이나 성지 순례 등의 기획물들을 교회에서 상영하는 기회를 제공하고 있다.

3) C교회[119]

C교회는 토요일에 진행되었던 말씀학교, 전도학교, 제자학교, 창조학교가 주일에 진행되는 "나예요학교"에 흡수되면서 주일로 옮겨졌다. C교회의 "즐거운 토요일"은 이전의 계절학교[120] 프로그램을 주말학교로 가져와 사용하여, 저학년의 경우 창조, 순종, 예배, 성경, 고학년은 환경, 기도, 큐티, 순종을 주제로 하고 있다. C교회의 즐거운 토요일은 한 학기당 부서 연합으로 3회, 부서별로 3회의 교육 기회를 갖고 1, 2학기 진행되므로 총 12회로 이루어진다. 부서별

---

119 C교회, 서울시 용산구 이촌로 188번지에 위치. http://www.choongshin.or.kr.
120 C교회는 봄맞이 성경학교와 여름성경학교 두 차례의 성경학교를 위해 교육 목사, 교육 전도사, 교사들로 이루어진 교회 커리큘럼 위원회에서 6년 2학기 커리큘럼을 제작하였다. 그러나 시간의 흐름에 따라 일어나는 모든 현상들을 다루기에는 교재가 낙후하여 2005년부터 여름성경학교는 총회교재를 사용하도록 하고 있다.

연합 1회차에는 1-3학년이 함께 진행하며, 2회차에는 4-6학년, 3회차에는 가족과 함께 하는 캠프로 구성되어 있다.

 구체적인 프로그램으로는 토요일 오전 9시에 모여 등록과 기도, 찬양, 오리엔테이션의 시간을 갖고, 식물원, 동물원, 곤충전, 별자리 여행, 갯벌놀이, 등산 등의 자연 체험 프로그램이나, 장애체험, 전통체험, 농촌체험, 자전거 하이킹, 환경체험 등의 활동 프로그램, 가족과 함께하는 기차여행, 온가족 캠프, 수양관에서의 하루 등 온가족 참여 프로그램으로 구성되어 있다. 마지막 캠프는 그 동안 즐거운 토요일에서 경험한 것들을 부모님과 함께 이야기하고 발표하는 것을 중심으로 한다.

 C교회의 "좋은부모학교"는 7주간의 교육기간으로 1학기 유치부 및 1-3학년 자녀를 둔 부모를 대상으로 2학기 4-6학년 및 중·고등학교 자녀를 둔 부모를 대상으로 매주 토요일에 실시한다. 부모님들이 부모론, 자녀의 심리이해, 신앙발달이해, 대화방법, 기독교 세계관, 부모의 영성 등의 부모 교육을 들을 때 자녀들은 풍선아트, 음식 만들기, 종이접기, 그림 그리기, 신체 놀이, 동화 구연, 바깥놀이 등을 통해 다양한 놀이와 활동을 경험한다. "좋은부모학교"를 수료한 부모들은 다음 학기 부모 교육 때 스텝으로 활동하며, 자신들의 경험을 나누고 다른 부모들을 섬기는 역할을 감당하고 있다.

6. 주 5일 수업제 개편에 따른 교회 교육 전략개발

1) 한국 교회의 운영제도 개발

주 5일제 수업 시대의 기독교 교육을 위하여 어떻게 준비해야 하는가? 이미 몇몇 교회들이 금요일 오후나 토요일에 시작하여 주일예배로까지 연결되는 주말교회학교를 시작하였고, 또 몇몇 교회는 토요일을 이용하여 제자훈련이나, 성경교실, 다양한 문화교실을 실시하고 있다. 우후죽순 격으로 나타나는 여러 프로그램은 물론 하나하나의 의미가 있지만, 현재의 시점에서는 먼저 주말교회학교의 방향성 정립이 시급한 것으로 보인다. 따라서 여기에서는 "주말교회학교"의 기본적 방향성을 살펴보자.

(1) 여가성의 활용

여가성이라 함은 주말교회학교라고 하는 이름에서 주말이 갖는 특성이다. 주말이라는 시간성을 장으로 하는 주말교회학교는 그 자체로 여가성을 지향하지 않으면 안 된다는 것이다. 주말은 일하지 않고 쉬는 기간이라는 뜻이다. 따라서 주말은 여가이다. 여가란 시간적으로 잉여의 시간이며, 활동적 측면으로 보았을 때 목적 지향적 행위를 하지 않는 자유로운 시간이고 쉼의 시간이라는 뜻이다.

이것이 무엇을 뜻하는가? 우리는 주말교회학교라고 했을 때 먼저 드는 생각이 기회가 생겼으니 사람들을 훈련시키고, 가르쳐야 한다고 할 수 있다. 주말교회학교는 기존 주일학교의 단순한 연장이 아니라, 그 자체로 여가와 안식이라고 하는 목적을 충족해야 한다는 것을 뜻한다. 여가는 모든 경쟁과 과제, 부담감들로부터 자유로워져 자신에게로 돌아오는 시간이고, 따라서 전인적인 자아를 회복하는 시간이다. 주말교회학교가 여가성을 지향해야 한다는 것은 기존의 기독교 교육이 해왔던 것처럼 무엇을 가르치려고 들 것이 아니라 쉼을 제공하고, 놀이를 제공하고, 모든 경쟁과 과제로부터 자유하게 하여, 전인적 자아를 회복하게 하는 교육이어야 한다는 것이다.

세상학교에는 빠름의 가치가 있지만, 주말학교에는 느림의 미학이 있어야 하고, 세상학교에는 성과가 중요하지만 주말학교에는 성과로부터 자유로움이 보장되어야 하며, 그 학교에는 나가 없지만 이 학교에는 진정한 나를 찾을 수 있어야 한다는 말이다. 그래서 모두들 오고 싶어 하는 학교가 되어야 한다.

(2) 교회성의 활용

교회성은 주말교회학교라는 이름의 가운데에 해당하는 단어, 즉 교회가 갖는 특성이다. 우리는 흔히 주말학교에서 요리, 컴퓨터, 단소 같은 문화교실을 하거나 캠프나 요가, 주말농장 같은 여가활동을 하면 된다고 생각할 수 있다. 물론 이 같은 프로그램은 훌륭한 여가 프로그램이다. 그러나 우리가 물어야 할 것은 그러한 프로그램이 주말교회학교가 지향하는 교회성과 어떠한 관련성 안에 서 있느냐 하는 것이다. 주말교회학교는 무엇보다 교회가 주체가 되는 교육이고, 그런 한 교회성을 드러내는 것이어야 한다.

교회란 그리스도를 주로 고백하는 성도의 공동체이고, 그리스도를 머리로 받들고 있는 그리스도의 몸이다. 그렇게 볼 때 성도에게 진정한 안식과 쉼은 그리스도에게 붙어 있을 때, 우리가 그 안에 있고 그가 우리 안에 있을 때 오는 것이다. 교회성은 또한 공동체성을 의미하기도 한다. 공동체는 공동의 신앙고백과 공동의 예전, 공동의 의 양식이 있다.

주말교회학교에서 학생들은 공동체의 삶을 익힐 수 있어야 한다.

공동의 예배와 공동의 축제, 친교와 봉사를 경험할 수 있어야 하고, 공동체 안의 다양한 세대간 만남을 경험할 수 있어야 한다. 그리하여 주말교회학교는 학생들이 공동체를 체험할 수 있을 뿐만 아니라, 주말교회학교로 인하여 역으로 공동체가 세워지기도 하는 그런 학교가 되어야 한다.

(3) 학교성의 효과

학교성이라 함은 주말교회학교라는 말의 마지막 단어 학교를 지칭한다. 여기서 학교성은 앞에 지적한 바 있는 교회학교의 특성, 즉 학교식(schooling)의 교육을 지칭한다기보다는, 그것이 갖고 있는 전문성과 체계성, 의도성과 같은 특성에 초점을 맞추어야 한다. 위와 같은 점을 바탕으로 하여 주말교회학교는 이 세 요소, 즉 여가성과 교회성 그리고 학교성이 서로가 서로 안에 내주하고 교통하는 삼위일체적 관계 안에서 운영되고, 전개되어야 할 것이다.

2) 교회 교육 자원봉사자 참여유도 및 교육프로그램

(1) 교회 교육 자원봉사자 참여유도방법

교회 교육에서의 자원봉사자 참여유도는 교회 학교에 대한 인식의 변화가 필요하다. 교회학교가 질적 성장을 이루기 위해서는 "학교"구조가 아닌 "가족"구조 형태가 필요하다. 학교의 구조는 마음을 변화시키는 것이라기보다 머리를 변화시키려는 데 있다.[121] 다시 말하면, 성경을 지적으로 전달하는 학교 형태보다는 성경말씀을 삶으로 함께 나누고 다양하게 적용할 수 있는 가족 형태가 질적 성장을

---

121 강정훈, "교회학교 침체냐 성장이냐", 말씀닷컴 교육기사, 2008, 인터넷 자료(http://www.kihsermon.com/main/sub.htm?page_code=47).

이룰 수 있는 구조라는 것이다. 우리 모두는 교회를 필요로 한다. 공동체 안에서의 삶이 없이는 기독교 신앙과 삶을 얻을 수도, 유지할 수도, 깊게 할 수도 없다.[122] 예수님이 세우신 교회는 하나님을 한 아버지로 하는 가족 공동체이다.

(2) 교회와 가정이 함께 협력하는 교육프로그램

교회와 가정이 함께하는 교육프로그램의 필요는 새로운 주 5일 시대가 시행되면서 예전보다 더 많은 활동시간들을 가지게 되었다. 특별히 토요일이라는 황금시간을 주일의 절기 행사 프로그램과 잘 연계하여 기획을 한다면 가정에서는 알찬 휴일을 보낼 뿐만 아니라 교회와 연계된 가정 신앙 교육의 효과 역시 높아질 것이다. 주 5일 시대를 맞이하여 교회 행사만 아니라 교회와 가정이 연계된 절기 신앙 교육의 실제적 프로그램을 소개하고자 한다.[123]

주일학교는 부모의 대체 기능도 아니고 부모와 경쟁하는 관계도 아닌 보완하는 관계이다. 모든 부모가 다 성숙한 것도, 자녀를 믿음으로 잘 양육할 수 있는 형편도 아니기 때문이다. 주일학교의 기능 중에 하나는 부모들이 그 자녀들을 주의 교양과 훈계로 잘 양육할 수 있도록 돕는 것이다. 특히 아동의 나이가 어릴수록 이러한 기능은 더 중요하다.

122　John H. Westerhoff, *Living the Faith Community*, 김일환 역, 『살아있는 신앙 공동체』 (서울: 보이스사, 1991), 24.
123　이기룡, "절기를 풍성하게 하는 신앙 교육 프로그램", 『주 5일 시대와 교육 목회 전략』 (2006, 9), 160.

7. 나가는 글

인류 역사의 진행과정에 나타나는 여러 가지의 새로운 제도들과 변수들, 즉 세속화 경향을 부추기는 요소들이 등장할 때마다, 교회로 하여금 새로운 각성과 성찰, 나아가서 회개운동이 시대적으로 요구되어졌다는 것은 주지의 사실이다. 위기가 기회를 가져온다는 평범한 사실이 일반 세속사뿐 아니라 하나님의 거룩한 역사에서도 동일하게 적용된다.

이러한 새로운 성찰과 각성의 시간들을 통해 하나님의 공동체는 자신의 정체성을 다시 한번 확인하고 공동체의 성결과 거룩을 유지할 수 있었다. 주 5일 수업제는 이런 기회라고 생각된다.

주 5일 수업제로 말미암아 교회로 하여금 삶의 의미와 주일의 의미를 생각하게 하고, 하나님의 백성으로 산다는 것이 무엇이며, 교회 공동체로 산다는 것이 무엇인지를 생각하게 하는 중요한 시기인 것이다.

주 5일 수업제가 가져올 수 있는 세속화 경향의 강화 속에서 그리스도인과 교회는 자신의 역할과 책임을 생각하고, 자신의 공동체를 거룩의 공동체로 유지할 뿐 아니라, 세속화 과정에 제동을 걸고 나아가 사회를 정화시킬 수 있는 전기로 삼을 수 있다는 것이다. 고통과 수고를 감수하고서라도 고질적인 문제들을 드러내어 과감한 개혁과 변화의 시도를 추구한다면 반드시 좋은 열매를 기대할 수 있을 것이다. 비기독학생들에게 말씀을 전할 기회는 많지 않다. 교회는 청소년들에게 주말에 학교나 학원보다 더 매력적인 프로그램으로 비기독학생들의 참여를 유도해야 한다. 교회에서 말씀을 듣고 신앙인이 되어 삶 가운데 변화가 일어나고 삶의 태도나 학업에 있어서도 변화가 일어나도록 해야 한다.

주 5일 수업제가 도입되고 단계적으로 그 수위를 높여나가는 실정에서 교회가 신속하게 그리고 체계적으로 대처함으로써 이 제도가 신앙 증진과 교회의 선교에 그리고 나아가 한국 교회 교육의 질적인 도약에도 소중한 기회가 되어야 할 것이다.

첫째, 주 5일 수업제 시대의 교회학교 교육은 내용에 있어서 "주일-평일-토요일"이라는 3가지 축을 중심으로 계획되고 전개되어야 한다. 지금까지 교회학교 교육이 주일이라고 하는 하나의 축만을 중심으로 이루어져 왔다면, 주 5일제 수업은 주일과 토요일 그리고 그 사이에 놓여 있는 평일 모두를 효과적으로 포괄하는 교육을 실시해야 할 것이다.

둘째, 주 5일 수업제 시대의 교회학교 교육은 교사-학생의 관계에 있어서 학생들의 주도성이 강조되어야 한다. 주일에 집중되어 있던 교육 내용이 주일과 토요일로 나누어짐에 따라, 좀 더 학생들의 주도성을 강조하는 방향으로 나아가야 한다. 주 5일제 수업으로 인하여 늘어난 교육 기회를 통하여 학생의 주도성을 격려하고 잘 살려 나갈 필요가 있다.

셋째, 주 5일 수업제 교회학교 교육은 여러 교육 현장들과 자원들 사이에 긴밀한 네트워크를 만들어 나가는 교육이 되어야 한다. 지금까지의 교회학교 교육이 교회 중심, 그것도 각 부서 중심으로만 이루어지는 형태의 교육이었다면, 주 5일 시대의 교회학교는 다른 현장들과 유기적인 연결 속에서 이루어지는 교육이 되어야 한다. 우선 가정과 교회학교 사이의 활발한 의사소통과 학부모의 지원, 참여를 통한 유기적인 연결이 가장 시급한 과제이다. 특히 놀토에 이루어지는 교육 프로그램을 활성화시키기 위하여 학부모들의 지원과 참여는 필수적이라고 할 수 있다.

넷째, 주 5일 수업제 시대의 교회학교 교육은 참여, 체험, 봉사가 강조되는 방법을 많이 활용해야 한다. 주 5일 수업제가 공교육의 현장에 참여, 체험, 봉사를 더욱 강조하는 중요한 계기가 되고 있는 것처럼, 교회학교 교육도 이를 계기로 새로운 모습으로 변화되어야 한다.

주 5일 수업제란 인류 역사의 진행과정에서 나타난 새로운 제도이다. 사회의 변화에 따라 교회도 변화에 대한 새로운 각성과 성찰이 요구되어짐은 주지의 사실이다. 위기가 기회를 가져온다는 평범한 사실이 일반 세속사뿐만 아니라 하나님의 거룩한 역사에도 동일하게 적용된다.

스티븐 코비가 "성공하는 사람들의 7가지 습관"에서 정의한 것처럼 교회 교육의 패러다임의 변화가 필요하며, 하나님의 형상을 회복하는 교회 교육이 되어야 하겠고, 각 교회마다 신앙에 기초한 문화 프로그램을 개발하고 한국 교회에 공급해야 한다. 이런 교회 교육을 위해 교파를 초월한 교단과 교계 차원에서 교육 협력이 필요하다. 또한 한국 교회마다 주 5일 수업제가 수위를 높여나가는 실정에서 신속하게 그리고 체계적으로 대처함으로써 이 제도가 신앙증진과 교회학교와 선교에, 한국 교회의 질적인 도약에도 소중한 기회가 되어야 할 것이다.

후속 연구에서는 주 5일 수업제 실시에 따른 교회 교육 전문가의 필요성 인식 확대와 한국 교회들 가운데 중. 소형교회에 적용 가능한 교회학교 교육의 실천 프로그램들과 적용 가능한 사역의 내용들이 연구되어야 할 것이다.

참고문헌

강면광. "한국 교회의 성숙을 위한 교육 목회의 방향".『석사학위논문』 서울: 장로회신학대학교 신학대학원, 2005.
고용수. "21세기 한국 교회와 교육 목회".『장신논단』2007, 가을호.
김은곤.『신앙 교육과 성공적 인생』. 서울: 성광문화사, 1990.
김홍현. "주 5일 수업을 활용한 교회 교육 프로그램: 산본푸른교회 어린이 세계관 학교".『교회 교육』2006.
대한예수교총회교육자원부.『주 5일 근무시대 우리는 교회로 간다』. 서울: 한국장로교출판사, 2005.
마상욱. "주 5일 수업제도에 따른 교회 토요학교 방안 실행연구".『한국기독교교육정보학회』2012.
박영수.『교회 교육 핸드북』. 서울: SFC, 2010.
박정은. "중등학교 주 5일 수업제 시행에 대한 교사의 인식 연구".『석사학위논문』서울: 연세대학교 교육대학원, 2005.
이영숙. "주 5일 수업제의 효율적인 운영을 위한 교사의 역할 연구".『석사학위논문』울산: 울산대학교 교육대학원, 2006.
이윤정. "주 5일제 수업에 대한 교회 교육적 대안".『석사학위논문』서울: 서울신학대학교 대학원, 2007.
이상원.『주 5일 근무제와 주일 성수』. 서울: 총신대학교출판부, 2004.
이성희. "주 5일 근무제와 기독교 교육".『교육교회』2000. 11.
임성빈. "주 5일 수업에 대한 기독교 문화적 이해".『교육교회』2006.
은준관.『기독교 교육 현장론』. 서울: 한들출판사, 2007.
장신근.『창조적 교회 교육 네비게이션』. 서울: 예영커뮤니케이션, 2009.
조은하. "주 5일 수업제와 기독교 교육".『한국기독교교육학회』2012.
조용선. "주 5일 수업제와 교회".『한국기독교교육정보학회』2012.

조혜정. "교회학교 프로그램개발을 위한 초·중·고등학생의 토요휴업일과 관련된 선호도 조사". 『총신대논총』 2005.

한미라. 『개신교 교회 교육』. 서울: 대한기독교서회, 2005.

한상길. "주 5일 수업제 도입에 따른 교육환경 변화와 정책과제". 『경기논단』 2003.

Comenius, J. A. *Johann Amos Comenius PAMPAEDIA ALLERZIEHUNG*. 정일웅 역. 『코메니우스의 범교육학』. 서울: 그리심, 2005.

Grobmann, Klaus. Schroer, Henning. *Auf den Spuren des Comenius*. 정일웅 역. 『코메니우스의 발자취』. 서울: 여수룬, 1997.

Synder, H. A. *The Radical Wesley & Pattern for Church Renewal*. Illinois: Interversity press, 1980.

Smart, James D. *The Teaching Ministry of the Church*. Philadelphia: Westminster John Knox Press, 1954.

Westerhoff, John H. *Living the Faith Community*. 김일환 역. 『살아있는 신앙 공동체』. 서울: 보이스사, 1991.

제3장
어린이 목회와 선교 전략

윤 승 범

1. 들어가는 말

　한국 교회의 어른 성도들 중에 85%가 어린이 시절에 복음을 받아들였고, 15%만이 30대 이후에 복음을 받아들였다는 보고가 있다. 그리고 어른 성도들의 고백을 들어보면 주일학교 시절에 불렀던 찬양이나 선생님을 잊지 않고 기억하고 있다. 믿는 성도들뿐 아니라 교회를 다니지 않는 사람들 중에서도 한 번은 교회에 나가 본 적이 있었고, 그 시절이 바로 어린이 시절이었음을 볼 수 있다. 중요한 점은 믿는 자나 믿지 않는 자나 모두 어릴 때 교회에 갔었던 기억은 가지고 있다는 사실이다. 그러나 한국 교회는 85%보다는 15%에 교회의 모든 열정을 쏟고 있다. 한국 교회는 다시 어린이 선교와 전도, 주일학교에 관심을 가져야 한다.
　현대의 어린이들은 부모를 교회로 이끄는 역할을 하고 있다. 과거에는 부모의 신앙적 절대 영향으로 부모에게 이끌렸던 아이들이 요즘은 자기주장이 뚜렷하여 오히려 부모에게 영향을 주고 있다. 따라서 과거에는 부모를 따라 아이들이 교회를 다니고 옮겼으나 오늘날에는 부모들이 자녀들을 따라 교회를 다니게 될 뿐 아니라 교회를 옮겨 다니는 시대가 되었다. 현대 어린이들은 나름의 바쁜 일과로 인하여 교회 참석도 쉽지 않은 형편에 있다. 교회들마다 어린이 교육과 선교에 전심을 다하지만 그만큼 어린이 선교가 어려워지고 있다는 반증이 된다. 예수님께서도 어린이들을 얼마나 귀하게 여기고, 사랑하셨는지 우리는 말씀 가운데서도 볼 수 있다(막 10:13-15).

교회와 목회자는 이러한 어린이에 대한 관심과 사랑을 더 깊이 갖고 선교에 임하여야 할 것이다. 어리면 어릴수록 교육의 효과는 두드러지고 빨리 흡수되는 법이다. 어릴 때 받는 교육은 평생을 이끄는 기본적인 가치관이 된다. 그렇기 때문에 어린이에게 올바른 신앙 교육과 복음이 반드시 증거되어야 하며, 그들을 교회 안으로 인도하는 데 꼭 필요한 교육이 있어야 한다.[1]

2. 성경에 나타난 어린이 선교와 교육

1) 구약의 어린이 선교 교육

이스라엘 백성들은 자녀들에게 영적 성장과 구원의 길을 가르치는 것이 중요한 의무 중의 하나였다. 출애굽기 12-13장에서 이스라엘이 탄생할 때 이스라엘 백성들에게 가장 기본이 되는 교훈을 주셨다. 세 가지 의식을 통해 중요한 진리를 자신과 자녀들에게 지키고 교육하게 하신 것이다.[2]

---

1 이명선, "한국 교회 어린이 선교에 대한 진단과 새로운 방안 연구", 『석사학위논문』 (대전: 목원대학교 신학대학원, 2009): 3.
2 오성숙, "어린이 선교 사역에 있어서 효과적인 전략방안", 『석사학위논문』 (양평: 아세아

첫째, 이스라엘은 유월절 의식을 통해 구원의 길을 자녀들에게 가르쳤다.[3] 유월절 준비에 대해서(출 12:3-11) 말씀하시기를 흠 없는 어린 양을 4일간 지켜본 후 죽여서 집의 문 인방과 좌우 문설주에 그 피를 바르고 집안으로 들어가라고 명령하셨다. 명령에 순종할 때에 "내가 너희를 넘어가리라"고 말씀하셨다. 하나님은 이 날을 기념하여 절기로 삼고 지킬 것을 명하셨다. 또한 계속적으로 행해진 이 의식은 자녀들에게 구원의 길을 가르쳐 주는 영구적인 실물 교육이 된다(출 12:25-28). 우리도 예수 그리스도의 희생을 통해 이루어진 구원의 길을 자녀들에게 가르쳐야 하는 의무와 책임이 있는 것이다.

둘째, 무교병 의식을 통해 어린이들에게 죄로부터 분리되는 의미를 배우게 하였다.[4] 이 축제에 참여하기 위해서는 두 가지 요구 사항이 있었다. 하나는 유월절 의식에 참여해야(무교병 빵의 의식 시작 전날에) 하고, 그 다음에는 집에서 모든 누룩(발효한 밀가루, 굽지 않은 빵)을 치워야 했다. 누룩은 죄의 형태를 가리킨다. 무교병의 의식을 통하여 애굽의 구속으로부터 해방을 기억하며 하나님과 교제하기 위해서 모든 죄로부터 구별되어야 할 필요가 있음을 자녀들에게 가르치는 것이다.

셋째, 초 태생의 구속 의식을 통해 성화의 의미를 자녀들에게 가르쳤다.[5] 구원의 길과 구원의 목적을 그들의 자녀들에게 가르치고 전해야 함을 하나님께서 말씀하신 것이다.

연합신학대학교 대학원, 2011): 10-17.

3 출 12:25-27 참고. 하나님께서 명하신 예식을 행함과 아이들의 질문과 호기심에 대해 어른들은 제대로 가르쳐 주고 준행할 것을 명하셨다.

4 출 12:29-51 참고. 이스라엘 백성들은 이 예식을 하나님께서 모세를 통하여 명령하신 대로 준행하였으며 이를 장래에도 자손들이 이 예식을 행할 뿐 아니라 그 의미와 숨은 뜻을 배워 알게 하라고 하셨다.

5 출 13:11-15 참고.

구약에서의 어린이 이해는 신명기 6장의 "쉐마"에 잘 나타난다. 이스라엘 백성은 40년 동안 광야에서 방황하다가 하나님께서 약속하신 가나안 땅에 들어가게 된다. 이스라엘의 미래는 가나안 땅에서 태어나고 성장할 자손들에게 달려 있다. 신명기는 쉐마를 통하여 후손들에 대한 책임과 의무를 강조하고 있으며, 다음 세대의 주인공이 될 어린이를 위한 성경적 원리와 교훈을 말씀하고 있다.

첫째, 쉐마에는 하나님의 경고가 있다(신 4:9-16).

…너는 그 일들을 네 아들과 네 손자들에게 알게 하라(신 4:9).

하나님의 진리의 말씀을 신중하고 성실하게 가르치라는 뜻이다. 교사는 하나님과 올바른 관계를 지속적으로 가져야 하며(오직 너는 스스로 삼가며), 계속적인 영적 교제를 위해 하나님의 말씀을 배워야(네 마음을 힘써 지키라) 된다. 이것은 먼저 된 자(부모, 교사)들에게 주신 하나님의 경고이다.

둘째, 하나님의 약속이 있다(신 6:3).

이스라엘아 듣고 삼가 그것을 행하라 그리하면 네가 복을 받고 네 조상들의 하나님 여호와께서 네게 허락하심 같이 젖과 꿀이 흐르는 땅에서 네가 크게 번성하리라(신 6:3).

두 가지 명령이 나온다. "듣고"(순종), "삼가 그것을 행하라"(실천)는 것이다. 순종하고 실천할 때 두 가지가 허락된다. "그리하면 네가 복을 받고 크게 번성하리라"는 것이다.

셋째, 쉐마에는 하나님의 명령이 있다(신 6:4-9).

> 이스라엘아 들으라 우리 하나님 여호와는 오직 유일한 여호와이시니 너는 마음을 다하고 뜻을 다하고 힘을 다하여 네 하나님 여호와를 사랑하라(신 6:4-5).

넷째, 쉐마에는 하나님의 목적과 교사의 책임이 있다(신 31:12-13). 그 목적과 책임은 어린이로 하여금 생명의 말씀을 듣게 하고 배우게 하는 것이다. 살아계신 하나님을 체험하게 하여 그 말씀에 전적으로 순종하게 하는 것이다. 그리고 그 기쁜 소식을 다른 사람들에게도 증거 하도록 하는 것이다.

2) 신약의 어린이 선교 교육

마태복음 18:1-14에서는 특별히 어린이 선교 교육의 기본이며, 중요한 핵심적인 내용을 담고 있다. 여기서 7가지 놀라운 진리를 발견하게 된다.

첫째, 예수님께서는 제자들의 관심을 교정해 주셨다(마 18:1-2). 제자들의 관심은 "누가 크니이까"였다. 그러나 예수님은 어린이를 말씀하시면서 천국에 들어가는 자격을 어린아이와 같이 되는 것, 겸손해지는 것이라고 말씀하신다. 제자들의 시선을 어린이에게로 향하도록 교정하시는 것이다.

둘째, 예수님께서는 주님 앞에서 큰 자가 되기 위한 자격을 제시하셨다(마 18:3-4). 예수님께서는 "자기를 낮추는 것, 어린아이와 같이 되는 것"을 말씀하시면서 주님 앞에 큰 자는 어린아이와 같이 겸손하고 낮은자라고 말씀하셨다.

셋째, 예수님께서는 어린아이의 소중함을 알게 하셨다(마 18:5). 예수님은 어린이 영혼 하나가 얼마나 귀중한지를 보여주기 위해 어린이와 예수님 자신을 동일시(곧 나를 영접함이라)하셨다. 어린이를 영접하는 것이 곧 예수님을 영접하는 것과 같다고 말씀하신 것이다.

넷째, 예수님께서는 어른들의 범죄에 대한 경고를 하셨다(마 18:6-7). 예수님은 어린이를 실족케 하는 죄를 크게 다루셨다. 어린이를 실족케 하면 "차라리 깊은 바다에 빠뜨려지는 것이 나으니라."고 말씀하셨다. 교사와 부모의 행위가 어린이를 실족시키는 원인이 되어서는 안 된다.

다섯째, 예수님께서는 어린이의 가치를 말씀하셨다(마 18:10). 예수님께서는 하나님이 그 어린이 각각에게 수호천사를 임명하시고 천사가 그들을 보호하기 위해서 배치되었다고 말씀하신다. 그러므로 어린아이를 소홀히 여겨서는 안 된다(하나도 업신여기지 말라).[6]

여섯째, 예수님께서는 교사의 기쁨이 무엇인지를 말씀하셨다. 예수님은 "잃어버린 양"에 대해 강조하셨다. 이 말씀을 통해 예수님은 길 잃은 양을 찾는 것보다 더 기쁜 일이 없다고 말씀하신다. 목자가 잃어버린 양을 찾는 것처럼 교사들은 길 잃어버린 어린 영혼을 찾아나가야 한다. 그리고 이것이 교사의 최고의 기쁨이 되어야 한다.

일곱째, 하나님의 뜻은 선포되었다(마 18:14). 이 말씀은 예수님의 간절함 마음과 관심은 무엇인지를 말씀하신다. 예수님께로 어린 영혼들을 인도하고, 전도하는 것이 무엇보다 중요한 것임을 말씀하신 것이다.

에베소서 6:4에 의하면, 사도 바울은 부모에게 "또 아비들아 너희 자녀를 노엽게 하지 말고 오직 주의 교훈과 훈계로 양육하라."고 직접 명령하였다. 또한 디모데후서 3:14-15에 의하면, 어린이 교육

---

[6] 마 18:10 참고. 어린이 존재의 인식이나 존재가치의 중요성은 예수님의 말씀과 안목에서 이루어져야 한다. 그렇지 않을 때는 어린이를 넘어지게 하는 것이 되고, 죄에 빠지게 하는 것이 된다. 우리는 어린이를 넘어지게 할 아무런 권한도 부여받지 않았다.

의 중요성에 대하여 "그러나 너는 배우고 확신한 일에 거하라, 너는 네가 누구에게서 배운 것을 알며 또 어려서부터 성경을 알았나니 성경은 능히 너로 하여금 그리스도 예수 안에 있는 믿음으로 말미암아 구원에 이르는 지혜가 있게 하느니라."고 말하였다.

3) 선교신학의 어린이 선교 교육

어린이 선교는 나라와 민족의 미래를 책임질 어린이를 하나님의 말씀으로 양육하는 매우 중요한 사역으로서 세계 교회가 가장 절실히 필요로 하는 사역이며, 어린이를 선교하여 하나님의 자녀로 양육시키는 일은 교회의 미래를 위해 무엇보다 중요한 일이다. 어린이 선교에 대한 바른 이해를 위해서는 선교에 대한 바른 이해가 필수적이다.[7] 선교란 초기의 그 뜻이 타 문화권에 대한 복음전파로서, 국외를 인식하여 "해외 선교"라는 의미에서 비기독교 세계에 교회를 설립하기 위한 복음전파라는 의미에서 사용되었다.[8] 존 영(John M. L. Young)은 아직 복음을 모르거나 조금 밖에 모르는 타민족 사람들에게 하나님의 종들을 통해 복음을 전달하는 주로 외국에 하나님의 백성을 파송하는 일이라고 하였다.[9]

어린이 선교와 전도의 차이는 무엇인가? 선교와 전도의 개념의 차이를 보면 선교의 넓은 의미가 전도를 포함하고 있지만, 의미상 같은 단어이다. 즉 선교는 세계로 향해 나아가는 교회의 상징이며 하나님께서 이 세상에 자기 백성을 보내어 행하는 요구의 포용성,

---

7 김지한, "어린이 선교 교육을 통한 통전적 교회 성장에 관한 연구", 『석사학위논문』 (서울: 장로회신학대학교 대학원, 2007): 18-20.
8 홍동겸, 『부르심에 합당한 선교사』 (서울: 도서출판 예루살렘, 1987), 9.
9 John. M. L. Young, The Motive and Aim of Missions, 김진홍 역, 『선교의 동기와 목적』 (서울: 한국개혁주의신행협회, 1972), 20.

즉 넓은 의미의 모든 활동을 말하는 포괄적 의미이다. 반면 전도는 보다 좁은 의미로서의 활동이다.[10]

우리는 선교를 생각할 때, 교회의 기능 중의 한 부분으로 생각하고 교회에 부속물로 여기며 교회에서 이루어지는 행사의 하나라고 생각하는 경우가 많다. 그러나 이것은 교회의 본질에 대해 심각하게 오해하고 있는 것이다. 선교는 교회 일부의 특수한 활동이 아니며, 교회 전체의 사역을 의미한다.

초대교회 공동체는 본질적으로 그리스도를 머리로 하고 하나님을 예배하는 예배 공동체였으며, 예수 그리스도의 십자가와 부활을 증거하기 위해 모인 공동체였다. 즉 복음을 전하는 선교 공동체였다. "땅끝까지 이르러 내 증인이 되라"하신 예수님의 명령과 사명을 이루어 나가는 공동체인 것이다. 교회는 그 시작 자체가 선교적인 구조에서 출발했다. 따라서 교회는 처음부터 선교로만 존속하며, 선교와 분리된 교회는 있을 수 없었다.

선교적 구조로서의 교회는 하나님 나라를 확장하는 것이며, 복음을 선포하고, 교육하고, 예수님의 사랑을 나누는 일들이 교회 사역의 전부가 되어야 한다. 그렇기 때문에 그리스도인의 삶의 전 영역을 그리고 신앙 공동체의 존재 목적을 선교의 관점으로 보아야 하는 것이다.[11] 최근의 선교신학은 선교의 총체적 목적을 하나님 나라의 확장에 두면서 포괄적인 성격을 강조하고 있다. 이러한 선교에 대한 개념의 확장에 비추어 보면 제자 삼으라는 예수님의 명령은 보다 전인적인 삶을 포괄해야 한다. 이것은 기독교 교육에서도 마찬가지이

---

10 David. J. Bosch, *Withness to the World*, 전재옥 역, 『선교신학』(서울: 두란노서원, 1985), 13-32.
11 김미순, "성서적 및 신학적 관점에서 본 선교 교육에 관한 연구", 『석사학위논문』(서울: 장로회신학대학교 신학대학원, 2001): 50-51.

다. 결국 선교나 교육은 모두 다 예수님의 제자가 되게 한다는 목표를 공유한 것으로 볼 수 있다. 단지 개념적으로 선교와 교육을 구별한다면, 선교는 복음전도의 측면이며, 교육은 양육의 차원에 그 강조점을 두고 있다고 볼 수 있다.[12]

선교의 근본 목적이 "제자 삼는 일"에 있다면 선교는 필연적으로 가르침의 요소를 필요로 한다. 동시에 교육의 목표도 제자를 삼는 일에 있다면 제자를 얻는 일이 없이는 제자로 양육하는 일은 불가능한 것이다. 이런 의미에서 선교와 교육은 분리되어서는 안 된다. 선교와 교육이라는 이원론적 견해보다는 통일적이고 일원론적인 견해가 옳다고 본다.[13]

3. 어린이 목회와 선교 진단

1) 현대 어린이 목회와 선교 진단

(1) 부정적인 측면

기독교 역사 속에서 기독교 교육의 핵심이요, 교회 성장의 밑거름이 되었던 주일학교가 점차 퇴색 되어가고 학생이 점점 감소되고 있다는 사실은 비단 한국 교회의 위기일 뿐 아니라 세계교회의 위기라고도 볼 수 있다. 엘머 타운즈는 어린이 목회와 선교, 주일학교의 쇠퇴이유에 대해 지적하기를, 첫째, 전도가 도외시됨, 둘째, 주일학교의 시설부족, 셋째, 양(수)은 외면한 채 질만 강조함, 넷째, 부적절

---

12 김미순, "성서적 및 신학적 관점에서 본 선교 교육에 관한 연구", 54-55.
13 장중열, 『교회 성장과 선교학』 (서울: 성광문화사, 1992), 81.

한 행정, 다섯째, 구태의연한 교육환경 때문이라고 말했다.[14] 어린이 선교와 목회가 현재의 자리에서 더 이상 진행되지 않고 멈춰 있고 오히려 감소하고 있는 데에는 몇 가지 이유를 찾아볼 수가 있다.

① 부차적 기관으로 교회학교[15]

어린이 선교와 교육이 교회 안에서 차지하고 있는 중요성이 큼에도 일부 교회를 제외하고는 어린이보다는 장년에 치중되어 있다. 어린이 교육과 선교는 다른 어떤 기관보다 관심을 받아야 한다. 가정에서 부모의 관심과 노력 속에 성장하듯이 교회에서도 어린이들은 집중적으로 사랑과 관심을 가져야 할 대상이다.

그러나 실상은 그렇지 못하다. 어린이는 교회의 백년대계를 생각하여 보더라도 철저한 준비와 계획 속에 그 교육과 선교가 준비되고 진행되어야 마땅하다. 그러나 어린이보다는 장년에 집중하고 있기 때문에 교회학교는 감소하거나 정체될 수밖에 없고, 교회 안팎의 어려운 환경과 장벽을 이기고 나갈 가능성은 매우 불가능해 보인다.

가장 중요한 원인은 무관심이라고 볼 수 있다. 주일학교에 대한 무관심과 교회 안에서 중심 구조가 어린이보다는 장년에 집중이 되면서 어린이 선교의 길을 제한하게 되고, 복음전파가 어려워지고 있다. 교회 안의 중심 구조를 장년에만 집중할 것이 아니라 어린이에게 나눠줘야 함을 인식해야 한다.

---

14 조종제, 『21세기 주일학교를 부흥시킨다』 (서울: 은혜출판사, 1999), 31-32.
15 이명선, "한국 교회 어린이 선교에 대한 진단과 새로운 방안 연구", 3-30.

② 사회의 급격한 변화

사회는 지금 급속하게 변화하고 있다. 하루가 멀다 하고 정보통신과 생명공학에서 신기술이 개발되고 있다. 교육환경도 바뀌어 가고 있다. 인터넷을 통해 얻을 수 있는 정보도 한층 다양해졌다. 쇼핑, 게임, 방송, 교육 사이트가 앞다투어 쏟아져 나오고 있다. 그 중에서도 교육 사이트들이 주목받기 시작했다. 공교육 기관도 이러한 추세를 거스르지 못하고 있다.

그러나 교회만이 이런 움직임에서 아직 둔감하다.[16] 교회는 아이들의 눈높이를 무시하며, 어린이를 교회 안에만 묶어두려는 경향을 보이고 있다. 아이들을 교회 안으로 끌어들일 무언가를 제시하지도 못한 채 말이다. 교회가 시대의 물결에 맞게 아이들을 교육하고 공감대를 형성하면서 그들로 하여금 자신들을 이해하고 반기고 있다는 사실을 인지하도록 도와야 한다.

③ 가정과 밀접하지 못한 사역 현장

어린이 선교가 부정적인 모습을 보이는 데에는 가정과 연관된 부분이 밀접하지 못하기 때문이다. 교육은 홀로 잘한다고 효과가 있는 것이 아니다. 누구보다 중요한 파트너는 아이들의 부모이다. 과거의 교회학교는 부모의 도움을 처음부터 봉쇄해 버리는 우를 범해 왔다. 심지어 불신자 가정의 아이란 이유로 부모를 "적"으로 삼기도 한다. 그러나 부모는 어느 경우라도 설득해야 할 대상이며, 함께 교육의 동반자로 가야 할 존재이다. 그러나 학교 교육과 달리 교회학교 교육은 해도 그만, 안 해도 그만이라는 식의 생각을 부모들이 가지고 있는 것이 현

---

16 최윤식, 『유년주일학교혁명』 (서울: 규장, 2005), 39.

실이다. 이 때문에 교회학교 교육이 더욱 부모들로부터 신뢰를 얻어야 하며 교회는 교회 교육의 필요성을 끊임없이 알려야 한다.[17]

④ 지도자의 비전 부재

유럽교회 주일에 교인들이 몇 명 정도 출석하는가? 통계적으로 볼 때 20명에서 많아야 40-50명 수준이다.[18] 교회에 젊은 이들은 없고, 오늘 내일을 기다리는 노인들뿐이다. 그리고 주일학교 출석하는 어린이는 1-2명 정도라 한다. 그 교회가 그대로 유지되면 훗날에는 성도가 1-2명밖에 남지 않는다는 것이다. 한국 교회도 유럽 교회와 같은 현상이 일어나고 있다.

한국 교회가 성장하고 발전하려면 어린이들로 하여금 교회가 채워져야 한다. 어린이들로 인한 부흥과 발전을 교회가 기대해야 한다. 무엇보다 지도자의 인식과 자각이 반드시 필요하며, 지도자들이 먼저 나서서 어린이들을 위한 비전을 꿈꾸어야 한다. 김동호는 『교사 바이블』에서 "앞으로 한국 교회의 전망이 그리 밝지만은 않습니다. 별다른 희망이 보이지 않습니다. 왜냐하면 주일학교와 어린이들, 학생들에게 투자하지 않고 힘을 쓰지 않기 때문입니다."라고 말했다.[19]

---

17 박명철, 『세상에는 이런 주일학교도 있다』 (서울: 도서출판 브니엘, 2004), 44-45.
18 김승연, 『유럽교회는 어디로 갔는가?(상)』 (서울: 생명의말씀사, 1997), 160.
19 김동호, 『교사 바이블』 (서울: 규장문학사, 2002), 27-28.

(2) 긍정적인 측면[20]

① 변화되고 있는 어린이 선교

현재 많은 교회에서 변화가 이루어지고 있는 실정은 아니다. 점차적인 어린이 선교와 전도에 대한 변화는 시대적으로 어린이가 교회 안에서의 중요성을 다시금 인식하게 해 주는 계기가 되고 있다. 성장하고 있는 몇몇 교회들은 주일학교에 비전과 열정을 품고 기다려지는 주일학교를 만듦으로 인해 교회의 부흥을 경험하고 있다.

한국 성도의 85%가 주일학교 출신이며, 주일학교가 잘되고 부흥되면 교회는 자연히 성장할 것이다. 미래의 교회는 오늘의 주일학교에 달려 있다. 이것은 주일학교가 교회 부흥과 성장의 지름길이라는 사실이다. 시대의 변화에 맞춰 변화하는 주일학교가 어린이 선교에 큰 역할을 감당하고 있으며, 그것은 세계 복음화에도 큰 비중을 차지하고 있는 것이다.

② 어린이 선교의 문화적 발달

현대의 문화는 다양해지고 그 문화는 어린이들에게 볼거리와 놀거리 등을 다양하게 제공하고 있다. 이러한 문화의 다양성으로 인해 예배가 변화되고 있으며, 교회 안에서 어린이들이 할 수 있는 놀이가 많이 늘어나고 있다. 모든 교회가 그러한 영향을 받고 있는 것은 아니지만 문화적인 어린이 선교의 발달은 점점 많은 교회로 퍼져가고 있다.

요즘 시대는 인터넷으로 못하는 것이 없을 정도의 시대가 되

---

20 이명선, "한국 교회 어린이 선교에 대한 진단과 새로운 방안 연구", 7-10.

었다. 어린이들도 손쉽게 인터넷을 이용할 수 있다. 예전에는 뭐든지 손으로 몸으로 움직이는 시대였지만 이제는 컴퓨터를 이용하여 어린이들을 관심을 끄는 시대가 되었다. 이에 따라 교회도 점점 컴퓨터를 사용한 선교를 시행하고 있다. 교회의 홈페이지를 만들어서 좀 더 알찬 내용으로 관심과 흥미를 유도할 수 있다.

③ 다양화되고 있는 선교 단체의 역할

어린이 선교의 관심이 점점 늘어남으로 인해 어린이를 향한 다양한 선교 단체가 생기고, 그들의 활동도 많아지게 되었다. 예배의 변화를, 활동의 변화를, 전도와 프로그램의 변화로 어린이들로 하여금 복음과 교회에 관심을 갖도록 노력하고 있다. 이는 교회 외에도 선교 단체의 영향이 매우 중요함을 알 수 있다.

현재 활동하고 있는 단체는 윙윙(Wing Wing), 어린이전도협회, 성서유니온선교회, 한국어린이교육선교회 등이 있다. 이들 외에도 더 많은 어린이 선교 단체들이 있다. 캠프 또는 교육과 활동 등 선교 단체들의 복음전파에 대한 열정은 어린이 선교에 있어서 또 하나의 긍정적인 영향을 주고 있다. 그리고 이러한 어린이 선교 단체의 발전은 현대에 소홀해지기 쉬운 어린이 선교에 활력을 불어 넣는 것이 될 것이다.

2) 어린이 선교의 핵심 과제

(1) 예배의 변화

장년에게 있어서 신앙의 중심은 예배이다. 이것은 어린이라고 해서 다르지 않다. 어린이에게도 예배는 믿음과 신앙의 기초가 되며, 무엇보다도 중요한 것이다. 예배가 바르게 세워질 때 어린이 선교도 가능할 수 있다. 현대 어린이 예배는 몇 가지의 문제점을 가지고 있다. 이것은 어린이 선교의 성장을 저해하는 요인이며, 동시에 어린이들로 하여금 교회의 예배가 지루하고 재미없는, 식상한 시간으로 만드는 문제로서 어린이들이 교회 밖으로 나가게 하는 원인으로 발생되고 있다. 그렇다고 교회가 재미와 흥미만을 추구하는 예배로 나아가면 안 된다. 어린이 선교가 활성화되기 위해서는 가장 신앙의 기초인 예배의 변화가 시급한 문제이며, 감동과 은혜를 주는 예배로 변화되어야 한다.[21]

첫째, 어른 예배를 무조건 따르는 예배 형식은 변화되어야 한다. 어린이 예배의 주체는 어린이어야 한다. 그럼에도 불구하고 많은 교회가 범하고 있는 실수는 어린이 예배의 형식이 어른 예배와 별반 다를 것이 없다는 것이다. 아이들을 배려하지 않는 예배이기 때문에 아이들은 예배에 기쁨과 감동을 느끼지 못하고 지루함으로 일관하고 있는 것이다. 어린이 예배는 달라야 한다.[22]

둘째, 예배 시설과 분위기가 변화되어야 한다. 어린이 예배는 언제나 뒤쳐져 있다. 모든 교회의 중심이 장년에게 집중되고 있는 현대 교회의 문제이기 때문이다. 그로 인해 어린이 예배는 점점 설 자

---

21 이명선, "한국 교회 어린이 선교에 대한 진단과 새로운 방안 연구", 14.
22 한치호, 『교회학교를 결정짓는 리더십』(서울: 도서출판 예향, 2002), 222-223.

리를 잃어간다. 장소가 확보되는 대형교회는 좀 다른 문제일 수 있겠지만, 예배 장소가 부족한 대부분의 교회의 어린이 예배는 장년들의 예배의 시간에 맞추어 움직인다. 이러한 시설의 부족은 어린이 예배에 부작용으로 작용한다.

셋째, 준비되지 못한 예배가 변화되어야 한다. 예배를 위하여 얼마나 많은 기도와 준비를 하는지 돌아봐야 한다. 무엇을 하든지 준비하는 것은 중요하다. 얼마나 준비가 잘 되었는가에 따라 성패가 나뉜다. 예배에 있어서도 마찬가지로 얼마나 기도로 준비하는지, 얼마나 관심을 가지고 아이들에게 최선을 다해 준비하도록 교육하는지는 정말 중요한 요소이다. 그러나 많은 교회와 교사들은 아이들이 예배 시간에 떠들면 관리하는 감독자로만 서 있다.

(2) 지도자의 변화

어린이는 혼자서 판단하고 생각하기에 아직은 미성숙한 존재이다. 그렇기 때문에 아이들을 이끌어줄 교사가 필요하다. 그러나 지도자들의 자질이 문제가 되고 있는 현대 교회는 지도자들의 변화로 어린이 선교에 활력을 넣어야 한다. 어떤 것보다도 가장 중요한 것이 교사, 지도자이다. 제임스 마이클 리(James Michael Lee)는 "교사는 근본적으로 기독교적 학습을 촉진시킬 수 있는 직업적 전문가이다"라고 말했다. 이 말은 주일학교 교사는 학생들을 교육하고 삶을 변화시키는데 필요한 모든 것에 전문가가 되어야 한다는 것이다.[23] 그렇기 때문에 교사는 훈련받아야 하고 먼저 교육되어야 한다. 우리는 과거보다 더 전문적인 교사가 되어야 한다. 그리고 전문적인 교사가 되려면 몇 가지 자질이 필요하다.

---

23 김인환, 『기다려지는 주일학교 만들기』 (서울: 기독신문사, 2002), 29-30.

① 영적으로 헌신되어야 한다.
② 깊고 지속적인 영적 체험이 있어야 한다.
③ 가르침에 대한 열정과 탁월한 기술이 있어야 한다.
④ 어린이를 이해하고 존중할 수 있어야 한다.
⑤ 늘 새롭게 배우는 교사이어야 한다.[24]

(3) 중심가치관의 변화

현대 교회는 그 중심이 장년에 집중되어 있다. 그것으로 인하여 어린이들이 점점 위기를 맞이하고 있는 상황이다. 예배의 중심도 장년, 교육의 중심에도 장년, 커다란 프로그램의 중심에도 장년이 있다. 어린이들은 언제나 부차적인 상황에 놓인다. 이러한 것은 어린이 선교에 악영향을 준다. 어린이를 미래 교회의 중심적 역할을 감당하는 자들로 본다면 현대 교회는 그 중심의 가치관을 바꾸어 어린이에게도 관심과 중요성을 부여해 줄 수 있어야 한다. 그것은 교회 전체의 부흥의 불씨로도 작용할 것이다. 어린이들은 배우고 학습한 대로 행동한다. 말씀을 배운 어린이들은 그 말씀 그대로 실천하고 따른다. 예수님께서도 어린이의 믿음을 칭찬하시고, 그들과 같이 되기를 바라셨던 것이다.

어린이에게 교회의 관심을 많이 준다고 해서 교회 성장이 멈추거나 교회에 나쁜 영향을 주는 것은 아니다. 그러나 어른들은 어린이가 뭘 하겠냐며 자신들이 교회의 중심에 있기를 원하며, 아이들과 주일학교를 외면하는 경향이 있다. 그러나 성장하는 교회들 중에 특징을 보면 어린이부(주일학교)가 많은 성장을 보이고 있음을 볼 수 있다. 이것은 어린이 선교에 앞장서고 주일학교 부흥을 위하여 헌신

---

24 손종국, 『창조적인 반목회』, 82-83.

하고 수고하는 것이 결코 헛된 것이 아님을 보여주는 모습이다.

(4) 어린이 영성 교육의 변화

어린이들도 감동적인 예배를 드릴 수 있다. 어린이들도 간절한 부르짖음의 기도를 할 수 있다. 찬양으로 하나님께 영광 돌릴 수 있다. 이와 같이 어린아이들에게도 그들에게 맞는 영성 교육이 필요하다. 한국의 주일학교는 성경을 가르치는 데서부터 시작하였다. 주일학교의 가장 핵심된 목적은 어린이에게 하나님의 말씀인 성경을 바르게 가르쳐 인격을 변화시키고 영적으로 성장시키는 데 있다.

현대 주일학교의 문제점 중 하나는 복음과 말씀의 중심에서 벗어나 흥미 위주의 프로그램을 찾고 있다는 데 있다. 물론 주일학교는 재미와 흥미가 있어야 한다. 지루하고 따분한 교회의 프로그램으로는 현대 아이들을 이끌 수 없는 것도 현실이다. 어린이들에게 말씀과 복음을 잘 전달하기 위해서 다양한 접근 방법을 사용하더라도 성경보다 앞서지 않는 것이 원칙으로 삼아야 할 것이다.[25]

신앙의 모든 중심은 말씀에서 시작된다고 해도 과언은 아니다. 어린이들이 믿음을 끝까지 이어가도록 우리는 말씀을 중심으로 교육해야 할 것이며, 이것은 현대 교회가 지니고 가야 할 어린이들의 영성을 위한 과제이다. 아이들이 스스로 성경을 읽는 습관을 기르기 힘들다면 교사가 함께 계기를 마련해 준다거나, 주일학교 전체적으로 성경 독후감을 쓰는 등의 프로그램도 시행해 볼 수 있다. 이를 통해 말씀을 가까이 하는 기회가 될 수 있는 것이다.

데살로니가전서 5:17에 의하면, "쉬지 말고 기도하라", 골로새서 4:2에 의하면, "기도를 계속하고 기도에 감사함으로 깨어 있으라."

---

25 김만형, 『SS혁신보고서』 (서울: 에듀넥스트, 2001), 151-152.

고 예수님께서는 기도의 본을 보여 주셨으며, 예수님을 믿는 사람들에게 기도가 얼마나 귀하고 중요한지에 대해서 아무리 강조해도 부족함이 없을 것이다. 어린이들에게도 동일하게 적용된다. 아이들도 그들의 영성을 지키기 위하여 기도는 필히 지켜야 하는 하나님과의 약속인 것이다. 주일학교에 기도의 운동이 일어나야 한다. 학년과 반별로 기도하고, 교사들이 합심으로 기도할 때 어린 영혼들이 변화되고 주일학교는 부흥하고 성장하게 된다.[26]

교회 부흥은 성령의 역사이다. 성령의 역사 없이는 참된 부흥은 이루어지지 않는다. 그런데 오늘의 주일학교는 성령에 대하여 외면해 버리거나 관심이 없다. 성령은 주일학교와는 관계가 먼 것처럼 생각한다. 예수님께서도 믿는 않는 곳에서는 능력을 행치 아니하시고 떠나셨다. 성령님도 성령에 대하여 무관심하거나 성령의 역사를 제한하는 곳에서는 일하시지 않으신다. 주일학교에서도 성령님에 대하여 가르치고 성령님이 필요함을 깨닫고 성령충만을 사모하여 성령님을 구하고 모셔야 한다. 성령님은 어린아이들에게도 역사하신다. 세례요한은 태에서부터 성령충만하였다(눅 1:41).[27]

한 번 받은 성령으로 충만하다고 자만하거나 교만하면 안 된다. 끊임없이 충만한 성령을 간구하고 기도해야 한다. 아이들에게도 그러한 마음으로 성령의 임재와 충만하심을 갖도록 교육해야 하며, 성령충만은 아이들 영성의 기본이 되어야 한다. 그러기 위해서는 아이들에게 기도하는 시간을 만들어주고 스스로 예수님을 만나는 것에 집중하는 방법을 알 수 있도록 이끌어 주는 교육이 필요하다.

---

26 조종제, 『21세기 주일학교를 부흥시킨다』, 134.
27 조종제, 『21세기 주일학교를 부흥시킨다』, 138-139.

(5) 어린이 전도의 활성

예수님은 지금도 우리가 복음을 전하는 일을 우선으로 여기기를 원하시며, 그 사명을 우리들에게 맡기고 계신다. 그래서 제자들을 부르시면서 복음을 전하는 일을 그들에게도 맡기신 것이다.[28] 어린이 전도는 장년 전도의 기회를 제공한다. 교회에 출석하지 않는 장년이 그 자녀로 인하여 교회와 연결될 수 있으며, 그로 열매 맺는 결과가 일어날 수 있다. 그래서 우리는 어린이 전도를 소홀히 해서는 안 된다. 어린이를 전도하는 방법에는 여러 가지가 있다. 노방전도, 가정방문전도, 집회전도, 통신전도 등이 있다.

4. 어린이 목회를 위한 효과적인 선교 전략

1) 이야기

어린이들을 교육할 때 가장 효과적인 방법은 이야기이다. 이야기는 아동들이 가진 풍부한 상상력을 통하여 핵심 메시지를 전달해 주는 기능을 가지고 있다. 어린이는 상상력을 자극하여 창조성을 확장시킬 수 있는 이야기 방법이 효과적이다.[29] 아동기에 이야기의 역할은 아동의 성장 발달에 매우 중요하다. 이 시기에 이야기에 대한 경험은 듣기를 학습하고 어휘가 증가하고 기억하는 것을 배우게 된다.

아동선교에서는 이야기를 통하여 하나님의 말씀인 성경을 가르치는 일, 하나님에 관한 지식을 전달하는 것과 예수님을 인격적으

---

28 한치호, 『전도하지 않는 교사 주일학교를 떠나라』 (서울: 크리스천리더, 2001), 25.
29 박지영, "아동기 어린이의 발달 특징에 근거한 교회 교육 방법에 관한 한 연구", 『석사학위논문』 (완주: 한일장신대학교 신학대학원, 2006): 52-56.

로 만날 수 있도록 경험을 갖게 하는 것이다. 아동들은 성경이야기를 통해 그 속에 등장하는 신앙의 인물들과 만남으로써 그들이 행한 바를 듣고, 보고, 깨닫는 과정 속에서 하나님을 만나는 경험을 할 수 있다.[30]

아동기 어린이에게 성경 이야기를 많이 들려주고 특히, 창조 이야기와 믿음의 선배들의 이야기 등을 들려주는 것이 바람직하다. 요셉과 다윗의 어린 시절 이야기, 예수님 이야기, 예수님께서 비유로 들려주신 이야기 등 성경에는 이야기로 가득 차 있다. 아동기 어린이들은 이야기 듣는 것을 즐거워하며, 그 이야기의 내용을 이해하게 되면서 이야기에 포함된 지식들을 얻게 된다. 그리고 이야기가 주는 감동을 얻어 정서적으로 풍부한 감성을 가지게 된다. 이야기는 듣는 사람의 정서적인 방향을 결정하고 교정할 수 있는 언어 형태이다. 이야기는 아동의 발달에 단순히 이야기 속에 전해지는 지식만을 전달하는 것 이상의 역할을 한다.

이야기를 교육 방법으로 사용할 때 가장 중요한 문제는 이야기의 선정이다. 이야기의 선정은 교육하려는 목적에 부합하는 것이어야 하고, 여운을 남길 수 있는 것이어야 한다. 그리고 이야기를 선정할 때는 듣는 아이의 흥미를 유발할 수 있는지에 대해서 고려해야 한다. 아무리 좋은 내용의 이야기라 할지라도 아동기 어린이의 흥미에 맞지 않는다면 아무 효과를 볼 수 없다. 이야기를 적합하게 선정하였다면 그것을 구성하는 방법을 알아야 한다. 이야기의 기본 형태는 이야기가 시작될 때 그것을 듣는 사람에게 어떤 긴장을 생성하고 마지막에는 그 긴장을 만족시키고 마무리한다. 이야기는 도입, 전개, 절정, 결말이라는 4대 구성 요소에 따라서 구성된다.

---

30   정웅섭,『기독교 교육의 이론과 실제』(서울: 대한기독교출판사, 1980), 66–68.

그러나 모든 교사가 위와 같은 능숙한 화술을 구사할 수는 없다. 화술은 하나의 기교요, 타고난 자질일 수도 있기 때문이다. 그러나 다음의 몇 가지를 주의한다면 누구나 훌륭한 화술을 구사할 수 있다.

  ① 이야기의 내용을 잘 숙지해야 한다.
  ② 이야기는 항상 간결하고 바른 말을 사용해야 한다.
  ③ 교사의 목소리와 태도는 중요하다.
  ④ 지나치게 감상적이어서는 안 된다.

이야기를 할 때 아동들 앞에 서기 전 자신이 무엇을 말할 것인지를 충분히 인식하고 그 내용을 소화하였는지를 확인해야 한다. 항상 교육을 하는 교사로서 긍지를 잃지 않고 하나님의 사랑을 품고 진실한 태도로 임한다면 성공적인 이야기를 할 수 있을 것이다.[31]

2) 놀이

인간은 놀이를 통해 스스로의 삶을 발견하며 그들의 삶을 여유롭게 윤택하게 할 수 있다. 그리고 놀이가 주는 재미를 통해 긍정적이고 행복한 삶을 누릴 수 있다.[32] 놀이는 아동의 가장 기본적인 활동이며 아동의 활동에 있어서 매우 중요하다고 볼 수 있다. 아동이 성장하고 학습하는 데 있어 모든 활동은 놀이와 연관되어 있다. 아동에게 놀이는 아동들의 신체적, 지적, 정서적, 사회적 발달 등 모든 영역에 영향을 주고 있다.

---

31   박지영, "아동기 어린이의 발달 특징에 근거한 교회 교육 방법에 관한 한 연구", 55-56.
32   최현정, "아동기 신앙발달을 위한 기독교 교육", 『석사학위논문』 (서울: 이화여자대학교 대학원, 2004): 30.

그렇다면 아동기 어린이의 교육에서 놀이는 어떠한 위치에 있는가? 교회에서는 교회 안에서 놀이를 하는 것에 대해 부정적인 생각을 가질 수도 있다. 신성한 교회에서 놀이를 하는 것이 경건하지 못한 것으로 생각할 수도 있기 때문이다. 교회에서의 놀이를 단지 게임과 같은 특별한 활동이나 프로그램으로 간주하지 말고 아동이 교회에서 하는 모든 활동들로 여긴다면 달라질 것이다. 아동들이 교회에 와서 친구들과 선생님을 만나고, 예배를 드리고 분반활동을 하는 모든 것들이 이들에게는 놀이인 것이다. 이것을 통해 아동의 신앙발달은 자연스럽게 이루어진다. 그렇다면 교회에서의 놀이가 아동의 신앙 발달에 있어서 어떤 교육적 효과를 주고 있는가?

첫째, 놀이는 아동의 신체적, 인지적, 정서적 발달을 돕는다. 교회에서 아동들이 놀이를 통하여 자유로이 움직이며 운동을 할 수 있는 기회를 제공해 줌으로써 신체적 발달을 도울 수 있다. 또한 아동이 교회 공동체 안에 있는 다른 아동과 놀이를 하면서 많은 경험을 습득하게 하여 이를 통하여 생각하는 힘을 발달시킨다. 이것이 아동의 인지적 구조를 발달시킨다. 그리고 놀이를 통하여 아동기 어린이의 정서를 살피고 잘못된 인성을 바로 잡아주는 역할을 한다. 또한 놀이를 통해 건전한 자아 개념을 형성하게 되고 건전한 사회적 관계를 수립함으로써 더 나아가 하나님의 존재를 긍정적으로 인식하는 데 도움을 준다.

둘째, 놀이를 통해 아동의 사회성이 발달하게 된다. 놀이는 혼자 하는 것이 아니라 교회 공동체가 함께 어울려 그 안에서 서로 기쁨을 나누는 것이다. 아동이 자신과 혹은 타인과 관계를 맺는 방식은 놀이를 통해서 가능하다. 이러한 놀이를 통하여 아동은 사회성이 발달하며 자신 중심적인 경향에서 온전히는 아니어도 어느 정도는 벗어날 수 있게 된다.

셋째, 놀이는 "행함"이므로 아동에게 좋은 경험을 제공해 준다. 놀이를 통하여 아동은 여러 가지 사물에 대하여 경험할 수 있다. 자연을 통한 놀이는 아동에게 더 많은 유익을 가져다준다. 자연을 경험하면서 자연을 깨닫고 그 안에서 자연을 창조하신 하나님을 경험할 수 있기 때문이다.

넷째, 놀이는 아동의 신앙적인 언어가 풍성해지도록 돕는다. 아동은 놀이 속에서 다른 아동들과 끊임없이 말을 함으로써 의사소통을 배우게 된다. 이러한 아동이 놀이를 하다가 하나님을 알게 되면 하나님을 그의 말과 언어로 표현하게 되고 이것이 그들의 신앙을 성장하게 한다. 결론적으로 놀이는 아동의 발달을 위하여 필수적인 교육 방법이며, 특히 신앙발달을 위해서는 반드시 제공되어야 할 것이다.

이러한 놀이를 통한 교육 방법에는 2가지 종류가 있다. 그것은 자유 놀이와 단체 놀이이다. 자유 놀이는 아동이 다른 사람의 제재를 받지 않고 자유롭게 흥미에 맞는 것을 행하는 것이다. 이것은 아동의 의지와 선택을 중요시한다는 장점을 가지고 있다. 하지만 아동 스스로 선택한 학습이기에 교육의 목적에 벗어날 수도 있다. 그래서 교사는 자연스럽게 아동을 이끌어 교육 목적에 도달할 수 있도록 도와주어야 한다. 단체놀이는 아동의 자기중심적인 면을 벗어날 수 있도록 도와주는 방법이다. 아동은 단체놀이를 통해 상호 협력하는 법과 다른 사람을 배려하는 법을 배우게 된다. 아동은 단체놀이를 함으로써 다른 사람이 있음을 이해하게 되며 자극을 받아 성장하게 된다.[33]

---

[33] 박지영, "아동기 어린이의 발달 특징에 근거한 교회 교육 방법에 관한 한 연구", 57-60.

3) 시청각 교육

아동들에게 신앙의 개념을 이해시키기 위해 강의나 이야기를 통한 방법을 사용한다. 그러나 언어에 의한 교육은 한계가 있다. 특히 아동들에게 말로만 하는 교육은 효과 면에 있어서 큰 기대를 할 수 없다. 이러한 입장에서 등장한 교육 방법이 시청각 교육이다. 시청각 교육이란 보면서 들을 수 있는 교육을 말한다. 즉 시청각적인 도구를 사용하여 학습의 효과를 높이기 위한 기술적 방법으로 큰 효과를 나타내고 있다. 이러한 시청각 교육의 효과는 다음과 같다.

① 짧은 시간에 많은 것을 전달할 수 있다.
② 가르침을 명확하게 할 수 있다.
③ 아동들로 하여금 흥미를 갖도록 하고 그것을 유지시켜 준다.
④ 아동들의 정서를 움직이는 강한 힘이 있다.
⑤ 아동들이 학습 내용에 대하여 인상적으로 기억할 수 있다.
⑥ 성경 이야기를 전하는 데 있어서 효율적이다.

시청각 교육은 아동기 어린이에게 교육의 효과 면에 있어서 매우 탁월하다. 그래서 시청각 도구는 어린이 교육 현장에서 어린이를 교육하는 교사라면 반드시 요청되는 것이다.

교사는 아동을 위한 바람직한 시청각 교육 도구가 무엇인지를 연구하여 아동에게 교육 효과가 있는 도구를 개발해 나가야 한다. 따라서 아동들에게 직접 눈으로 보고 피부로 느끼고 경험할 수 있는 교육의 여건을 갖추게 함으로 아동들로 하여금 교육 내용을 직접 경

험할 수 있도록 해야 한다.[34]

4) 예술적 방법

예술적 방법을 교회 교육에 사용하는 것은 아동들의 직관적 사고와 상상력을 발달시키며 이러한 효과를 사용하여 진리를 전달하는 것이다. 아동기 어린이에게 효과적인 예술적 교육 방법으로는 다양한 것들이 있다. 음악, 인형극, 그리기와 만들기 등과 같은 창작활동 등이 있다.

(1) 음악
아동의 교육에 있어서 자신의 신앙을 표현할 수 있는 방법 중 가장 좋은 것은 음악이라고 할 수 있다. 왜냐하면 음악은 감성과 지성에 바탕을 두는 것으로서 아동이 느낌이나 감정을 자유롭게 표현할 수 있는 길을 열어주고 아동을 창의적이고 심미적인 경지로 이끌어 줄 수 있기 때문이다. 이러한 정서적인 감정들은 음악 활동 중 찬송을 부르게 됨으로써 더욱 잘 표현될 수 있고 아동들이 영적으로 성장하는 데 많은 도움을 준다. 찬양과 음악은 어린이 교육에 있어서 주로 사용하는 음악의 학습방식일 것이다. 노래는 모든 문화 속에 있는 하나의 자연스러운 표현이다. 아동기 어린이는 찬양과 노래를 통하여 하나님께 고백의 찬양을 드린다.

34　박지영, "아동기 어린이의 발달 특징에 근거한 교회 교육 방법에 관한 한 연구", 60-62.

(2) 연극

아동기 어린이에게 효과적인 극적 활동은 인형극과 역할극이라고 할 수 있다. 인형극은 아동들에게 흥미를 일으켜 주고, 호기심을 가져다주며, 생동감이 있고, 깊은 친밀감을 형성하게 한다. 인형극은 특히 호소력이 강하여 아동들에게 복음과 성경 진리를 전하는 데 있어서 좋은 활동이다. 역할극은 교사나 자신들이 직접 역할을 정하여 극에 참여하므로 감동과 함께 교육적인 효과에 있어서 교육성이 매우 높다고 볼 수 있다.

(3) 창작활동

아동기 어린이나 성인 모두 사람이 어떤 사실에 대하여 배우고 교육을 받을 때 듣는 것을 통한 학습은 내용의 10%, 보는 것을 통해서는 50%, 말하는 것을 통해서는 75%, 그리고 직접적인 활동을 통해서는 90%를 기억한다고 한다. 그리기와 만들기 같은 창작활동은 아동기 어린이에게 어떤 주어진 진리를 배우게 함으로써 배움에 대한 효과 면에서뿐만 아니라, 능동적이며 자율적인 인간으로서의 형성에 도움을 준다는 점에서 중요하다. 창작활동은 아동들이 배운 것을 행동으로 옮겨서 창조해 보도록 하는 작업이다. 아동 자신이 이 창조행위를 한다는 사실에 창작활동 교육 방법의 의의가 있다.

여러 가지 창작활동 중 특히 아동에게 미술활동은 즐거움의 원천이며 자신의 정서를 표현하는 통로가 된다. 미술활동을 통하여 신체적, 인지적, 정서적, 사회적 발달과 양립할 수 있는 경험들이 제공될 수 있다.[35]

---

35 박지영, "아동기 어린이의 발달 특징에 근거한 교회 교육 방법에 관한 한 연구", 62-68.

5) 현장학습

현장학습은 어떤 장소를 방문하거나 사물이나 사건을 관찰하기 위한 교실 밖의 활동으로 직접적인 경험 정보를 얻는데 좋은 학습 방법 중의 하나이다. 현장학습을 통하여 아동들은 현장에서 실물을 실시간 관찰 및 냄새를 맡거나 소리를 듣는 등 색깔, 모양, 형태, 구성, 조직, 촉감 등 오감을 통해 경험 체험의 기회를 갖게 된다. 아울러 아동들이 이를 통해 체험하는 모든 느낌과 상황을 정리하여 살아있는 지식으로 자신 안에 간직할 수 있는 매우 유익한 교육 활동이며 학습 방법이라고 할 수 있다.

이러한 현장학습을 통하여 아동들에게 교회 안에서만 행해지던 교육 방법과는 달리 하나님께 창조하신 자연세계를 직접 관찰하게 하는 것은 매우 중요한 일이다. 현장학습을 하기 위해서는 준비해야 할 일이 많고, 그만큼 많은 시간과 노력이 필요하다. 이것을 단순히 교회에서 아동들을 데리고 소풍가는 것 정도로 이해하는 것은 바람직하지 않다. 현장학습은 아동에게 있어서 무한한 기대와 환호 속에서 시작된다. 무엇인가를 말없이 기다리는 아동들의 기대에 부흥하고 교회 교육의 목적에 맞는 현장학습이 되도록 연구와 노력이 있어야 한다.[36]

---

36 박지영, "아동기 어린이의 발달 특징에 근거한 교회 교육 방법에 관한 한 연구", 68-70.

5. 나가는 말

목회와 선교 현장에서 보배로 여겨져야 하는 대상은 어린이들이어야 한다. 그들은 미래의 주인공이며, 하나님의 나라를 이 땅에 건설하는 미래의 주인공이며, 청지기이기 때문이다. 한국 교회는 새로운 부흥과 성장을 위해 "다음 세대"를 준비해야 한다. 다음 세대가 올바로 세워질 때 한국 교회와 세계 선교의 미래가 있는 것이며, 하나님의 사역이 계속적으로 지속될 수 있는 것이다. 급속하게 변화하는 사회와 문화적 상황 속에서도 영원히 변하지 않는 진리를 깨닫고 자신의 삶 속에서 진정으로 예수 그리스도를 그들의 삶의 주인으로 영접하는 어린이들이 될 수 있도록 그들에게 도덕적, 영적인 성숙, 기독교적 가치관 형성, 성숙한 그리스도인의 삶을 살도록 올바른 신앙적 교육과 양육이 있어야 한다.

참고문헌

김동호.『교사 바이블』. 서울: 규장문학사, 2002.
김미순. "성서적 및 신학적 관점에서 본 선교 교육에 관한 연구".『석사학위논문』서울: 장로회신학대학교 신학대학원, 2001.
김만형.『SS혁신보고서』. 서울: 에듀넥스트, 2001.
김승연.『유럽교회는 어디로 갔는가?(상)』. 서울: 생명의말씀사, 1997.
김인환.『기다려지는 주일학교 만들기』. 서울: 기독신문사, 2002.
김지한. "어린이 선교 교육을 통한 통전적 교회 성장에 관한 연구".『석사학위논문』서울: 장로회신학대학교 대학원, 2007.
김한상.『기독교인의 교육백과』. 서울: 보이스사, 1989.
박명철.『세상에는 이런 주일학교도 있다』. 서울: 도서출판 브니엘, 2004.
박지영. "아동기 어린이의 발달 특징에 근거한 교회 교육 방법에 관한 연구".『석사학위논문』완주: 한일장신대학교 한일신학대학원, 2006.
손종국.『창조적인 반목회』. 서울: 예루살렘, 2001.
이명선. "한국 교회 어린이 선교에 대한 진단과 새로운 방안 연구".『석사학위논문』대전: 목원대학교 신학대학원, 2009.
오성숙. "어린이 선교 사역에 있어서 효과적인 전략방안".『석사학위논문』양평: 아세아연합신학대학교 대학원, 2011.
장중열.『교회 성장과 선교학』. 서울: 성광문화사, 1992.
조종제.『21세기 주일학교를 부흥시킨다』. 서울: 은혜출판사, 1999.
정미숙. "지역 교회 어린이 선교 교육의 필요성과 활성화 방안 연구".『석사학위논문』서울: 총신대학교 선교대학원, 2009.
정춘석.『교회학교 지도와 운영』. 서울: 생명의말씀사, 1993.

정웅섭. 『기독교 교육의 이론과 실제』. 서울: 대한기독교출판사, 1980.
최윤식. 『유년주일학교혁명』. 서울: 규장, 2005.
최정성. 『100점짜리 교사』. 서울: 백합출판사, 1991.
최현정. "아동기 신앙발달을 위한 기독교 교육". 『석사학위논문』 서울: 이화여자대학교 대학원, 2004.
한치호. 『교회학교를 결정짓는 리더십』. 서울: 도서출판 예향, 2002.
한치호. 『전도하지 않는 교사 주일학교를 떠나라』. 서울: 크리스천리더, 2001.
홍동겸. 『부르심에 합당한 선교사』. 서울: 도서출판 예루살렘, 1987.
Bosch, David. J. *Witness to the World*. 전재옥 역. 『선교신학』. 서울: 두란노서원, 1985.
Young, John. M. L. *The Motive and Aim Missions*. 김진홍 역. 『선교의 동기와 목적』. 서울: 한국개혁주의신행협회, 1972.

제4장
직장과 선교 전략

송 영 만

1. 들어가는 말

우리가 살아야 할 가장 근본적인 이유는 하나님 나라를 확장하기 위해서이다. 이 일을 위해서 우리는 이 세상에 남아 있다.[1] 그래서 우리는 직장에서 일을 하게 된다. 그러나 대부분의 직장인들에게 일터는 일을 하고 돈을 버는 곳으로 여겨진다. 그렇지만 그리스도의 제자인 우리 기독교 신자들에게는 제자로서의 삶을 실천하는 사역의 현장이기도 하지만 기독교 신자 직장인들 가운데 이런 비전을 가지고 직장생활을 하는 이들은 많지 않다. 그것은 기독교 신자 직장인들이 교회로부터 직장생활에 대한 격려와 권고를 제대로 받아 보지 못했고, 직장 사역에 관한 훈련역시 변변치 못한 실정이라 기독교 신자로서 직장 사역에 대한 소명 의식 역시 불분명할 수밖에 없다.[2]

---

1 Juan Carlos Ortiz, *Priests*, 김귀탁 역, 『우리는 아무렇게나 나뒹굴고 있는 벽돌 더미가 되어서는 안됩니다』 (서울: 도서출판 만나, 1992), 33.
2 방선기, 『기독교 신자 직장백서』 (서울: 두란노서원, 2007), 1.

한국 교회는 그동안 교인들을 교회 봉사자로만 훈련을 시켰으며, 세상을 섬길 왕 같은 제사장으로 교육하고 훈련시키는 일에는 무지하고 무능하였다. 직장복음화가 절대적으로 필요한 이유는 직장 선교가 모든 선교의 시발점이며, 종착역이고, 흩어져 신앙생활을 하는 디아스포라 교회의 목회 현장이기 때문이다. 교회목회는 한정되어 있지만 직장은 직장인인 기독교 신자가 일주일 동안 대부분의 시간을 보내는 삶의 현장이자 일터이며 동시에 불신자로 가득 찬 황금어장이다. 우리가 그리스도를 증언할 기회는 교회에서보다 직장에서 훨씬 더 많다. 직장에서는 대부분 기독교 신자가 비그리스도인들에게 둘러싸여 있다. 따라서 모든 기독교 신자는 선교사이고, 그들의 선교 현장이 직장이다.

본 연구를 통하여 많은 기독교 직장인들이 직장생활의 의미를 새롭게 발견하고, 그로 인해 직장생활에도 새로운 변화가 일어나기를 바라며, 나아가 하나님 마음에 합한 직장을 만들어 보고자 한다. 따라서 신우회를 통한 직업을 가진 신자들의 직업관에 인식의 변화와 직장생활의 적응력과 신자다운 모습을 확립시키며, 사명적 책임감을 갖도록 하는 것이다.

2. 직장 선교의 신학적 기초

선교는 모든 교회에 위임된 주님의 지상 최대 명령이다. 모든 직장인들을 위한 복음화와 제자화를 위한 사역은 선택사항이 아닌 의무사항이다. 교회가 직장 복음화 사역에 힘쓰지 못하면 직장인 역시 그곳은 불가침의 영역으로 간주, 하루 8시간 이상을 주 5일 내내 근무하는 생업의 터전을 복음의 옥토로 기경하는 데 책임 의식이나 선교 사명 의식 없이 비 그리스도인처럼 근무하게 된다. 직장 선교라는 말이 새삼스러운 것은 아니지만 교회가 복음화의 새로운 방법론으로 진지하게 받아들이고 있다. 현재까지 한국의 경우, 직장 선교의 단체들이 크고 다양하게 분포되어 있다.[3]

이러한 단체들의 위치는 개념적으로 보면 교회 중심의 전도와 선교에서 한걸음 더 나아가 평신도들이 속해 있는 직장을 중심으로 전도와 선교의 활동을 하는 것을 말한다.[4] 선교의 한 형태로서 평신도에 의한 직접적인 삶의 현장에서의 복음 전달 방식이 있는데, 직장 자체가 교회인 것이다. 그리스도인들에게 직업적 소명이 제기되어야 함은 그리스도인들의 삶은 시간과 공간적 개념을 넘어서야 하기 때문이다.

시간적 개념은 그들의 믿음 생활이 주일날만을 성수하는 것에 그쳐서는 안 되며, 주중에서의 생활 역시도 믿음의 연장선에 있어야 한다. 그리고 공간적으로는 하나님이 우리에게 선포하신 바 그분의 보편적인, 절대적인 구원의 영역이 한계가 없음을 주지하고 하나님으로부터 부여받은 은사와 소명이 교회 내에서만 머물러서는 안 되며, 일상의 삶 속에서 동일하게 나타나야 한다.

이처럼 세상의 직업 속에서 소명을 충분히 감당 할 때, 또한 그것을 통해서 하나님의 주권을 드러내고 영광을 돌릴 때만이 그리스도인들이 참된 하나님의 일꾼으로서의 소명을 감당하고 있다고 볼 수 있다. 예수님께서도 제자들을 부르시고(막 1:16-20), 그와 함께 있

---

3 www.workmission.net. 전국 7000여개 선교회가 40개 지역선교 연합회 40개와 직능선교 연합회 43개로 구성되어 있다.

4 위의 사이트. 예컨대 BBB의 경우는 최봉오·홍현선 대표. VIP CLUB은 김광석 장로, HOLY CLUB은 전용태 변호사, E-LAND는 방선기 목사, 직장 선교는 벽산과 한국유리 그룹과 박흥일 장로 등 HOLY NATION은 조갑진 목사 등이 이 일에 헌신하고 있다.

게 하시고, 그들을 파송하셨다(막 3:14; 6:7, 30).[5] 그들에게도 회개하도록 설교하게 하시고 질병과 귀신을 제어하는 권세도 주셨다(막 3:14-15; 6:7-13). 다시 말해서 그들을 사람을 낚는 어부로 만드셨다(막 1:17). 교회가 선교의 책임을 지는 것은 바로 이와 같은 맥락에서 찾을 수 있다.[6] 하나님은 언제나 우리가 세상 속으로 나아가서 성령과 더불어 하나님의 뜻을 이루기를 원하신다.

그래서 한국기독교직장선교연합회에 의하면, 직장 선교운동은 부름 받은 성도들이 성경적인 확고한 직업관을 가지고 저마다 일터에서 먼저 하나님 나라와 그의 의를 구하며 모든 일을 주께 하듯 성실히 행함으로 일상적인 일을 통하여 주님을 섬기고 직장 생활의 삶을 통하여 그리스도의 복음을 전하는 생활 신앙운동이라고 정의하고 있다.[7]

직장 선교는 평신도들의 삶의 현장인 직장에서 평일 중에 자기 업무에 충실히 종사하면서 복음을 묵상할 뿐만 아니라 기도하며 배우고 생활화하며 직장인들을 전도함으로써 하나님 나라와 그의 의를 확장하고, 하나님의 뜻을 이 땅에 이루는 것이 복음화의 핵심이라고 할 수 있다. 과거에는 전도를 같은 문화권 속에서의 복음전파, 선교를 타문화권 속에서의 전도로 구별하여 이해하기도 하였으나 오늘날은 두 용어가 별다른 차이 없이 사용하고 있다. 왜냐하면 오늘의 복합적인 사회 구조 속에서 전도도 결국은 문화적 장벽을 초월

---

5 Robert E. Coleman, *The Master Plan of Evangelism* (Old Tappan, NJ: Fleming H.Revell Company, 1963), 21-114. 여기서 콜만은 오늘날 교회로 하여금 제자의 선택, 함께하심, 구별, 주심, 시범, 위임, 감독, 재생산이란 장(章)들로 주님의 전도계획을 따르도록 촉구한다.
6 홍기영, 『선교신학 10집』 (서울: 한들출판사, 2005), 17-19.
7 한국기독교직장선교연합회, 『제2회 세계직장 선교대회』 (서울: 한국기독교직장선교연합회, 2000).

하여 복음을 전하는 것이 될 수밖에 없기 때문이다.[8]

직장 선교의 창시자는 목수 일을 도우면서 복음을 전하신 예수님이라 할 수 있다. 요한복음 20:21에 의하면, 예수님께서 "아버지께서 나를 보내신 것 같이 나도 너희를 보내노라"고 한 이 말씀이 곧 선교의 기초가 된다. 예수님은 아버지 하나님으로부터 보내심을 받아 신약시대에 최초의 선교사로 이 세상 교회에 부임하셨다. 그의 제자들도 예수님의 보냄을 받아 각각 다른 문화권 속의 사도로 파송을 받은 것이다. 그들이 나가 여러 곳에서 복음을 전파하여 주님의 몸된 교회를 세웠으니 그 중에 하나가 안디옥 교회였다. 이 교회에서 처음으로 성령의 명을 받아 바나바와 사도 바울을 안수하여 초대 교회 선교사로 파송하여 오늘날 세계 만국에 복음이 전파되는 계기가 되었다(행 13:1-4).

사도 바울이 천막을 짓고 일하면서 복음을 전한 것도 자비량 선교이자 일종의 직장 선교라고 볼 수 있다. 전통적으로 일반 선교는 예수 그리스도의 복음을 이방인들에게 전파하여 그들을 회심시키고 새 교회를 세우고 삼위일체 하나님께 영광을 돌리는 일이라고 한다면, 직장 선교는 일반 선교와 비교할 때 교회 설립이라는 목표는 추구할 수 없지만 직장 선교회라는 공동체를 설립할 수 있다.

그리고 선교하는 사람이나 대상이 주로 평신도 직장인이며, 선교 장소가 주로 직장이라는 점이다. 또한 선교 대상도 주로 소속 직장인이라는 점이 일반 선교와 다른 점이며, 전통적인 선교사들은 각 선교 본부와 지휘 아래 있으며, 다른 사람들의 후원을 받으나 직장 선교사들은 다른 사람의 후원을 받지 않는 것이 차이점이다.

직장 선교신학은 그리스도인들이 일터에서 성경대로 살면서 하

---

8 김연진, 『선교신학 총론』 (서울: 성광문화사, 1995), 11.

나님의 나라를 확장할 수 있도록 도와주는 신학을 말한다. 여기서 직장은 그리스도인들이 일하는 장소로 교회와 가정과 몸담고 있는 자연을 모두 포함한다. 하나님 나라는 하나님 통치 영역을 말하는데 이를 확장하는 것이 바로 선교를 의미한다. 선교는 단순히 전도를 통한 신자의 숫자를 늘리는 데 그치지 않고, 성경적인 기독교 문화가 직장에서 정착되는 것까지 포함한다. 직장은 기독교 윤리가 행해지는 최전선으로 이곳에서 기독교 문화를 정착시키는 것은 기독교 윤리의 꽃을 피우는 것과 같다. 기독교가 다종교 상황인 한국에서 제 역할을 감당하려면 교리문제 같은 정교의 문제보다는 기독교 윤리의 꽃을 피우는 정행의 문제를 심각하게 고려할 때가 되었다.

모든 지역 교회의 성도들은 예수 그리스도께 부름 받아 세상으로 보냄 받은 선교사이다. 따라서 성도들을 목양하는 책임을 맡은 지역 교회는 예수 그리스도의 이러한 선교적 비전에 맞추어 지역 교회의 비전을 세우고 실행해야 한다. 즉 지역 교회는 모든 성도들을 훈련시켜 직장의 사역자 또는 선교사로 파송할 것이라는 구체적인 비전을 그들의 성도들에게 가르치고 지키게 하는 것이 교회의 직장 사역의 첫걸음일 것이다.

3. 성경에 나타난 직장 선교

선교의 기원은 하나님의 인류구속 역사의 기원에까지 소급해서 생각할 수 있으나 본격화된 선교는 예수 그리스도가 세상에 보내심을 받는 순간부터이다. 그래서 예수 그리스도와 그의 교회에게 전 세계적 선교를 부탁하셨다는 사실에 동의한다.[9] 에밀 부루너(Emil Brunner)는 "교회는 곧 선교다. 불이 타는 것으로 존재하듯이 교회는 선교로만 존재한다."고 말했다.[10] 제럴드 앤더슨(Gerald H. Anderson)도 "그리스도교 사회는 다원화된 20세기에서 살아가기 위한 신학적 준비가 없다. 그러므로 오늘날의 선교사업의 근본과제는 선교의 본질과 의미를 밝히는 일이다."[11]라고 하였다. 직장 선교는 오늘날 우리에게 주어진 중요한 선교지이다. 이를 위해서 먼저 성경을 통하여 직장 선교의 근거와 가능성을 고찰해보자.

평신도를 통한 직장인 선교가 선교 현장의 상황 변화에 의해서 그 수요가 계속적으로 증대되고 있다고 할지라도 성경적 근거가 있는 것인지 반드시 검토해야만 한다. 구약을 보면, 하나님을 알리기 위해 타국으로 떠났던 최초의 선교사는 부유한 목자였던 아브라함이었다. 이삭은 농사짓는 자였고, 리브가는 물 긷는 자, 야곱은 양떼를 돌보는 자, 요셉은 총리대신이었고, 미리암은 아이 보는 자, 모세 역시 양을 돌보는 자, 브살렐은 숙련공이요, 여호수아는 사령관, 라합은 여관 주인이고, 드보라는 나라를 구한 자였다. 기드온은 군사 지도자고, 삼손은 당할 자 없는 장수였고, 보아스는 농사하는 자고, 룻은 이삭 줍는 자, 다윗은 통치자, 아삽은 작곡가, 솔로몬은 제왕이고, 욥은 경건하고 신사적인 농장 주인이었고, 아모스는 소작인, 바룩은 저술가, 다니엘은 수상, 사드락과 메삭과 아벳느고는 지방장관, 에스더는 왕후, 느헤미야는 방백이었다.

---

9 Arthur F. Glasser & Donald A. McGabran, *Contemporary Theologies of Mission*, 고환규 역, 『현대선교신학』 (서울: 성광문화사, 1985), 60.

10 Gerald H. Anderson, *The Theology of the Christian Mission*. 박근원 역, 『선교신학서설』 (서울: 대한기독서회, 1975), 94.

11 Gerald H. Anderson, 『선교신학서설』, 10.

1) 예수님의 직장 선교

예수님은 자신을 낮추셔서 자비량 하는 목수가 되셨다. 왜냐하면 이 땅에서 일하시는 동안에 친구들의 지원을 받으셨기 때문이다. 직업 속에서 부르시고 그 직업을 통하여 선교와 전도를 원하시는 하나님의 뜻은 예수님의 생에 속에서도 나타난다. 예수님의 경우, 그의 사역 기간이 3년 반인 것에 비해, 목수로서의 직업생활은 거의 30년에 이르렀다. 예수님은 일터 속에 있는 우리를 부르시려고 성육신하여 자신부터 일터의 직장인이 되셨던 것이다.

모든 복음서의 메시지는 이 세상을 구원하려는 궁극적 사건으로서 하나님께서 자기 아들을 세상의 일터에 보내셨다는 사실이다. 누가복음 4:18-19에 의하면, 예수님이 다짐한 자기의 사명 의식에 잘 나타나고 있다. 이것은 구약의 예언자 이사야의 글을 인용한 것이라는 데에 깊은 의미가 있다. 예수님은 이러한 세계에의 선교 의지를 마태복음 28:19에서 밝히셨다.[12]

결국 이 표현 속에 신구약 성경을 꿰뚫는 선교의 의지가 담겨 있다. 그리고 복음전파와 해방은 그리스도인들이 속해 있는 직장 속에서도 선포되어야 할 것이다. 결론적으로, 예수님이 이스라엘을 위해 사역한 것은 곧 전 세계를 위한 활동이었으며, 이방인에게 베풀 기적은 이미 직장인을 위한 시대가 예수님 안에서부터 시작되었음을 말하는 것이다.[13]

---

12 강문석, 『선교신학개론』 (서울: 성광문화사, 1981), 67.
13 F. Hahn, *Mission in the New Testament* (London: SCM Press, 1965), 33.

2) 제자들의 직장 선교

예수님의 수석 제자 베드로는 직장에서 부르심을 받아 제자가 되었다. 그의 직장은 갈릴리 바다였으며, 본래 시몬이라는 이름을 가지고 있었다. 예수님은 그를 베드로라고 부르셨는데, 작은 돌이라는 의미이다. 예수께서 부활 후에 베드로를 가리켜 요한의 아들 시몬이라고 불렀다(요 21:1; 21:16; 21:17). 이것은 그의 아버지가 요한이라는 이름을 가지고 있었다는 것을 의미한다. 요한은 "위로"라는 뜻이다. 베드로에게는 안드레라는 형제가 있었다(마 4:18; 요 1:40). 예수님은 어부의 직업에 충실하는 사람을 제자로 부르셨던 것이다. 직장 속에서 작은 일에 충성하는 사람이 큰일에도 충성한다(마 25:21; 25:23).

예수님께서는 베드로의 직업을 영적인 의미로 변화시키셨다. 물고기를 낚는 어부에서 사람을 낚는 어부로 주님은 모든 직업에서 제자를 삼으시며 직업을 영적인 차원으로 변화시킨다(마 4:19). 직장 선교의 중요한 점은 직장이 선교의 장이 된다는 사실이다. 베드로와 함께 직장의 동료였던 요한도 직장 선교를 통해 주님의 제자가 되었다. 세베대의 아들 요한의 직업도 어부였기 때문이다. 셈 밝은 그의 직업정신이 나오는 것이다. 빌립은 그리스라는 세력을 배경으로 가지고 있었기 때문에 유대뿐 아니라 그리스에도 메시지를 전하는 데 유용한 사람이 될 수 있었다. 빌립의 직장 선교를 통한 첫 번째 전도 열매가 나다나엘이었다. 직장에서 주님의 부르심을 받은 사람은 마태로 그의 이름은 레위이며 직업은 세리였다.[14]

---

14 김준호, "직장 선교 전략방안 연구",『박사학위논문』(서울: 장로회신학대학교 세계선교대학원, 2004): 20.

3) 바울의 직장 선교

바울은 밤낮으로 자기 직업이던 장막 만드는 일을 하고 안식일에 복음을 전파했다(살전 2:9; 3:8). 사도행전은 바울을 통한 복음의 루트가 예루살렘으로부터 세계의 중심지인 로마까지 확정되어 간 역사적인 사건으로 부활하신 주님이 이 세상에 살아계심을 의미한다. 사도행전 기자에게 있어서 교회는 하나님의 선교 의지를 펴나가는 하나의 방편이었으며, 그를 따르는 사람들은 제자가 되고, 제자로서 머무는 것이 사도로서 부름을 받아 세상에 보냄을 받게 된 것이다. 그들은 이 땅 위에서 하나님 나라를 펴나가며, 하나님의 주권을 선포하고 그가 뜻하시는 일을 해야 한다고 생각했다.[15]

(1) 바울 선교 전략의 실제

바울에게 과연 선교 전략이 있었는가? 사도행전에 나타난 바울의 선교 방법에는 대략 다음의 9가지 특징이 발견된다.

① 바울은 선교 기지와 긴밀한 관계를 유지하였다.
② 바울은 집중적인 노력을 네 개 지역에 국한시켰다.
③ 바울은 대도시 중심의 전도 활동을 전개하였다.
④ 바울은 회당을 이용하여 복음전파의 본거지로 삼았다.
⑤ 바울은 공감대를 형성하는 청중들에게 주력하였다.
⑥ 바울은 신앙고백에 즉시 세례를 베풀었다.
⑦ 바울은 새로운 교회를 세울 때까지 충분한 기간 동안 한 곳에 머물러 있었다.

---

15 박근원, 『오늘의 선교론』 (서울: 대한기독서회, 1975), 141.

⑧ 바울은 동역자들을 충분히 활용하였다.
⑨ 아홉째, 바울은 융통성 있는 전도 활동을 하였다.[16]

바울에게 있어서의 전략은 미리 계획하였다는 의미에서의 전략이 아니라 그의 선교 활동을 통해서 볼 수 있다. 또한 자비량 선교의 가장 위대한 모범자는 텐트메이커(tentmaker) 바울이다. 그러나 바울의 주목적은 예수 그리스도에 대한 복음을 전하는 것이었고, 천막을 만드는 직업은 단순히 복음전파를 위한 도구였다. 바울은 예수 그리스도의 가르침의 진실성과 개종자들에게 모범을 보이기 위해 일했다. 그리고 복음전파에 방해가 되지 않도록 하기 위해 일했다. 또한 더 많은 사람을 얻기 위해 스스로 노동자가 되었다. 그의 목적은 토착적인 평신도 운동을 일으키는 것이었기 때문에 그가 개척한 교회들은 처음부터 자비량이었다. 그의 이러한 정신은 자비량으로 선교하려는 사람들에게 도전과 용기가 되고 있다.

모든 평신도들은 전도와 노동을 병행시켜야 하며, 이것이 문화명령과 전도명령을 종합시키는 길이다. 진정한 직업 선교사는 시장성이 있는 기술을 갖고 있는 것이 유익하며 타문화권에서 일하며 자비량으로 선교할 수 있어야 한다. 바울의 사역을 통해 본 직업 선교사는 직업 현장과 여가에 타문화 전도를 시행하면서 자신의 생활비를 벌기 위해 일하는 선교에 헌신된 그리스도인이라 정의할 수 있다.

1차 선교여행에서 바울과 바나바는 비시디아 안디옥과 갈라디아 지역의 도시에서 전문인 사역을 했음을 볼 수 있다(행 13:1-14).

2차 선교여행 기간에도 바울은 노동하였으며(행 15:40-18:22), 사

---

16 김태연,『전문인 선교 전략』(서울: 미드웨스트, 2002), 44.

도행전 18:3에 의하면, 천막 만드는 일을 하였다. 또한 그가 보낸 서신을 통해서도 밤과 낮으로 일했던 것을 알 수 있다(살전 2:9-10). 바울은 수고하고 애씀으로써 성도들에게 재정적 부담을 주지 않도록 한 것이다. 바울은 안식일에 회당에서 가르쳤고 일하는 작업장에서는 정오의 긴 휴식 시간을 통해서 복음을 전하였다. 이런 것을 볼 때, 바울은 가르침의 진실성과 개종자들에게 상전에 대한 종의 태도의 모범을 보여주기 위해서 노동 현장에서 의도적으로 일하였다(엡 6:5-9; 골 3:22-23).

3차 선교여행에서도 바울은 노동했음을 찾아볼 수 있다(행 18:23-21:14). 바울은 3년 동안 에베소에 머물면서 날마다 쉬지 않고 성경을 강론하였고(행 20:31), 성도들 간에 논쟁이 일어나 어지러운 고린도교회에 편지한 내용에서 그가 에베소에서 어떠한 생활을 하고 있는가를 보여주고 있다. 바울은 3차 선교여행을 마무리 하면서 밀레도 항구에서 에베소 장로들을 청하여 불러 모은 뒤, 그들에게 전하는 마지막 인사의 간곡한 부탁의 말씀 속에서도 먼저 바른 신앙생활 가운데 자신의 노동으로 재정을 확보하여 어려운 이웃을 돌아보며 복음을 전하는 전문인의 선교적 삶을 강조하고 있음을 보게 된다.

바울은 선교여행을 하는 중에도 노동현장에서 일하면서 복음을 전하였고 필요한 재정을 확보하는 전문인 선교 사역의 본을 보였음을 알 수 있게 된다. 바울의 선교는 성령에 의해 보냄 받은 사역이었고, 성령의 인도에 의존하였으며, 철저하게 그리스도의 주권을 승인하는 것을 바탕으로 하였다.[17]

---

17 강문석, 『선교신학개론』, 71-72.

(2) 다양한 선교 방법의 적용

바울은 유대인들에게는 유대인과 같이 되어서 복음을 전파하였고, 약한 자들에게는 약한 자와 같이 되어서 복음을 전파하였다. 먼저 바울은 때와 장소에 따라 잘 적응하였다. 시간에 구애되지 아니하고 형편에 따라 적응하였다. 특히 에베소에서는 3년 동안이나 체류하였으며(행 20: 31), 고린도에서는 1년 6개월을 유하였다(행 18:11). 그뿐만 아니라 그는 장소에도 구애받지 않았다. 회당을 중심으로 한 전도에 힘을 쓴 것은 사실이지만 옥내외를 가리지 아니하였다. 루스드라에서(행 14:8-10), 빌립보 강가에서(행 16:13), 빌립보 감옥에서(행 16:30), 아테네의 시장에서(행 17:17), 심지어 죄수의 몸으로 호송되어 가는 가운데 멜리데 섬에서까지도(행 28:4-6) 기회를 놓치지 아니하고 전도하였다.

바울의 전도 방법은 가정을 대상으로 하는 전도였으나 개인전도에 대해서도 등한시하지 않았다. 루디아(행 16:15), 야손(행 17:5), 디도, 유스도와 그리스보(행 18:7-8), 빌립(행 21:18) 등은 가정 단위의 전도였으며, 자신이 다메섹에서 개인적으로 예수님을 경험하고 개종하였던 것처럼 그도 배가 파선 당하였을 때 멜리데 섬의 대표자인 보블리오에게 전도함으로(행 28:7), 그를 통한 섬 주민들의 개종을 기대하였다고 볼 수 있다.

(3) 융통성 있는 선교 전략

바울은 예수 그리스도의 복음을 효과적으로 전달하기 위하여 융통성 있는 선교 전략을 구사하였다. 그래서 바울은 때때로 모순적인 사람으로 묘사될 정도로까지 지역 상황과 필요에 따라 행동하였으며, 심지어 극단적인 실용주의자라는 평가를 받을 정도로 주위 환경에 순응하고 경험을 통하여 배우는 데 민감한 사람이었다. 바울은 복음의 내용에 관한 한 일체의 양보가 없었다(갈 6:8). 아무리 시대적인 상황이 바뀌어 간다고 할지라도 복음은 변할 수 없다. 그것은 바로 예수 그리스도만이 유일한 구원이시기 때문이다.

3) 브리스길라와 아굴라의 직장 선교

두 사람은 부부로 고린도에서 함께 장막 만드는 일을 하면서 바울을 돕는 충성스러운 동역자들이며, 자비량 선교사들이었다(행 18:1-4). 아굴라는 본래 유대인으로서 비천한 노예 신분이었지만, 자유인이 된 이후 로마로 이주하여 정착하게 되고 거기서 천막 제조업자로 열심히 일하게 된다. 에베소에서 그들은 주의 날 모임을 위하여 그들의 가정을 믿는 자들의 모임 장소로 사용하였다.

에베소에서의 바울의 사역은 많은 위기에 직면한 상황들이 있었는데, 그때마다 브리스길라와 아굴라 부부는 그들의 목이라도 내어놓을 정도로 바울을 위하는 동역자들이었다(롬 16:4). 이들 부부는 바울과 함께 팀 사역을 하였다. 그들은 바울과 같이 고린도와 에베소에서 장막을 만들면서 복음을 전하는 동역자들이었다(행 18:3). 같은 생업에 종사하며 선교하는 같은 목표를 추구하면서 바울과 같은 위대한 복음전도자를 돕는 것은 큰 의미가 있다. 아무리 위대한 전도자라도 넘어질 수 있고 외로울 수 있다. 같은 일을 하면서 항상 곁에서 서로 도우며 사는 것은 직장 선교 전략으로도 매우 중요하다. 또한 그들은 부부가 같은 직업을 가지고 말씀 공부와 함께 바울을 돕는 일을 유능하게 해낸 에베소 교회의 선교사들이고, 복음에 대해 불완전한 지식을 소유한 아볼로를 온전한 지식으로 이끌어 유능한 사역자로 세운 자들이다(행 18:26).

브리스길라와 아굴라는 동역자를 끔찍이 사랑하였다. 예수님을 본받아 브리스길라와 아굴라 부부가 모범을 보였다. 바울을 위해 목숨까지도 아끼지 않는 동역자가 있었기에 전도의 큰 성과를 거둔 것이라고 본다. 따라서 직장 선교도 팀을 이루어 사역해야 할 것이며, 동역자를 사랑하는 간절한 마음이 있을 때, 직장 선교는 상승작용을 하면서 활성화될 것이다.

4. 직장 선교 전략

직장 선교 전략은 직장 선교 목적을 달성하기 위한 종합적인 준비, 계획, 방침을 결정하는 것을 말한다. 목적을 달성하기 위해서는 인사, 조직, 재무, 마케팅의 네 부분의 관리를 효과적, 능률적으로 행해야 한다. 선교 전략에서도 이 네 부분의 관리가 다 중요하지만, 그 중에서도 인사 관리, 즉 인적 자원의 충원, 유지, 능력의 개발 등에 관한 관리가 가장 중요하다고 본다.[18] 왜냐하면 사람이 조직, 재무, 마케팅 관리도 행하기 때문이다. 직장 선교에 있어서도 전도를 통한 인적 자원의 충원, 말씀과 기도를 통한 경건생활의 유지, 훈련, 봉사, 친교를 통한 능력의 개발 등이 중요한 요소이다.

1) 선교 전략의 필요성

선교 전략이란 선교의 궁극적 목표가 무엇이며 어떻게 그것을 성취할 것인가를 연구하는 것이다 이러한 전략은 복음이 전파되지 않는 곳의 사람들을 향해서 선교 계획을 세워야 할 필요성을 가진다.

---

18 박홍일, 『직장 선교와 삶의 현장』 (서울: 크리스챤서적, 2000), 221.

선교 전략을 세워야 할 기본적인 이유는 하나님께서 선교의 목표 달성을 위하여 계획을 가지고 일하기를 기뻐하시기 때문이다. 예수님께서 제자 되려는 자들에게 비유로 교훈하신 바가 있다.

첫째, "건축 준공 비용을 예산하라"는 비유이다(눅 14:28-30). 망대를 세우려는 자가 준공하기까지 필요한 비용을 예산하지 않고 시작했다가 중도에서 포기하면 비웃음을 당하리라는 교훈이다. 이 비유에서 우리는 직장 선교라는 집을 지으려고 하는 자는 어떻게 하면 직장 복음화, 직장인 제자화를 성취할 수 있을지 몸된 교회의 머리 되시는 주님께 물어 작전 계획을 수립해야 한다는 것을 배울 수 있다. 어떻게 회원을 확보(전도)할 것인지 구체적으로 선교 전략을 세우고 실천에 옮겨야 한다는 것이다.

둘째, "두 나라 간에 전쟁을 치르기 전에 먼저 수적 우위를 놓고 승패를 저울질해 보고 싸우든지 화친하든지를 결정하리라는 비유"이다(눅 14:31-32). 선교 전략은 국내외를 막론하고 공중의 권세 잡은 자들의 백성을 빼내오는 작전 전략과 같다. 세밀하고도 치밀한 작전 전략 없이는 승리할 가망성이 없다. 그러므로 구체적인 작전 계획을 세울 때 마치, 백전백승한 노장 다윗처럼 하나님께 물어서 실패 없는 전략을 세울 필요가 있다(대상 14:10; 14:14). 또한 직장 선교는 프로그램이 아닌 헌신된 자, 즉 직장 선교를 자신에게 주어진 선교의 사명으로 인식하고, 직장 선교의 이론과 훈련으로 무장되며, 실제로 직장에서 전도하고 제자 삼는 선교 사역을 수행하는 소수의 사람에 의해서 이루어진다. 그러므로 이러한 선교 사역자를 어떻게 양성할 수 있는지 그리고 그들이 선교 사역을 효과적으로 수행하기 위해서 어떠한 요소를 갖추어야 하는지를 규명하는 것이 선교 전략이다.

2) 선교 인력의 양성

직장 선교의 성경적인 모델은 사사기 7:7에서 찾아 볼 수 있다.

> 여호와께서 기드온에게 이르시되 내가 이 물을 핥아 먹는 삼백 명으로 너희를 구원하며 미디안 사람을 네 손에 붙이리니 남은 백성은 각각 그 처소로 돌아가라 하시니(삿 7:7)

(1) 선교 지망생의 확보

선교의 핵심전략인 사역자를 확보하는 데 있어서 첫 번째 단계는 선교에 열망이 있는 사람을 선발하는 것이다. 예수 그리스도를 좇았던 열두 제자의 대부분은 교육이나 경력 면에서 탁월한 위치에 있었던 사람들이 아니었지만 갈릴리 해변가에 살았던 그들 중 몇 사람은 하나님의 나라에 대한 간절한 소망을 가지고 이미 세례요한의 부흥운동에 가입했던 사람들(요 1:41)이었다. 선교를 위해서는 이러한 준비된 일꾼을 확보하는 것이 무엇보다도 중요하다.

(2) 선교 비전의 제시

준비된 일꾼들에게 선교의 비전을 제시하는 것이다. 마태복음 4:19에 의하면, 예수님께서 제자들을 부르실 때 "나를 따라 오너라, 내가 너희로 사람을 낚는 어부가 되게 하리라"고 하셨다. 창세기 12:1-2에 의하면, 하나님께서 아브라함을 부르실 때 "내가 너로 큰 민족을 이루고, 복의 근원이 되게 하겠다"고 하시고, 출애굽기 3:10에 의하면, 모세를 부르실 때도 "내가 너를 바로에게 보내어 너로 내 백성 이스라엘 자손을 애굽에서 인도하여 내게 하리라"고 하셨다. 이것이 선교의 비전이다. 선교의 열정을 가진 자들에게 직장 선교의 의의와 중요성을 분명히 제시함으로써 내 직장의 선교가 이 시대 나에게 주어진 사명이며 내가 이 직장에 존재해야 할 가장 중요한 이유라는 것을 깨닫게 하는 것이다.

(3) 선교 교육과 훈련

직장 선교의 비전으로 세워진 사람들을 교육과 훈련을 통해서 무장시켜야 한다. 디모데후서 2:3에 의하면, 사도 바울은 하나님의 일꾼을 "그리스도 예수의 군사"로 비유한 바 있거니와 군사의 요건은 전투를 수행할 수 있도록 교육, 훈련되는 것이다. 교육이 선교에 대한 지식을 부여하는 것이라면 훈련은 이러한 교육을 적용하여 체질화하는 것이다.

교육되지 않은 사람이 사역자가 될 수 없음은 자명한 이치이지만 훈련되지 않는 사람은 쓰임 받을 수가 없다. 실제로 많은 사람들이 교육은 되어 있지만 훈련되지 않았기 때문에 사역자로 쓰임 받지 못하고 있다. 그러므로 선교 사역자로 세우는 데 있어서는 교육과 훈련이 핵심적 요소라 할 수 있다.

(4) 사역 경험을 통한 제자육성

훈련된 사람이 실제 선교 사역자로 세워지기 위해서는 선교의 현장인 직장에서의 사역을 통해서 사역 경험을 익혀가야 한다. 선교 현장에서 필요한 것은 이론이 아닌 실제적인 사역 경험이다. 그러므로 지도자는 자신 스스로가 사역의 본을 보여야 할 뿐만 아니라 자신의 역할의 일부를 선교 지망자에게 위임하고, 지도 점검함으로써 한 단계 한 단계 사역자로 성장시켜가야 한다.

3) 전도와 제자화 선교 전략의 확립

　선교의 본질은 전도이며, 따라서 직장 선교는 마땅히 전도를 최우선 과제로 해야 한다. 이는 누가복음 4:18-19에 의하면, 예수님께서 가난한 자, 눈먼 자, 포로된 자에게 복음을 전하기 위해서 이 땅에 오셨을 뿐만 아니라, 마태복음 29:19-20에 의하면, 부활하신 예수님의 마지막 지상명령이 모든 민족을 제자로 삼아, 세례를 주고, 가르쳐 지키게 하라고 하신 데서 분명히 알 수 있다.
　전도를 효과적으로 하기 위해서는 한 사람이 여러 사람에게 전도를 하는 것보다, 전도한 사람이 또 다른 사람에게 전도할 수 있도록 세우는 제자화 전략이 바람직하다. 디모데후서 2:2에 의하면, 사도 바울은 디모데에게 복음을 전하되 다른 사람을 가르칠 수 있는 충성된 사람으로 제자 삼을 것을 당부하였는데 이는 예수님께서 열두 제자를 기르신 것을 본받은 것이다.

4) 영적 운동의 전개

(1) 영적 운동의 중요한 역할

　직장 선교에 있어서 제자화 전략과 함께 또 하나의 전략적 축을 이루는 것은 영적 운동이다. 영적 운동은 참여자들의 흥미를 유발시키고, 구성원으로 하여금 작은 모임이 아닌 전체적인 영적 운동에 속해 있다는 사실을 확인시켜 준다. 그렇기 때문에 선교 사역에서 영적 운동은 개인의 노력보다 큰 효과를 내면서 사람들을 단합시켜준다. 또한 영적 운동을 통해서 선교 사역의 잠재적 후보생을 확보할 수 있다. 모임에 참석한 사람들에게 그러한 활동에 참여하도록 권유함으로써 선교 후보생을 두텁게 확보하는 것이다.

(2) 모멘트 환경

이러한 영적 운동을 일으키기 위해서 영적 운동의 바탕이 되는 모멘트 환경(The Environment of Momentum)이 필요하다. 직장 선교 운동에 있어서 모멘트환경의 예로서는 소규모 또는 집단 기도 리트릿, 지도자 훈련 세미나, 소규모 또는 대규모 전도 집회, 지도자 여름 수련회, 선교를 위한 성경공부 모임(Evangelistic Bible Study) 등을 들 수 있다.[19] 이러한 모멘트 환경은 사역의 가속도를 높여주고, 신뢰성을 높여주며 사역에 대한 흥미를 유발하고, 헌신의 분위기를 만들어준다. 또한 선교 후보생이 지속적으로 사역에 참여할 수 있는 자인지를 선별하는 여과 과정을 제공한다.

(3) 영적 운동과 제자화 전략의 관계

영적 운동은 제자화 전략을 토대로 할 때에만 선교 사역을 활성화시키게 된다. 왜냐하면 영적 운동을 통해서 선교 사역에 대한 열망을 갖게 될지라도 어떤 환경적 변화가 올 때에 쉽게 사역을 포기하거나 훈련되지 않기 때문에 쓰임을 받지 못하는 경우가 너무 많기 때문이다.

5) 공동협력 선교체제의 구축

직장 선교는 선교인력의 확보, 교육, 훈련, 선교 프로그램과 전략 등 다양한 요소가 필요하므로 어느 한 직장에서 독자적으로 선교를 수행하기는 사실상 어렵다. 또한 직장 선교는 직장의 특성에 맞는 선교 이론과 전략이 개발되어야 한다. 그간 직장 신우회 운동은 직

---

19 박흥일, 『직장 선교와 삶의 현장』, 244.

장 내에서 자체 인력과 역량만을 가지고 활동해 온 결과 선교 활동 자체가 체계적으로 발전되어 오지 못하였으며, 전도와 제자화 운동을 바탕으로 해 온 선교 단체들도 직장의 특성에 대한 연구와 전략 없이 일반적인 선교 원리를 적용하고 있는 실정이다.

이러한 선교 체계를 갖추기 위해서는 관련 선교 주체들의 연합이 필요하다. 무엇보다도 먼저 효과적인 선교를 위해서는 선교 전략과 사역에 대한 경험을 가지고 지속적으로 지도 점검하는 선교 지향적 모임이 필요하다. 그리고 이 모임은 직장인을 중심으로 지역 교회, 선교 단체의 뒷받침을 받아야 한다.[20] 지역 교회는 직장 선교의 필요한 장소를 제공하고, 교역자를 통해서 선교 지도자를 양성하며, 선교 단체는 직장 선교 지망생에 대한 교육 훈련을 제공하고 선교 전략을 공급해야 한다.

6) 직장 선교의 목표

직장 선교의 목표는 역시 예수님의 지상명령인 직장인을 그리스도의 제자화하는 일이다. 온 천하(막 16:15), 모든 족속(마 28:19), 그리고 땅끝까지(행 1:8)는 가까운 이웃으로부터 먼 나라까지를 의미한다. 그러므로 해외로 파송 받는 선교사뿐만 아니라 가까운 직장인의 제자화를 위한 사역은 해외 선교의 기초를 다지는 일로서 대단히 중요하다. 이 세상에서 일터가 없는 사람은 없다. 모든 사람은 누구나 할 것 없이 자신과 부양가족을 위한 직장을 가지고 있다. 그러므로 직장 선교의 궁극적 목표는 온 인류를 그리스도의 제자화한다는 목표와 같다고 할 것이다.

---

20   홍형선, "한국직장선교연합회 제8회 직장 선교세미나 발표자료", 1995.

구체적으로 직장 선교의 목표를 세워야 한다면 다음과 같다.

첫째, 소속된 직장인들의 지역 교회가 성장하도록 돕는 일이 되어야 한다. 직장 선교가 아무리 잘 되어도 지역 교회와 무관하거나 불이익을 준다면 그것은 잘못된 선교라 할 것이다. 왜냐하면 예수님께서도 당신 마음대로 이 세상에 성육신하여 오신 것이 아니며, 하나님의 보내심을 받지 않고 홀로 오신 분이 아니며, 항상 자기를 보내신 하나님을 기쁘시게 하는 일에 힘썼기 때문이다(요 17:18; 20:21; 8:29).

둘째, 기성 교인의 신앙 성장을 돕기 위한 직장 선교가 되어야 한다. 직장 선교회가 모일 때는 에클레시아 교회도 되지만 그러나 흩어진 교회, 즉 디아스포라 교회의 역할을 해야 한다(행 8:1,4). 디아스포라 교회는 일종의 파라처치(Para-Church)로서 모이는 교회에서 다 할 수 없는 부분을 맡아 기성 교인들에게 합당한 하나님의 말씀으로 도움을 주는 협력 교회이기도 하다. 다시 말하면, 심고 물을 주는 역할을 하는 교회가 되는 것이다(고전 3:6-9).

셋째, 소속된 직장과 사업장의 경영을 잘 되게 돕는 직장 선교가 되어야 한다. 하나님께서 우리를 부르심은 영육간의 복을 유업으로 주시기 위해서이다(벧전 3:9). 한 집안에 참된 그리스도인이 있다면 그 가족도 반드시 구원받고, 영육 간 복된 훗날이 약속되어 있듯이, 먼저 부름 받은 기독 직장인들이 있다는 것은 역시 그 직장도 그로 말미암아 구원도 받고, 혹자 경영의 축복도 약속되어 있는 것이다. 믿는 사람 두세 사람이 합심하여 기도하면 하늘에 계신 하나님께서 들어 주시리라고 약속하셨다(마 18:19-20). 이러한 엄청난 하나님의 언약을 믿지 않고, 구하지 아니함으로 하나님께서 그들, 믿는 자들을 위해서 할 수 있는 일을 제한받으며, 믿는 자들을 통해서 할 수 있었던 일을 제한받고 있다는 것이다.

7) 실전적 직장 선교

직장 선교 전략을 아무리 잘 세웠다 하더라도 그 결과는 실전에서 어떻게 나타나느냐에 따라 그 성패가 달렸다. 따라서 직장 선교의 동기와 그 목적이 어떠해야 하며, 그 메시지와 직장 선교는 어떤 관계가 있는지 그리고 직장 선교의 방법과 사후 관리 등을 고찰해 보고자 한다.

(1) 직장 선교의 동기

어떤 동기로 직장 신우회를 조직하며, 직장 선교의 동기는 어디에 있는가 하는 것은 대단히 중요하다. 초대교회 사도들의 선교 동기를 보면 그들의 선교 동기가 곧 직장 선교의 동기가 된다. 바울은 선교의 동기를 다음과 같이 정리할 수 있다.

첫째, 바울의 선교 동기는 이타주의와 만민 구원에 선교의 동기를 두었다(고전 10:33). 많은 사람의 유익을 위하는 일이라면 자신을 기꺼이 희생시키는 정신이야말로 예수 그리스도의 희생정신이요, 만민을 구원케 하기 위한 십자가의 희생이 아닐 수 없다.

둘째, 바울은 "그리스도의 사랑과 주를 위해 사는 삶"에 선교의 동기를 두었다(고후 5:14-15). 그래서 바울은 "그리스도의 사랑"의 강권으로 선교하게 되었으며, 그의 사랑의 희생을 깨달았기에 그를 위해 사는 삶을 살아야 한다고 하였다.

셋째, 바울은 하나님과 인간 간의 화목을 선교의 동기로 삼았다(고후 5:18-19). 그러한 직책을 받은 줄로 믿은 바울은 하나님과의 화목을 위해 동분서주하면서 선교하게 된 것이다.

넷째, 바울은 만민의 구원과 진리를 알도록 하는 데 선교의 동기를 삼았다(딤전 2:4).

다섯째, 바울은 다 회개하기에 이르도록 선교의 동기로 삼았다 (벧후 3:9). 구원으로 가는 길목에 회개라는 관문이 누구든지 이 관문을 통과해야 "신앙"이라는 다음 단계를 들어가게 되는 것이다.

(2) 직장 선교의 목적

초대교회의 사도들이 복음을 전하게 된 궁극적인 목적은 교회를 설립하고, 세워진 교회가 주 안에서 바로 서게 하는 데 있었다. 19세기에 등장한 자립 선교의 목적은 자립, 자치, 자력, 전파하는 교회 설립에 두었다. 직장 선교를 해야 하는 목적은 직장 복음화를 통해 하나님께 영광을 돌리기 위함이다. 하루의 일과를 시작하기 전에 먼저 하나님을 경배하는 일터에 하나님은 찾아가셔서 영광을 받으시며, 그날에 필요한 은혜를 베풀어 주신다.

신앙생활은 교회에서만 하는 것이 아니다. 교회에서 받은 은혜로운 말씀은 가정에서, 사회에서, 직장생활에서 그 실제의 삶 속에 나타나야 한다. 그런데 복음화되지 않은 직장에서, 교회에서의 신앙생활이 직장에서도 이어지기가 어렵다. 직장을 복음화하기 위해서는 필수적으로 직장 선교가 수반되어야 하며, 직장이 복음화될 때 신앙생활은 직장생활에서도 일치하는 삶이 될 것이다. 직장인의 구원이 직장 선교의 최고 목적이다(행 16:31). 한 직장에 한두 사람이 예수님을 믿으면 그 직장에도 영생 구원의 소망이 있는 것이다.

5. A사의 직장 선교회 선교 전략

A사는 1991년 고객센터를 전문적으로 운영하는 MCM(Marketing Chain Management) 전문 기업이다. 17년간 변함없는 고객의 신뢰

와 사랑으로 고도 성장을 달성해 왔으며, 고객의 가치를 최우선 기업 목표로 하여 국내뿐만 아니라 세계로 진출하는 CCO(Customer Contact Outsourcing) 선도 기업이다. 인터넷의 발달, 디지털화와 같은 급격한 사업 환경 변화 속에서, 기업은 IT를 활용하여 고객과 직접적인 커뮤니케이션이 가능하게 되었으며, 고객 개개인의 요구에 대해 정확하고 신속하게 대응해야 하는 환경에 놓여 있다.

A사는 콜 센터를 통해 기업의 실시간 마케팅 활동과 기업과 고객 간의 직접적인 커뮤니케이션을 적극 지원하기 위해 고객의 마케팅 최적화 및 효율화를 구현함으로써 기업의 매출확대, 신규고객 획득 등 고객가치 창조를 실현하고 있다. 경영이념으로는 고객가치 창조가 회사의 존재의 이유라는 경영이념에 따라 고객을 생각하는 아웃소싱 서비스를 지향하고 있으며, 인적자원(Human Resource)과 기술(Technology)의 유기적인 연계를 통해 콜센터/컨택센터 아웃소싱 서비스를 발전시키는 동시에 다양화된 고객의 필요(Needs)에 적극적으로 대응하기 위해 기술개발 및 조직의 유연화를 추진하고 있다.

서비스 영역으로는 핵심 업무에 경영자원을 집중하고 이외 업무를 아웃소싱 하는 것은 선택의 문제가 아니라 필수의 과제가 되고 있다. A사는 최적화된 아웃소싱 서비스 전문 기업으로 콜센터/컨택센터의 경계를 넘어 고객사가 필요로 하는 일련의 비지니스 프로세스(Business Process[BP]) 일체를 대행하고 있다.

1) A사 직장 선교회 설립 배경

A사는 각 회사의 고객센터를 위탁받아 운영하거나, 고객관계 관리(시스템, 마케팅) 등을 해주는 회사로서, 한 회사의 소속으로 각기 다른 고객사의 고객센터 상담사의 역할을 하는 직원으로 구성되어

있다는 것이 특이한 점이다. 직원은 모두 3,500여 명이지만 각기 다른 부서의 경우에는 서로 잘 모른다는 분위기와, 위탁을 요청한 회사의 사정과 사회적 필요 상황에 따라 부서 인원의 유동이 많은 특성이 있는 회사이다.

2002년 9월 하나의 부서(A사 보험전화 세일즈 부서)에서 뜻이 맞는 여성들이 모여 자체적인 Q.T. 소모임을 가졌으며, 각자 교회의 목회자(목사님, 전도사님)를 초청하여 예배를 드리자는 생각에 도달한 것이 이 회사의 직원으로 있던 목회자 사모를 통해 예배 모임을 가지게 되었으며, 2002년 10월 목회자를 모시고, 신우회가 설립되었다.

2) A사 직장 선교 전략의 수립

직장 신우회는 어떻게 운영하느냐가 중요하다. 직장 신우회가 존재함으로 사칙(社則)에 어떤 유익을 주며, 직장 모든 구성원들에게는 무슨 유익을 주는지, 과연 직장 신우회의 존재 가치가 있는가에 대한 평가는 바로 직장 신우회의 운영의 방법에 달려 있다.

(1) 건전한 직장 선교회 운영방향
직장을 복음화하기 위해서 신우회를 조직해서 활동하는데, 그 직장 선교회를 어떻게 운영하느냐에 따라 장래가 결정된다고 할 수 있다.

(2) 내 영혼도 잘 되고, 내 직장도 잘 되게 하는 방향으로 운영
요한삼서 1:2에 의하면, "사랑하는 자여 네 영혼이 잘됨 같이 네가 범사에 잘되고 강건하기를 내가 간구하노라"라고 하였다. 내 영혼이 잘 되기 위해서 직장 선교회는 생업의 터전에서도 진리 안에

서 행한다는 말을 들을 수 있어야 한다(요삼 1:3). 그래서 한손에 쟁기, 다른 한손에는 성경이 항상 쥐어져야 한다. 그러므로 직장에서 하는 사업들이 잘 되는 비결은 악한 방법을 떠나 죄 된 길에 서지 않고, 무신론적인 자만(自慢)에서 벗어나 말씀대로 경영할 때 형통해진다.[21]

(3) 직장 동료와 사칙에 유익을 주는 방향으로 운영

한국 교회 대부분이 그리스도인들이 죽은 믿음 생활을 함으로 이 사회를 완전히 개혁하지 못하고 불신과 불의, 부정이 있는 사회로 버려두고 있다. 또한 뚜렷한 대안 없이 신앙생활을 함으로써 하나님의 축복은 떠나고 촛대가 옮겨지는 현실을 맞이하였다. 따라서 직장 신우회 회원들은 매일같이 다음과 같은 경구를 책상 앞에 두고 경성하여 행동해야 한다.

① 나의 언행이 직장과 동료들에게 해를 주어서는 안 된다.
② 항상 직장의 유익을 생각하고 처신한다.
③ 직장의 근무규정을 지키며 주도적으로 헌신 봉사한다.
④ 영광은 하나님께 그리고 동료와 상사에게 돌리며 낮은 자리에서 생활한다.
⑤ 노사 관계의 원만한 관계에서 처신한다.
⑥ 성경말씀에 부합된 경영인가를 생각하며 충성한다.
⑦ 항상 좋은 일이 무엇인가 생각하며 헌신한다.
⑧ 직장의 번영과 사주 및 모든 동료들을 위해 쉬지 말고 기도한다.

---

21 김경원 · 전동운 · 전상기 공저, 『직장복음화의 성경적 대안, 직장 선교학』(서울: 기독교직장선교회, 2001), 47.

⑨ 매사에 하나님을 찾으며 그 말씀을 신뢰한다.
⑩ 정직하게 충성을 다한다.

(4) 직장 신우회 운영 원칙

직장 선교회는 어떤 한 직장에 소속되어 있으면서도 부속 기관이나 하급 기관이 아니며, 운영이 있으면서도 직장 그리스도인 스스로가 필요 충족을 자급하며 헌신하는 기관이며, 직장 내 모든 직원들의 영혼을 책임지고 구원키로 맹약하며, 창의적으로 직장을 번영케 하는 일에 항상 하나님께 간구하는 그런 직장 신우회 운영을 원칙으로 해야 한다.

① 자주 독립적인 원칙

직장 복음화를 위한 직장 신우회는 누구의 지시나 감독이 필요 없는 기독 직장인 스스로가 신행일치의 믿음생활과 동료 직장인들을 그리스도의 제자화를 목표로 자주적이면서도 독립적인 활동을 부수적으로 하는 것을 원칙으로 한다. 사내 문제와 관련이 없는 듯하면 서도 관련을 가지고 활동하며, 지시 감독이 필요없으면서도 스스로 헌신의 자리에 나아가는 자주적인 봉사를 원칙으로 해야 한다.

신앙적인 모임과 활동 외에는 어떤 정치적인 집단의 억압이나 간섭을 배제하며, 참여도 불허해야 하고, 어느 한편에 기울어지는 일도 없어야 한다. 모든 행동의 판단 기준은 성경이 표준이 되어야 하고, 주님의 확실한 감동 역사가 체험적으로 느껴질 때 조심성 있게 중의에 의해서만 활동함을 원칙으로 한다.

② 자급 자치 헌신 봉사의 원칙

　직장 신우회는 보조를 받을 상급 기관도 보조해야 할 하급 기관도 없으며, 모든 경비 부담을 자급하는 것을 원칙으로 하며, 어떤 좋은 일에도 자치적으로 해결해야 함을 원칙으로 한다. 인간 세상은 항상 상부상조도 있을 수 있고, 힘을 합해 직장 외적인 일에도 헌신해야 할 때가 있다. 이 모든 일에 자급자족하거나 하나님의 영광을 위해 헌신 봉사할 때 빛이 드러날 것이다. 특별히 직장 복음화, 직장인 제자화를 위해서는 직장인 모두의 신상과 가정 사정을 파악하여 일일이 선교 차원에서 헌신 봉사해야 빛이 날 것이다.

　헌신과 봉사를 위한 착안점은 다음과 같다. 직장 상사 동료들의 신상을 파악하여 희비애락에 적극 동참한다. 직장 동료의 어려운 일에는 내 일처럼 기도하며 돕는다. 항상 직장 동료의 구원을 위해 최고의 애정으로 보살핀다. 크고 작은 모든 일에 함께 근심하며 협력한다. 예수 그리스도의 향기 나는 삶을 보여주도록 항상 힘쓴다.

③ 영혼 구원의 원칙

　영혼 구원은 직장 신우회의 존재 목적이 되어야 한다. 친목도 좋고 교제도 좋지만 직장 동료의 영원한 생명을 구원코자 하는 일은 직장 신우회 창립의 최고 목적이다. 영혼 구원을 신우회 운영의 원칙으로 삼고 거기에 초점을 맞추어야 한다(눅 15:3-7). 그러므로 신우회의 기본 원칙은 예배가 우선이 되어야 할 것이다.

　첫째, 고정적인 예배 시간을 정하라. A사 회사의 특성상 퇴근 시간이 부서마다 상이하여, A사 신우회는 가장 많은 인원이 참석 할 수 있는 수요일 점심 시간으로 예배 시간을 정했다. 한 시간의 점심 시간 안에 예배와 친교까지 이루어지기에는 턱없이 부족한 시간이기에 다들 의아한 생각이 들 것이다. 또한 이 시간은 뒤로 조금씩 늦어질 수도 없는 시간이다. 모두 1시 이전에는 본인들의 부서로 돌아가 있어야 하는 정해진 시간인 것이다. 그러기에 예배는 더욱 농축되어지고, 단 시간 내에 은혜의 지점에 도달하는 기쁨으로 말미암아 더 갈망하는 시간이 되는 장점을 가질 수 있었다.

교회가 아닌 직장에서 찬양한다는 색다른 감동과 많은 시간 찬양이 어려우므로 한 두곡 찬양에 더욱 열정적으로 부를 수 밖에 없다. 또한 최근 젊은 세대는 10분의 집약된 말씀에 주의집중하며, 더욱 감동을 받는다는 것을 볼 수 있었다. 설교자 또한 설교 본문을 10분 내로 축약하면서 더 많은 말씀을 준비하게 되며 말씀의 엑기스를 뽑는 기술 또한 늘어가게 됨을 볼 수 있었다. 또 한 가지 장점은 예배가 짧으므로 인해, 부담 없이 주위 동료들을 동참 시킬 수 있다는 것이다.

둘째, 거룩한 예배임을 인식하게 하라. 직장의 신우회는 자칫 하나의 동호회처럼 가벼운 모임으로 변질될 수 있다. 그러나 신우회는 예배의 본질을 가져가며, 직장 안에서 기독교 신자로서 살아가는 것이 어떤 것인지 서로 격려하며 힘이 되어 줄 수 있는 그런 모임이어야 한다. 신우회 회원 자체가 교회이며, 예배임을 인식할 수 있도록 해야 한다.

그러기 위해 A사 신우회는 짧은 시간 안에 드려지는 예배가 경홀(輕忽)해지지 않도록 예배 시간의 순서를 그대로 가져갔으며, 그 순서 또한 유지했다. 예배 시간 안에 성경을 찾아 읽을 수 없으므로 예배 순서지 안에 성경 말씀을 함께 실어 준비했다. 또한 장소도 동일해야 고정적 이미지와 함께 거룩한 예배임을 인식 할 수 있으므로 고정적 장소 확보가 필요하다. CIC.K는 교육장과 회의실을 점심 시간에 확보하여 활용했다.

셋째, 각 부서의 인재를 신우회 일꾼으로 활용하라. 위에서 보다시피, 짧은 시간 안에 효과적인 예배가 되기 위해서는 사전 준비가 필요하다. 미리 주보를 만들 신우회 회원이 필요하고, 교육장을 준비할 사람이 필요하고, 찬양 악보와 악기를 준비하는 사람도 필요하고, 예배 후 빠른 시간 안에 식사할 수 있도록 준비하는 사람도 필요하고, 방문하시는 목회자님들의 주차권 준비 등 다양한 손길이 필요하다. 회사 내에 각자의 부서에서의 역할과 권한이 있으므로 미리 각 부서에서 신우회 회원을 확보해 두는 것이 필요하다.

A사의 경우에도 각 부서에서 미리 예배를 협조할 수 있도록 준비했다. 각 부서에 믿는 자가 없는 경우에는 그 부서와 가까이 있어서 협조를 구하기 쉬운 부서에서 담당자를 정했다. 총무팀 옆에 있는 HR Biz팀에서 주차권을 준비한 경우가 그렇다. 일반 평사원은 점심 시간 이전에 오는 것이 어려우므로 미리 올 수 있는 관리급 사원이 먼저 와서 예배 시 부족할 수 있는 의자를 더 준비하고 자리를 정비해 두는 역할을 했다.

그러나 이 모든 것의 진행을 확인하고 이끌 사람이 필요하므로, 헌신적인 분으로 회장을 뽑음으로 화룡점정이 되었다. 또한 각 부서의 협조가 필요한 상황에 예기치 않는 상황이 발생할 수 있으므로 회사의 관리자 급의 후원자를 확보해 두면 신우회 모임이 더 원활하고 안정적일 수 있다.

넷째, 서로를 깊이 알 수 있는 시간을 따로 준비하라. 짧은 예배만으로는 지속적으로 준비하는 사람들의 위로와 사회생활 속에서 기독교 신자로 살아가고자 하는 회원들 간에 힘이 되어주기 위해 서로 알아 가기에는 역부족이다.

A사의 경우에는 2개월에 한 번 정도 저녁 찬양 예배와 2부 순서를 가진다. 늘 부족하게, 아쉽게 느껴졌던 찬양을 원이 없이 부르며, 서로의 기도제목을 나눈다. 각 부서 간의 일에 대한 얘기로 회사에 대한 소속감도 커지고, 신우회 회원으로서의 소속감도 다지는 시간이 된다. 서두에서 회사의 특성상 부서 이동이 잦고 이직이 높은데, 다른 자리로 이동했던 동료들이 저녁 찬양예배를 통해 모이게 되는 기쁨도 가질 수 있는 시간이 된다.

④ 창의적 운영의 원칙

직장 내에서 기독 직장인은 끊임없이 하나님께 물어 창의적인 아이디어를 창출해야 한다. 그것이 곧 하나님의 영광이요, 직장 복음화를 위한 지름길이다. 직장에 없어서는 안 될 아이디어 뱅크(idea bank) 역할을 직장 신우회에서는 감당해야 한다.

3) A사 직장 선교의 실전

2002년 10월부터 지금까지 약 10년간 신우회 담당 목사로서 참여하며 여러 다양한 경우와 어려움을 접할 수 있었다. 회사의 동호회 규정상 모든 직장인이 참여할 수 있어야 한다는 조건에 의해 종교적 활동을 하는 모임을 동호회로 인정받지 못하는 현실로 인해 회사의 공식적인 지원과 협조를 받을 수 없었다. 그러나 초대 사도들의 피의 반석 위에 교회가 세워졌듯이 헌신적인 회원들이 있었기에 가능했다. 그 가운데는 어떤 대가도 없이 잃어버린 영혼을 사랑하는 마음으로 꾸준한 세월 기꺼이 달려와 주신 목사님 덕분이라고 회원들은 또한 얘기한다.

초창기 두 개의 부서에서 먼저 신우회가 결성되면서, 두 개의 부서장의 의견이 일치하여, 한 달씩 돌아가며 그 부서에 와 주신 목사님께 점심대접도 하고 회원들의 점심(김밥) 등의 물질적인 지원이 있었으나 오래가지 못했다. 그러나 회원들이 예배를 갈망하는 마음으로 인해 각자 도시락을 가져 오면서 이 위기를 극복하게 되었다.

2003년 1월 열성적인 한 개 부서가 없어지게 되면서, 그 부서의 모든 사람이 각각의 다른 부서로 흩어졌으며 대부분 다른 지역이나 건물로 배치되었다. 고정적 멤버 20여 명이 모두 없어져, 소수 인원만이 남게 되면서 신우회 해체의 큰 위기가 있었다. 남은 소수의 회원들이 모여서 함께 기도하며, 신우회 주 모임 장소(지역, 건물)를 옮길 것인가, 해체할 것인가, 그대로 유지할 것인가를 두고 합심 기도하면서, 신우회 모임의 목적과 할 일을 분명히 하는 계기가 되었다. 한두 명이 모이더라도 계속 유지하는 것으로 결정하면서 남은 자들은 더욱 헌신적으로 되었으며, 회사 안의 잃어버린 양을 찾기에 갈급한 심령을 되찾았다.

결과적으로 한두 개 부서에 치우쳐 있던 신우회는 다양한 부서의 회원으로 채워졌다. 대부분 어린 시절 교회를 다니다가, 대학에 들어가고 청년이 되면서 신앙을 잃고 교회를 다니지 않게 된 경우들이 많다. 우리나라 국민의 대부분은 교회에 다녀본 경험이 있다고 한다.

A사 신우회에도 역시 어렸을 적 교회에 다녀본 경험은 있으나 지금은 다니지 않는 사우들이 많았다. 그들은 어릴 적 신앙에 의해, 신우회 참석하여 예배를 드리면 면죄부를 받는 듯한 기분이 좋아 참석하게 되었다고 얘기한다(50%). 어떤 경우에는 기독교 신자로서의 본

인의 역할 감당을 위해 참석하며(25%), 또 다른 경우에는 본인 스스로에 대한 행실을 바로잡기 위해서(25%)라고 얘기한다.

A사 직장 신우회는 전혀 새로운 사람을 전도하기는 어려웠으나, 잃어버린 양을 찾아 신우회 예배를 통해 믿음을 회복하여, 교회로 돌려보내는 역할을 감당할 수 있었다. A사는 그 뒤로도, 여러 번 회사의 특성상 부서 이동이 잦고 이직이 많아서 헌신하던 자들이 보이지 않게 되는 경우가 많았다.

열심이었던 회원들이 여러 자리로 흩어지게 되면서 A사의 직장 신우회는 더욱 넓게 확장되기 쉽다라는 새로운 면을 발견하게 되면서, 이제 더 이상 좌절이 아니라 희망의 신우회로, 힘찬 신우회로 자리 잡게 되었다. 이제 열성적인 회원이 다른 자리로 가거나 다른 회사로 이직하게 되더라도 슬퍼하지 않고, 우리 모두는 사회생활 속에 살아 있는 기독교 신자로서, 직장 선교사로서 파송됨을 기뻐하며 파송예배를 드린다.

A사 직장 선교의 목적은 잃어버린 양의 믿음을 회복시켜 교회로 다시 돌려보내는 역할과 직장 속에서의 기독교 신자로서의 생활을 멋지게 함으로 선교사의 역할을 감당할 수 있도록 양육하는 데 있다. 그들은 이를 훌륭히 해내고 있으며 더욱 견고히 확장되어 갈 수 있도록 기도하고 있다.

6. 나가는 글

직장인으로서 원만한 공동생활이 이루어지기 위해서 동료들끼리 여러 가지의 동호회에 회원으로 참여하고 그 모임을 통하여 의기투합하고 동호회를 통한 직장인으로서의 또 다른 자기개발과 타인을 위한 보람 있는 삶을 영위해 간다. 그런 의미에서 크리스챤 직장인들이 그리스도 예수 안에서 하나가 될 수 있는 모임이 필요하다. 신우회가 바로 그런 역할을 할 수 있을 것이다.

그런데 신우회 모임은 타 동호회의 성격과 달라 세상의 가무(歌舞)나 또는 스포츠 레저 문화 같은 것으로 하나가 되는 것이 아니라 오로지 예수 그리스도 안에서, 성령의 도우심으로만이 하나가 될 수 있다. 직장 내의 크리스천 모임은 바로 이런 특징을 보여주어야 한다. 주님의 십자가 사건 이후 뿔뿔이 흩어졌던 무능력한 제자들과 성도들이 오순절 마가의 다락방에 모여 처음으로 성령의 기름부음을 받고 나서 그들은 자신뿐 아니라 주위의 많은 사람들에게 커다란 영향력을 주었다.

사도들에게 초자연적인 능력이 나타났고(행2:43), 그들의 선포되는 말씀을 통하여 삼천 명이 회개하고 돌아오는 역사가 있었으며, 서로 물건을 통용하고 자기의 소유를 팔아 필요에 따라 나누어 주기도 했다(행 2:44). 사도행전적인 초대교회의 모습이 직장 내 기독신우회 모임을 통하여 그리스도의 능력이 나타나기를 기대할 수 있다. 그러나 직장이라는 성격상 불신자들에게 기사와 이적보다는 크리스천들의 우애와 사랑으로 하나된 모습을 보여주는 것이 더 중요하다. 자기의 유익을 위한 동호회가 아니기에 불신자들에게 기독신우회 회원들의 섬김과 낮아짐, 이해와 관용을 보여주는 것이 중요할 것이다.

그러기 위해서는 직장 신우회 모임은 교파초월, 연령초월, 직위초월, 인간적인 차이를 초월해서 그리스도 예수 안에서 하나가 되도록 노력해야 한다. 관념적으로만이 아니라 때로는 물질적으로도 신우회를 섬기고 형제, 자매들을 돕는 사랑을 보여주어야 할 것이다.

회사 근무여건상 오랫동안 직장생활을 하지 못하는 면을 볼 때마다 안타까움이 앞선다. 열악한 근무조건이지만 신우회 회원들의 바른 직장 선교관을 가지고 하나님의 부르심에 합당한 열매를 맺고 신우 회원들 간의 사랑과 격려가 있다면 주변 동료들로부터 부러움을 사는 공동체(신우회)가 될 것이다. 사도행전에 나오는 초대교회는 얼마나 그들이 서로를 아끼고 사랑했는지 당시 주변사람들이 크리스천을 향하여 "지독하게 서로를 사랑하는 사람들"이라는 평가를 했다고 한다.

신우회 회원들은 직장 선교를 위해서는 개개인이 어디에 있든지 인정받고 칭찬받는 직장인이 되어야 한다. 이를 위해서는 "바람직한 직장인"에 대하여 고민도 해야 할 것이며 특히, 크리스천으로서 실력도 갖추고, 매사에 성실할 것이며, 대인관계에서 실패하지 말고 또한 정직한 직장인으로서 무언가 다른 면을 보여주어야 한다. 노아, 아브라함, 요셉, 모세, 바울, 브리스길라와 아굴라 등 이러한 사람은 모두 하나님께서 인정하시고 칭찬하셨다는 것을 알 수 있다. 예를 들면, 요셉은 능력으로 이방인으로부터 인정받고 매사에 성실함과 타인을 위한 배려로 애굽의 총리 대신까지 오를 수 있는 영광을 얻었다. 바로 칭찬할 만한 능력을 요셉은 갖춘 것이다.

크리스천 직장인들은 직장의 삶의 모델로 요셉을 삼을 수 있다. 현재 직장 신우회 활동은 매주 수요일 점심 시간을 이용한 모임이다. 짧지만 그래도 가장 중요한 것은 예배가 우선이 되어야 한다. 왜냐하면 신우회 자체가 직장 안에서의 교회이기 때문이다. 이곳에서 제단 쌓고 그리고 흩어지는 교회가 되어 두루 다니며 복음전파를 해야 한다. 크리스천 직장인들은 개인적으로나 모임을 통해 주일날 교회가기를 꺼려하거나 쉽게 결정하지 못하는 사람들에게 복음을 부담 없이 들을 수 있도록 기회를 마련해야 한다. 이것이 성장이 멈춰 있는 한국 교회의 새로운 부흥성장 방안이라 생각된다. 나아가 크리스천들의 모임(신우회)은 단순한 일회성 만남의 장소, 교제의 장소가 아니다. 참여하는 개개인은 죽어가는 영혼을 향한 구령의 열정이 있어야 할 것이다.

참고문헌

강문석.『선교신학개론』. 서울: 성광문화사, 1981.
김경원 · 전동운 · 전상기 공저.『직장복음화의 성경적 대안 직장 선교학』. 서울: 기독교직장선교회, 2001.
김연진.『선교신학 총론』. 서울: 성광문화사, 1995.
김준호. "직장 선교 전략방안 연구".『박사학위논문』서울: 장로회신학대학교 세계선교대학원, 2004.
김태연.『전문인 선교 전략』. 서울: 미드웨스트, 2002.
박근원.『오늘의 선교론』. 서울: 대한기독서회, 1975.
박홍일.『직장 선교와 삶의 현장』. 서울: 크리스챤서적, 2000.
방선기.『기독교 신자 직장백서』. 서울: 두란노서원, 2007.
한국기독교직장선교연합회.『제2회 세계직장선교대회』. 서울: 한국기독교직장선교연합회, 2000.
홍기영.『선교신학 10집』. 서울: 한들출판사, 2005.
홍형선. "한국직장선교연합회 제8회 직장 선교 세미나 발표자료". 1995.
Anderson, Gerald H. *The Theology of the Christian Mission*. 박근원 역.『선교신학서설』. 서울: 대한기독서회, 1975.
Coleman, Robert E. *The Master Plan of Evangelism*. Old Tappan, NJ: Fleming H.Revell Company, 1963.
Glasser, Arthur F. & McGabran, Donald A. *Contemporary Theologies of Mission*. 고환규 역.『현대선교신학』. 서울: 성광문화사, 1985.
Hahn, F. *Mission in the New Testament*. London: SCM Press, 1965.
Ortiz, Juan Carlos. *Priests*, 김귀탁 역.『우리는 아무렇게나 나뒹굴고 있는 벽돌 더미가 되어서는 안됩니다』. 서울: 도서출판 만나, 1992.
www.workmission.net.

제5장
전문인과 선교 전략

윤 승 범

1. 들어가는 말

세계의 많은 국가와 지역들이 이제 정식 선교사들에게 문을 닫고 있으며, 비기독교인 83%가 전통적인 의미의 선교사들이 접근할 수 없는 지역에 살고 있다. 하지만 기존의 선교 전략은 이런 시대적인 변화에 뒤떨어져 있다. 전통적인 선교 방법으로 불가능하다면 새로운 선교 전략이 필요한 것이다. 현대선교의 어려운 상황과 문제점들을 극복할 수 있는 선교 전략이 바로 전문인 선교이며, 이 시대에 가장 절실한 선교 전략이라는 점에 있어서 어느 누구도 부인할 수 없을 것이다.

이제는 더 이상 선교에 있어서 전통적인 선교사에게만 맡길 것이 아니라 모든 교회의 전교인이 참여해야 하며, 그 선봉에는 전문인 사역자들이 크게 활동해야 하는 선교의 새로운 시대가 시작된 것이다. 우리는 더 이상 주님이 선교의 문을 열어주시기만을 기다리고 있어서는 안 된다. 전문인 선교를 통해서 비자가 허락되지 않는 곳에서도 학생, 기업가, 스포츠 등 다양한 신분으로 들어가야 한다. 선교지의 주민들과도 창의적인 접촉점을 찾아서 마치 사도 바울이 자신의 텐트 만드는 작업장에서 선교의 사역을 감당했던 것처럼, 선교지의 일터에서 현지 주민들을 자연스럽게 만나서 그들에게 복음을 전해야할 사명이 우리에게 있는 것이다.

2. 세계 선교 동향

21세기를 "현대의 총체적 파산", "예측불허"를 특징으로 하는 포스트모더니즘 시대라고 한다. 타종교들의 도전과 도발, 가난과 난민의 증대, 테러문화의 확산, 종교다원주의와 민족주의 재흥, 환경오염의 심각성, 가정질서의 혼돈 등이 세계와 현대의 우리의 앞길을 어둡게 가로막고 있다. 이와 같은 오늘의 세계 선교의 환경 속에서 우리는 어떤 전략과 방향으로 선교해야 하며 어떤 새로운 선교 전략들을 적용해야 하는가?[1] "복음주의 선교단체 협의회"(EFMA) 총재는 "지금의 세계 선교는 여러 가지 측면에서 본질적인 변화들을 경험하고 있다"라는 발언을 하였다.[2]

실제로 80년대부터 90년대에 이르기까지 선교 전략의 방법론에 있어서 큰 다양한 변화를 겪고 있음을 볼 수 있다. "세계를 품은 그리스도인"이라는 개념이 이러한 변화 중의 하나이다. 이 개념은 모든 그리스도인들이 세계를 품고 살아야 한다는 뜻으로 사용되었다. 즉 세계 선교가 선교사들과 목회자들에게만 맡겨진 사역이 아니라 모든 그리스도인들이 함께 참여하지 않으면 안 되는 과업이라는 뜻

---

1 강승삼, "21세기 세계 선교동향과 한국 교회 세계 선교의 과제와 전망", 『신학지남사』 (2004년, 봄호): 212.
2 이태웅, 『한국 교회의 해외 선교』(서울: 죠이선교회출판부, 1997), 143.

이다. 이러한 개념이 나오게 되면서 세계 선교는 10만 내지 20만의 전임 선교사들에게만 국한된 것이 아니라 세계의 모든 그리스도인들이 선교사적인 삶을 살아감으로써 함께 성취해 나가야 한다는 점을 강조하게 되었다.[3]

그렇다면 21세기 세계 선교 동향에 있어서 나타나는 구체적인 현상은 무엇인가?

첫째, 비기독교 인구가 폭발적으로 증가하고 있다는 점이다.

둘째, 전통적인 선교사들의 비자를 거부하는 국가들이 늘어나고 있다. 세계의 24,000개에 달하는 다양한 문화 종족집단들 중에 아직도 11,000개의 종족 집단이 전혀 복음이 전해지지 않은 초 문화권 지역에 살고 있다. 21세기에는 비기독교 인구의 83%의 사람들이 전통적인 목회자들과 선교사들이 접근할 수 없는 국가와 지역에 살게 된다는 것이다.

셋째, 현재 매년 130만 명의 사람들이 기아와 빈곤과 질병으로 죽어가고 있다. 1분마다 어른 6명, 어린이 18명이 죽고, 매일 35,000명이 죽어가고 있다. 전 세계 인구의 1/5이 굶주린 상태에서 살고 있다.

넷째, 전 세계는 상호 의존해야 하는 지구촌이 되어 밀접한 관계를 가지게 되었다.

한 국가의 자연오염과 문제는 전 세계의 오염과 문제로 연결되는 하나의 공동체로 살아가고 있는 것이다. 인공위성을 통하여 전 세계를 연결시켜 주지만 낙후된 지역은 여전히 고립되어 있다. 경제적으로 상호 의존할 뿐 아니라 교육, 전문기술 개발의 상호 교류, 빈번한 여행, 핵무기, 환경오염, 전염병과 질병 등 지구촌의 문제들은 국제

---

3 이태웅, 『한국 교회의 해외 선교』, 17.

협력의 필요성을 절실하게 요구하고 있다. 이러한 다양하고 변화된 시대 속에서 전통적 개념의 목사, 선교사들을 통해서만 예수님께서 명하신 이 엄청난 복음전파의 선교과업을 완수할 수 없다.[4] 이러한 21세기 세계 선교 동향의 배경을 통해서 선교 전략에 있어서 몇 가지 주요 동향을 살펴보도록 하겠다.

1) 세계의 상황과 변화들을 파악하여 선교 전략에 적용해야 한다

2003년 5월에 회집되었던 국제선교 전략회의에 3가지 주요 논점들을 살펴보면 아래와 같다.

첫째, 온 세계의 이슈, 세계화, 예수님의 유일성, 핍박받는 교회, 총체적인 선교 방법, 소외와 억압, 인권을 보장 받지 못하는 사람들, 난민 문제, 위기에 처한 어린이 문제, 미전도 종족, 동성애 가정 문제, 한부모 가정과 소년소녀 가장의 문제, 도시 슬럼가 형성에 대한 선교적 도전 등이다.

둘째, 온 교회의 이슈, 선교협력과 파트너십, 교회선교와 전도의 활성화, 직장과 사회에서 섬기고, 증거하고, 친교하고, 사회적 책임을 다하는 교회로의 갱신문제, 미래 지도자 개발, 세계 복음화, 제자로 무장화, 멘토링, 훈련 등 온 교회를 전도와 선교를 위해 기도동원의 문제, 미전도 종족에 교회 개척의 상황화의 문제, 제3세계 교회 성장의 요인과 저해요소 등이다.

셋째, 온전한 복음의 이슈, 영성의 문제, 뉴에이지를 중심으로 여러 가지 영성 문제의 분별, 전도와 교회 성장에서 활용할 수 있는 예

---

4 강승삼, 『21세기 선교 길라잡이』 (서울: 생명의말씀사, 1998), 118-119.

술 개발, 어린이 선교의 중요성, 세계 커뮤니케이션과 삶의 가치관의 극단적 변화로 인한 문제, 극단 종교분파의 사회불안 조성과 테러 문제, 핍박의 이슈, 그리스도인과 민족적 정체성, 지역과 부족 감정으로 교회의 분열과 분파에 대한 화해와 변화에 대한 이슈이다.

2003년 6월, 벤쿠버에서의 국제회의 주제 "세계화가 세계 선교에 미치는 영향력"에 대한 교훈은 성경적인 관점에서의 각 종교(이슬람, 불교, 힌두교, 전통종교, 세속화)를 재조명하는 연구가 필요하고, 세계화에 따른 선교적인 이슈들을 실천적 믿음으로 대비해야 함을 보여준다.[5]

2) 창의적 접근 지역으로 선교를 집중해야 한다

이것은 도날드 맥가브란(Donald A. McGavran)에 의해 주장되었던 추수 지역 이론으로서 교회 성장학에 의해 추수 지역에 더 많은 선교사를 보내야 한다는 것이다. 이러한 운동의 영향으로 90% 이상의 선교사들이 추수 지역에 집중되어 있었다. 또한 새로운 선교 전략의 흐름과 맞물려 대두된 것이 미전도 종족 선교 전략으로 이것은 선교 개척분야에 선교를 집중시켜야 한다는 주장인데 그것은 대개 창의적 접근 지역에 분포되어 있다.[6]

---

5 강승삼, "21세기 세계 선교동향과 한국 교회 세계 선교의 과제와 전망", 214-215.
6 이태웅, 『한국 선교의 이론과 실제』 (서울: 한국해외 선교회출판부, 1990), 172-173.

3) 서구 선교와 비 서구 선교사들과의 동반적 관계이다

2, 3세계 선교운동이 하나의 운동으로 활발하게 움직이기 시작한 것은 아마도 60-70년대부터 볼 수 있을 것이다. 현재 서구 선교사들의 수는 감소하고 있는 상황이며, 서구 단체들이 2, 3세계 선교단체들과 동반자적인 관계를 갖지 않고서는 세계 선교를 감당할 수 없는 시점에 이르게 되었다.[7]

4) 전통적인 선교 형태로부터 창의적 형태로 바뀌어야 한다

80년대까지만 하더라도 많은 지도자들이 선교사는 신학교를 나와 안수를 받고, 목사 또는 전도사들만 갈 수 있는 것으로 생각했다. 그러나 이것이 80년대 말부터 90년대 초에 이르면서 변하여 이제는 창의적 접근 지역에 전문인 선교사로 들어가는 평신도까지 포용하고 지원하며, 파송하는 형태로 이루어지고 있다.[8]

3. 세계 선교의 패러다임의 전환

최근 선교학자는 오늘날의 세계 선교 상황을 살펴볼 때 2,000년 기독교 선교 역사상 가장 큰 변화를 경험하고 있다고 분석했다. 지난 2,000년 동안 기독교는 대부분 서구의 종교였고, 선교라는 말은 서구 교회가 나머지 세계, 소위 말하는 2, 3세계를 향해 복음을 전하

---

7 이태웅, 『한국 선교의 이론과 실제』, 195.
8 이태웅, 『한국 선교의 이론과 실제』, 158.

는 것을 의미했다. 그러나 21세기에 들어서면서 이런 패러다임이 완전히 바뀌었다. 이미 1세계에 살고 있는 그리스도인들보다 2, 3세계에 살고 있는 그리스도인들이 더 많고 1세계 출신 선교사의 수를 능가하는 선교사들이 2, 3세계에서 배출되고 있다.

결국 기독교는 21세기에 들어서면서 비로소 범세계적 교회(Global Church)가 된 것이다. 따라서 이제까지 서구 교회의 선교사들에 의해 주도된 선교와 접근 방법이었다면, 앞으로는 범세계적인 시각을 가진 새로운 선교신학과 전략으로 새롭게 이해하고 적용해야 한다.[9] 또한 세계 복음화에 대한 예수님의 명령과 그 필요성, 세계가 처한 상황과 미전도 종족의 현실 그리고 영적, 육체적 필요가 있는 이 세상을 향한 교회의 대처 능력과 선교 전략 등의 부족함을 볼 때, 우리는 지금까지의 선교와 선교 전략들을 재검토하지 않을 수 없다.

로잔대회의 선언문에서도 복음전파의 긴급성에 대해 강조했는데 이것은 우리에게 강한 도전과 새로운 선교의 자세를 요구한다.[10] 로잔 선언문의 내용을 보면 다음과 같다.

> 인류의 3분의 2 이상이 아직도 전도를 받아야 한다. 그와 같은 많은 사람이 아직도 등한시되고 있는 상황을 우리는 부끄럽게 생각한다. 이것은 우리와 전 교회에 대한 끊임없는 견책이다. 지금이야말로 교회와 각종 초교파 교회 기관들이 전도받지 못한 자들의 영혼 구원을 위하여 열심히 기도하고 세계

---

9 Samuel Escobar, *Time For Mission: the challenge for global christianity*, 권영석 역, 『벽을 넘어 열방으로』 (서울:한국기독학생회출판부, 2004), 3.

10 순돈호, "전문인선교사 훈련에 관한 연구", 『석사학위논문』 (양평: 아세아연합신학연구원, 1995): 11.

복음화를 성취하기 위해 새로운 노력을 해야 하는 시대임을 확신한다."[11]

이 선언문은 우리에게 현시대의 선교와 전도의 필요성 그리고 우리의 복음전도에 있어서의 나태함에 대한 반성, 우리의 인생에 최우선이 무엇인지를 말해 주고 있다. 우리의 목표는 동원 가능한 모든 수단을 이용하고 활용하여 빠른 시일 내에 한 영혼이라도 이 좋은 복음의 소식을 듣고 깨달아 받아들이게 할 기회를 제공하는 일이다.[12]

그러나 모든 사람에게 기쁜 소식을 전하여 듣게 하는 사역을 감당하려면 선언문 작성 자체로 되는 것은 아니다. 선교에는 효과적인 선교 전략이 필요하다. 또 과거의 선교 전략이 문제가 있었다면 과감히 혁신하여 효과적인 선교를 수행해야 한다. 지금이야말로 선교에 있어서 패러다임의 전환(Paradigm Shift)이 반드시 필요한 시대이다.[13]

선교학자 데이비드 보쉬(David J. Bosch)는 선교신학적인 측면에서 현재 기독교의 선교가 직면하고 있는 7가지의 도전에 대해 설명하였으며, 우리는 지금 19세기와는 근본적으로 다른 세계에 살고 있다는 점을 강조한다. 새로운 상황들과 변화들이 우리에게 도전하고

---

11 조종남, 『로잔언약』 (서울: 생명의말씀사, 1986), 15.
12 조종남, 『로잔언약』, 16.
13 이 용어는 한국말로 "패러다임의 전환 혹은 이동"으로 번역되며 시카고 대학의 교수 토마스 쿤(Thomas S. Kuhn)이 처음으로 소개한 용어이다. 쿤은 과학연구 분야에서 지금까지 일어난 대부분의 중요한 업적이 과학연구자가 기존의 전통, 낡은 사고방식 그리고 낡은 패러다임을 파괴함으로서 실현되었다는 사실을 입증하여 주었다. 쿤에 의하면 과학혁명을 통해 새로운 패러다임이 형성되고, 일정한 때까지 정상적인 과학이 수행되다 보면 새로운 위기가 출현하게 된다는 것이다. 이때 패러다임이 전환되고 새로운 과학혁명이 일어나게 된다는 것이다. 선교학에서는 선교학자 데이비드 보쉬(David J. Bosch)가 이 원리를 적용하여 그의 역저 *Transforming Mission*을 내놓았다.

있기 때문에 우리는 그 장벽을 반드시 극복해야 하며, 효과적이고 정당한 그리고 적합한 방법으로 도전에 반응해야 한다는 것이다.[14]

그렇다. 우리의 시대에 갖가지 문제를 낳는 요인은 제럴드 네슬러가 지적한 대로 "끊임없는 변화이다." 급격하게 변화되고 있는 우리들의 상황들 속에서 극복을 위한 시도가 필요하다. 끊임없이 변화하는 세상의 문제들을 효과적이고 창의적으로 해결하기 위한 열쇠는 그러한 문제들을 어떻게 접근하여 다루는가에 있다.

4. 통전적 선교를 향한 방향성 정립

선교신학은 오늘날에 이르기까지 양대 산맥의 대립에 의하여 연구 발전되어 왔다. 그 하나는 복음주의 선교신학으로 개인 영혼 구원과 교회 개척 그리고 확장이 선교의 최우선이며 전부라고 생각하는 노선과 또 다른 노선은 에큐메니칼 선교신학으로서 선교는 복음의 보편화와 사회적 개혁과 질서로서, 곧 하나님 나라의 완성이라고 보는 견해이다.

복음주의적인 선교개념은 교회의 본질적 사명은 선교요, 선교의 핵심은 복음전파와 전도라고 주장하고 있다. 리치 호그(W. Richey Hogg)는 "교회는 보내졌다. 교회는 사도적이다. 그것은 종말까지 선교 안에서 전도해야 한다."[15] 또한 에밀 부르너(Email Brunner)는 "불이 불타오름으로써 존재하는 것처럼 교회는 선교함으로써 복음을 전파함으로써 존재한다."고 했다.[16] 독일의 선교학자인 구스타브 워

---

14 David J. Bosch, *Transforming Mission* (New York: Orbis Books, 1991), 188-189.
15 W. Richey Hogg, *One World One Mission* (New York: Friendship Press, 1960), 40.
16 Emil Brunner, *The World and the Church* (London: SCM Press, 1931), 108. Donald E.

넥(Gustav Warneck)은 "선교는 비기독교 세계에 교회를 설립하기 위한 복음전파이다."라고 정의하였다. 현대 교회 성장학의 대가인 도날드 맥가브란(Donald A. McGavran)도 복음적인 견해로 그의 이론을 설명하고 있다. "선교란 예수 그리스도를 따르지 아니하는 사람들에게 전도하기 위하여 복음을 들고 문화의 경계를 넘는 것이며, 또한 사람들을 권하여 예수님을 구주로 영접하게 하여 그의 교회의 책임적인 회원이 되게 하며, 성령이 인도하시는 대로 전도와 사회정의를 위한 일을 하고, 하나님의 뜻이 하늘에서 이루어진 것같이 땅에서도 이루게 하는 것이다."라고 설명하였다.

최근 복음주의 동향은 선교를 포괄적으로 보고 전도와 사회봉사를 함께 포함시키고 있어 다양성을 인정하는 편이나 본질적인 면에서는 영혼 구원을 사회 구원보다는 중시하고 있다.[17]

에큐메니칼 선교개념은 20세기의 세계 선교운동을 주도했던 서구의 선교지도자들로서 전통적인 선교의 개념보다 사회학적이고 정치적인 개념을 도입하여 선교의 개념을 설명하고 있다. 1938년 예루살렘에서 개최된 국제선교회의에서 대전도(Larger Evangelism)라는 신 용어를 사용하였는데 이 용어는 선교란 영혼을 구원하는 것만이 아니라 육체 문제도 관심을 가져야 한다고 보는 의미를 갖고 있다.

1960년대에는 에큐메니칼 선교신학이 사회 문제에 본격적으로 관심을 가지고 인간화를 강조하게 되었다. 1966년 제네바에서 세계교회협의회 총회에서는 "교회와 사회"의 주제를 통하여 "세상을 위한 교회"를 역설하였다. 또한 WCC는 교회가 하는 모든 일이 "선교이다."라고 선교를 광의의 개념으로 정의하면서 선교를 "인간화",

---

Messer, *A Conspiracy of Goodness* (Nashville: Abingdon, 1992), 18에서 재인용.
17 손석원, 『선교와 현대사회』 (서울: 문서선교 성지원, 2001), 14-15.

"사회화"로 강조하고 있다.[18]

즉 전자는 종교의 사회적 기능에 대한 소극적인 자세와 타종교에 대한 배타주의적 의식 그리고 교회와 사회의 관계를 이원론적으로 구분하고 있는 반면에 후자는 선교의 사회 갱신과 해방적 의미에 편중하여 보이지 않는 교회에 대한 편파적 선호와 이에 따른 기구적 교회에 대한 소홀 등을 문제점으로 보이고 있다.[19] 양극화된 이 두 개의 선교론을 통합시켜 조화를 이루며 그리고 화해와 일치를 이룬 선교론의 필요성이 대두되는데 이를 "통전적 선교"(Holistic Mission) 또는 "총체적 선교"(Wholistic Mission)라고 한다.[20]

복음주의자들이 통전적 선교를 재발견한 것은 1960년대에 고통스런 사회 변화의 과정을 겪고 있던 국가나 사회계층에 복음을 전하던 교회들의 경험에서 촉발되었다. 아프리카계 미국인과 라틴 아메리카계 미국인들은 물론, 라틴 아메리카 사람들, 아프리카 사람들과 아시아인들은 복음전도와 선교 활동이 통전적인 차원을 고려하지 않은 채 수행된다면 이는 성경적인 기준에 충실할 수 없다는 문제를 제기하였다.

이러한 재발견은 유명한 복음전도사 빌리 그래함의 주도로 개최된, 수차례에 걸친 복음화 대회로 거슬러 올라간다. 이는 복음주의자들이 주도한 회의로서, 복음화에 관심 있는 이들이 함께 모여서 범세계적인 비전 아래 힘을 결집한다는 목적으로 개최되었다.[21] 현재 지구상에는 영적인 필요와 함께 육체적인 요구가 충족되어야 할

---

18 손석원, 『선교와 현대사회』, 12-13.
19 엄필형, 『한국 교회의 새로운 선교』(대구: 이문출판사, 1989), 49.
20 최원규, "전문인선교로서 태권도의 활용 가능성 및 접근 방법 연구", 『석사학위논문』(화성: 협성대학교 신학대학원, 1998): 23.
21 Samuel Escobar, 『벽을 넘어 열방으로』, 177-181.

수많은 사람들이 많이 있다. 서아프리카로부터 중동을 지나 아시아까지 북위 10도에서 40도 사이에 있는 띠 모양의 10/40 창(Window) 지역의 국가들이다.[22]

복음화되지 않은 미전도 종족 집단의 약 95% 이상은 이란, 북한, 터키, 아프가니스탄 등과 같이 강력한 중앙집권적인 국가를 이루고 있거나 기독교를 강력히 거부하는 국가들이다. 이들 미전도 종족 집단이 갖는 문화적 응집력 혹은 반 기독교적 감정이 이들에 대한 서구 교회의 선교를 불가능하게 했던 것이다. 20세기에 들어와서 제3세계에 민족주의 운동이 일어나기 시작하면서 식민지 정책을 추진했던 서구 국가들에 대한 반감은 절정에 달하게 되었다. 현재 존재하는 미전도 종족 집단 국가는 반 기독교적 감정을 치유하는 일이 선행되어야 한다. 이를 위해서 최근에 선교 접근제한 지역의 선교에 있어서 교회 개척과 지역사회 개발, 구제 등을 병행하는 통전적 선교 또는 총체적 선교가 강조되고 있다.

이러한 선교 또는 전인사역은 미전도 원주민 부족사역에 있어서도 마찬가지로 중요하다. 문맹퇴치, 식량지원, 사회개발, 교육 등 다양한 형태의 사역이 병행되어야 하는 것이다. 이러한 전인사역은 전문적인 직업을 통해서 선교적인 사명과 비전을 가진 훈련된 사역자들과 평신도들에 의해서 매우 효율적으로 수행될 수 있다.[23]

통전적 선교에 있어서 방향성 정립은 "포괄주의적 통전론"이다. 존 스토트는 통시성을 강조하여, "둘 다 모두"의 방법을 택하고 있다. 그래서 구조 대 비구조, 형식 대 비형식, 위임 대 자발성, 보수

---

22 Frank Kabeb Jansen, *A Church for Every People* (Colorado Springs, Solo: Adopt a People Clearinghouse, 1993). 김성욱,『전문인 선교 전략과 프로그램』(서울: 총신대학교 선교대학원, 1998), 5. 재인용.

23 펴내기 엮음,『텐트메이커 선교 그 이론과 실제』(서울: 도서출판 펴내기, 1994), 3.

대 급진 그리고 개인화 대 사회 구원 등의 극단적이거나 어느 하나의 선택 보다 둘 다 모두를 택한다.[24] 따라서 양극화된 선교론을 둘 다 인정하면서, 이 두 개가 통합될 때 완전해질 수 있다. 통전성은 복음의 초월성과 현실성, 수직적 차원과 수평적 차원, 개인 구원과 사회 구원, 영혼의 문제와 사회 정의 문제 그리고 복음화와 인간화라는 양극 현상이 하나로 합쳐지는 상태요, 기능이다. 이것은 두 개의 영역이 생동력 있게 살아 움직이면서 함께 하나로 합쳐져 기능을 수행하는 묘합(妙合)인 것이다.[25]

로잔 세계 복음화대회 이후, 1982년 그랜드 래피즈에서 "전도와 사회적 책임 간의 관계에 대한 협의회"가 열렸다. 여기서 복음전도와 사회적 책임은 서로 분리될 수 없다는 사실을 확인하면서, 사회적 활동은 전도의 결과라는 견해와 사회적 활동은 전도의 교량 역할을 한다는 견해 그리고 사회적 활동은 전도의 동반자가 된다는 세 가지의 입장을 정리하여 복음전도와 사회적 책임의 동반자 관계를 옹호하는 입장을 취하므로, 1974년 로잔언약이 주장한 복음전도의 사회적 책임에 대한 우위성을 확인하면서도 하나님의 구원의 통전성을 강조하였다.[26] 이것은 양자의 새로운 묘합(妙合)으로서 단순한 덧셈에 의한 증가도 아니며, 이전의 대립해 온 양자 중의 하나를 선택하는 문제도 아니다. 오직 양자를 포용하면서도 그 한계와 대립을 극복하는 것이다.

올란도 코스타스는 "복음전도가 우선이냐 사회 참여가 우선이냐 하는 문제로 논쟁하는 것은 시간 낭비이다."라고 말하면서 "선교의

---

24 John R. W. Stott, *Christian Mission in the Modern World*, 김명혁 역, 『현대 기독교 선교』 (서울: 성광문화사, 1990), 209-210.
25 엄필형, 『한국 교회의 새로운 선교』, 64-65.
26 James A. Scherer and Stephen B. Bevans, *New Directions in Mission & Evangelization I: Basic Statements 1974-1991* (NY: Orbis Books, 1992), 276-280.

진실된 시험대는 어떻게 이러한 것들을 종합적이고 역동적이고 일관성이 있는 증언으로 통합할 수 있는 능력이 있느냐 하는 것이다."라고 강조한다.[27]

사도행전에 기록된 기독교 선교 사역의 초기 역사는 물론, 복음서에 기록된 예수님의 사역에서도 통전적 선교가 분명히 드러난다. 예수님이 당신의 선교를 수행하신 방식에서 우리는 일관된 모형을 찾을 수 있다.

마태복음 9:35에 의하면, 예수님이 사람들 가운데 친히 계셨다는 사실과, 그들의 필요를 채우셨음을 말해 준다. 동시에 이 본문은 예수님의 긍휼의 마음을 볼 수 있다(마 9:36-38). 무리는 "목자 없는 양"이었으며, 지도자들이 이들을 저버리고 도리어 착취했기 때문에 유리하는 백성들이었다. 이와 같이 사람들의 진정한 필요를 깊이 공감하신 것과 선교적 긴박성이 기술되어 있고 그 다음에 제자들에게 기도할 것을 요청하셨으며, 열둘을 불러서 사명을 주시게 된다. 가르침, 복음전파, 병 고침을 통해 예수님의 사역은 사람들에게 영향을 미쳤고, 그들 삶의 모든 영역에서 변화를 일으켰다. 우리는 확신 있게 예수님의 선교는 통전적 선교였다고 결론지을 수 있다.[28]

전문인 선교론에 있어서 전문인 선교는 통전적 선교론에 근거를 들 수 있다. 다시 말하면 복음화와 인간화를 위한 실천적 방법이 전문인 선교론이다. 전문인 선교의 주요 목적은 영혼 구원에 있으므로 복음화에 상응하는 것으로서 사역적 전문성에 관련된 것이다. 또한 직업을 가지고 접촉을 시도하기 때문에 위에서 제시된 복음전파의 본래적 목표 달성 여부와는 상관없이 직업적 기능에 의한 영향력이

---

27 Orlando E. Costas, *The Integrity of Mission: The Inner Life and Outreach of the Church* (CA: Harper and Row, 1979), 75.

28 Samuel Escobar, 『벽을 넘어 열방으로』, 174-175.

행사되므로 직업적 전문성에 의한 사회 참여가 가능케 된다.[29]

5. 전문인 선교의 시대적 배경

최근의 세계 선교 구도가 서구 교회 주도에서 비서구 교회 주도로 변화되어 가고 있다. 전 세계 선교사 중 비서구 선교사가 45.2%를 차지하고 있으며, 앞으로는 서구 선교사 숫자를 훨씬 능가할 것으로 보고 있다. 그리고 비기독교 인구의 폭발적인 증가와 더불어 미전도 종족의 선교사 접근 불가능 지역이 많아질 것이다. 62억 인구 중 비기독교인이 42억이 될 전망이고, 21세기에는 비기독교 인구의 83%가 전통적 의미의 선교사들이 접근할 수 없는 곳에 살고 있다.[30]

또한 세계적으로 현재 완전 폐쇄된, 매우 폐쇄된, 약간 폐쇄된 국가에 살고 있는 인구는 40억이 될 것으로 예상하고, 이러한 폐쇄 국가의 불신자의 수는 약 36억에 이른다. 이와 같이 법적 제한이나 사회 문화적 상황으로 전통적인 방법으로는 선교 활동이나 접근 자체가 제한된 지역(선교 제한구역)에 들어가는 선교사는 "선교사"라는 명칭을 쓰지 않고 "전문인" 혹은 "Tent-Maker" 등 여러 가지 형태로 불린다. 비록 선교사라는 명분으로는 사역이 제한되지만, 창의적인 방법을 통하여 선교가 가능한 지역을 보다 적극적인 개념을 사용하여 "창의적 접근 지역"(Creative Access Nations)이라고 부른다.[31]

루이스 부쉬(Luis Bush)는 10/40 창이란 개념을 만들어 미전도 종

---

29 최원규, "전문인선교로서 태권도의 활용 가능성 및 접근 방법 연구", 24.
30 강승삼, 『21세기 선교 길라잡이』, 131-132.
31 이태웅, 『한국 교회의 해외 선교』, 151.

족들을 향한 선교의 방향성과 투자의 균형 그리고 사역의 우선 구조 등을 실천하도록 도움을 주고 있다. 이 지역은 이슬람권, 힌두권, 불교권 등을 포함하고 있으며, 세계 영토의 1/3, 인구의 2/3 그리고 62개국에 해당된다. 이 중에 55개국이 가장 비복음화된 국가로 가장 시급하게 복음화되어야 할 핵심 지역인 것이다. 더욱이 이곳은 이슬람 지역의 심장부가 있기에 또한 중요한 지역인 것이다.[32] 이와 같은 시대적인 배경은 현대선교에 있어서 전문인 선교가 무엇보다 필요하고 중요한 선교 전략임을 깨닫게 한다.

6. 전문인 선교의 성경적 기초

전문인 선교는 인간적인 전략이 아니라 성경적인 전략이며, 하나님께서 성경 가운데 계시하신 전략이라고 할 수 있다. 목회자와 평신도 선교사에 대한 의미로 모든 그리스도인들이 동참해야 하는 전문인 선교사와 직업 선교사로서의 성경적 근거를 찾는 것은 그리 어려운 일이 아니다. 구약에서의 모세, 요셉, 다니엘 같은 인물들도 자신의 문화권이 아닌 타문화권에서 스스로 생계를 유지하면서 하나님의 복음사역을 감당했다. 그러나 특별히 선교적인 용어로서 "자비량선교사"(Tent-Maker) 또는 "직업선교사"(Professional Missionary)로 사용하는 현대선교에서는 신약의 사도 바울에서 그 성경적 근거와 의미를 찾을 수 있을 것이다.

---

32 순돈호, "전문인선교사 훈련에 관한 연구", 163-167.

1) 전문인 선교의 구약 성경적 근거

크리스틸 윌슨(J. Christy Wilson) 박사는 구약성경의 전문인 선교사를 다음과 같이 나열하였다. 아담은 에덴동산을 가꾸고 다스리는 자, 아벨은 양치는 목동, 아브라함은 가축을 기르는 자, 하갈은 집안일을 돌보는 자, 이삭은 농사하는 자, 리브가는 물을 긷는 자, 야곱은 양떼를 돌보는 자, 라헬은 양을 지키는 자, 요셉은 총리, 미리암은 아이 보는 자, 모세는 양을 돌보는 자, 여호수아는 사령관, 라합은 여관 주인, 드보라는 나라를 구하는 자, 기드온은 군사의 지도자, 삼손은 장수, 룻은 이삭을 줍는 자, 보아스는 농사하는 자, 다윗은 통치자, 아삽은 작곡가, 솔로몬은 제왕, 시바의 여왕은 관리자, 욥은 경건하고 신사적인 농장 주인, 아모스는 소작인, 바룩은 저술가, 다니엘은 수상, 사드락, 메삭, 아벳느고는 지방장관, 에스더는 왕후, 느헤미야는 방백이었다. 하나님은 레위인, 나실인인 제사장 그룹, 선지자, 왕, 사사, 민족 지도자는 물론 일반 하나님 백성에게도 일과 삶을 통해 자신의 신앙을 전파하도록 계획하셨다.[33]

2) 전문인 선교의 신약 성경적 근거

크리스티 윌슨(J. Christy Wilson) 박사는 신약성경의 전문인 선교사를 다음과 같이 나열하고 있다. 요셉은 목수, 마르다는 집안일을 보살피는 자, 삭개오는 세리장, 니고데모와 아리마대 요셉은 공회의원, 바나바는 지주, 고넬료는 백부장, 누가는 의원, 브리스길라와 아굴라 그리고 바울은 천막 제조업자, 루디아는 자주 장사, 세나는 교

---

33 이수환, 『전문인 선교론』 (서울: 한국학술정보, 2009), 129-130.

법사, 에라스도는 성의 재무였다.[34]

　사도 바울은 예수님으로부터 이방인의 선교사로 부름을 받고 안디옥교회에서 바나바와 함께 선교사로 세움을 입어 파송을 받았다(행 13:1-3). 고린도전서 9장에서 사도 바울은 영적 사역자를 위한 전적인 재정 후원의 타당성을 변호했다. 그는 교회의 후원을 받았던 베드로(고전 9:6; 눅 5:1-11), 예수님의 형제들 그리고 다른 사도들의 경우를 인용하면서 후원 받을 수 있는 사도의 권리와 고린도 교회의 성도들로부터 재정적 후원금을 받는 것이 정당하다고 말하였다.

　바울의 1차, 2차, 3차 전도여행을 살펴볼 때 그가 자비량 선교를 했다는 분명한 증거가 있다. 제1차 전도여행 중 바울은 바나바와 함께 비시디아 안디옥과 갈라디아에서 이미 자비량으로 선교했다(행 13:1-14:28). 또한 제2차 전도여행기간에는 바울이 데살로니가에서 육체노동을 했다는 내용이 많은 부분을 통해 언급되고 있다(살전 2:7-12).[35] 또한 바울은 장막을 만들며 안식일마다 회당에서 복음을 증거했다(행 18:4). 고린도 신자들 사이의 논쟁이 바울의 3차 전도여행 때 발생했기 때문에 바울은 자신의 생활비를 벌기 위해 항상 일하였다(고전 9:6; 12:15)라고 에베소에서 편지를 썼다.[36] 특히 바울은 고향에서도 커텐, 망토, 장막을 만들었던 가죽이나 마미단이라고 불리던 염소털의 옷감을 제조했다.[37]

　사도 바울뿐만 아니라 사도행전에는 또 다른 전문인 선교의 유형이 나타나 있다. 사도행전 18:1-4에 보면, "아굴라"와 "브리스길라"

34　이수환,『전문인 선교론』, 151.
35　오경환, "자비량 선교의 성서적 기초",『세계 선교』Vol. No. 15(1993, 봄): 5.
36　오경환, "자비량 선교의 성서적 기초", 11-12.
37　Haword Marshall, *The Acts of the Apostles* (Grand Rapids: Eerdmans Publishing Co, 1981), 293.

가 장막 제조자였음을 알 수 있다. 일반적으로 말해 가죽 제조업자였다.[38] 이 두 사람은 부부이다. 이 부부는 장막을 만들고 수선하는 사람들이었다. 우리는 그들이 사도 바울과 같은 직업을 가지고 사역을 감당했다는 것을 알 수 있다. 그러므로 바울과 그들은 직업적으로 동역했고, 영적으로 동역했음을 알 수 있다. 신약시대에도 이미 이러한 텐트메이커(Tent-Maker), 즉 전문인 선교가 있었음을 증명할 수 있다.[39]

현대의 전문인 선교사를 처음 소개하고 도입한 사람은 크리스티 윌슨이다. 그는 자신의 저서 "현대의 자비량 선교사들"에서 "사도 바울의 주된 목적은 예수 그리스도의 복음을 전하는 것이었고, 그의 천막 깁는 작업은 단순히 경제적 도움을 지원하는 역할만 했다"라고 정의한다.[40] 그러나 지금의 전문인 선교사의 개념은 단순히 경제적 도움을 위해서만 직업이 필요한 것은 아니라는 점에서 과거의 성경적 전문인 선교사의 개념과 차이가 있다. 장막을 기우면서 전도도 하고 선교비도 조달했던 바울의 자비량 선교사의 삶은 몇 가지 면에서 교훈을 얻게 된다.

첫째, 사도 바울의 장막 업은 복음 증거의 효과를 극대화하기 위한 것이었다. 그가 장막 업을 한 것은 그 지역 사람들과 복음의 접촉점을 자연스럽게 갖기 위한 것이었을 것이다.

둘째, 바울은 생업(선교비와 거주비)의 한 수단으로 장막 업을 했다. 고린도에서 브리스길라와 아굴라 부부와 동업을 하면서 생활의 문제를 해결하고, 교회나 주위의 사람들에게 부담을 주지 않으려는 사울의 선교적 자립심을 볼 수 있다.

---

38 F. F. Bruce, *The Book of Acts* (Grand Rapids: Eerdmans Publishing Co, 1955), 367.
39 한국전문인선교협의회, 『선교의 패러다임이 바뀐다』(서울: 창조, 2000), 26-27.
40 김성복, "21세기에는 전문인 선교시대가 열린다", 『미션 타임즈』(1997, 1): 28.

셋째, 사도 바울의 장막 업은 삶 속에서 선교적 모범을 보여준 것이다. 바울은 말씀을 가르치면서 제자를 양육하면서 범사에 모범을 보이기를 원했고 또 그렇게 살았다.[41]

이와 같이 전문인 선교는 인간적이며, 세속적인 선교 전략 방법이 아니다. 구약과 신약의 성경적 근거를 갖고 있는 성경적 선교 전략인 것이다. 구약에서는 하나님의 백성이란 의미로 전문인 선교의 개념을 말하고 있으며, 신약에서는 신약성경 인물들과 사도 바울의 선교 사역을 통하여 전문인 선교의 성경적 근거와 전략 방법들을 찾아볼 수 있다. 우리는 성경적인 전문인 선교를 더욱 현대선교에 적용하고 활용해야 한다. 시대적인 요구이며 복음적인 선교 전략 방법이기 때문이다.

7. 나가는 말

세계 인구 중 17억 5천여 명이 그리스도인이며 약 36억 5천여 명이 비 그리스도인이다. 2,000년 이후 시대에 들어서는 약 40억으로 증가할 것이라고 선교학자들은 말하고 있다. 더욱이 주목해야 할 것은 세계 인구 중 2/3가 창의적 접근 지역, 즉 선교사 입국을 거부하는 지역에 살고 있다. 특히 한 번도 예수 그리스도에 대하여 들어보지 못한 미전도 종족들이 대부분 이 지역에 살고 있다. 미전도 종족이란 자신의 종족을 복음화할 수 없는 자립된 토착 교회가 없는 지역에 살고 있는 사람들을 말한다. 그러므로 접근제한 지역(선교사 비자로 입국이 거부되는 나라)에 살고 있는 미전도 종족들에게 복음을

---

41 김성복, "21세기에는 전문인 선교시대가 열린다", 29.

전하기 위해서는 창의적인 방법과 전략으로 예수 그리스도를 전파할 전문인 선교사들의 필요가 절실하다.

전문인 선교사의 재발견은 시대적 필요와 요구에 앞서 성경적인 요구이다. 그리고 이것은 분명히 교회를 향한 하나님의 뜻이다. 교회사를 살펴보면 알 수 있다. 초대교회는 선교 사역을 목회자에게만 맡겨진 것이 아니라 전 교회에 부여된 사명으로 간주하여 모든 성도들이 선교사적인 삶을 살았다.[42] 오늘날 세계 선교사의 85-90% 이상이 전문인 선교사라는 현실을 인식하고 교회들은 평신도들이 선교 후원자(Support Strategy)로서 인식되기보다는 미전도 종족을 향한 전문인 선교사들로 보내져야 할 사람들임을 인정해야 할 것이다.[43] 좀 더 효과적으로 세계 복음화를 이루기 위해서는 전문인 선교사들이 많이 필요하다. 이 필요에 대해서 여러 가지 많은 이유들은 다음과 같다.

첫째, 창의적 접근 지역에 효과적이다. 창의적 접근 지역이란 법적 제한이나 사회 문화적 상황으로 전통적인 방법으로는 선교 활동이나 접근 자체가 제한된 지역(선교 제한 지역)으로서, 사업 등 여러 가지 창의적인 접근 방법으로 선교가 가능한 지역을 말한다. 이 지역은 면적상으로는 육지 면적의 1/3에 불과하지만 인구수로는 전 세계 인구의 약 2/3를 차지하며 인구수는 40억에 육박하며 60개 이상의 국가들이 포함되어 있다. 또한 이 세계의 가장 비복음화된 50여개의 국가 중에서 37개국이 바로 이 지역 10/40 창 지역에 살고 있다.[44]

---

42 전찬섭, "터키 전문인 선교 전략 연구", 『석사학위논문』 (서울: 총신대학교 선교대학원, 2001): 9-10.

43 윤동주, "전문인 선교를 통한 한국 교회의 미전도 종족 선교 전략", 『석사학위논문』 (부산: 고신대학교 신학대학원, 1994): 5.

44 박성호, "미전도 종족을 위한 선교 방안", 『석사학위논문』 (군포: 한세대학교 신학대학

과거에는 복음사역에 대한 문을 열고 있는 국가나 종족, 부족을 상대로 선교를 하면서 닫힌 나라, 즉 선교 접근제한 지역이 열리기를 기다렸다. 하나님께서 열어 주시기를 기다렸던 것이다. 그러나 놀라운 것은 갈수록 복음의 문이 닫혀 간다는 사실이다. 제1차 로잔대회가 열렸던 1974년에 약 33개국에서 제2차 로잔대회가 열린 1989년에는 86개국 가량으로 늘어났고 이러한 추세가 계속되면 2천년 이후에는 선교 대상국의 90% 이상은 전통적인 방법으로는 전혀 선교 접근을 할 수 없는 상태가 될 것이다.[45]

폐쇄 지역의 증가 원인은 두 가지로 볼 수 있는데, 하나는 과거 서구교회가 취해 온 선교 정책의 문제요, 다른 하나는 민족주의의 발흥이라고 할 수 있다.[46] 아시아, 아프리카 지역은 전문인 선교사보다 더 효율적인 선교는 없다. 또한 전 세계 인종 중 약 50%는 정식 선교사가 접근할 수 없는 지역에 살고 있지만, 전문인 선교 전략으로 들어갈 수 없는 국가는 단 하나도 없다.[47] 이런 국가에 복음을 전하기 위해 가장 이상적인 선교 전략이 전문인 선교이다.

둘째, 선교사 인적 자원의 부족이다. 현재 전 세계의 개신교 선교사들의 숫자는 약 15만 명이다. 이는 대부분 전통적인 전임 선교사들이다. 그러나 이들만으로는 세계 복음화를 달성하기가 어렵다. 왜냐하면 아직도 불신자 수는 세계 인구 중 40억에 이르는데, 이를 현재의 선교사들이 맡기에는 역부족이기 때문이다.[48]

세계의 인구는 계속해서 증가하고 있다. 인구의 증가와 함께 이

원, 1998): 21.
45 펴내기 엮음, 『텐트메이커 선교 그 이론과 실제』, 1-2.
46 이혜림, "전문인 선교를 통한 일본선교 연구", 『석사학위논문』 (서울: 총신대학교 선교대학원, 2001): 14.
47 이득수, 『직업선교』 (서울: IVP. 1991), 14.
48 박성호, "미전도 종족을 위한 선교 방안", 22.

슬람교와 같은 타종교의 인구 증가 또한 현저하게 늘어나고 있는 실정이다. 세계의 불신자들의 인구 숫자는 상당히 많은데 이들에게 복음을 전하기 위해서는 기존의 방식으로는 안 된다. 선교 정책에 극적인 변화가 일어나지 않는다면 불신자의 수는 매년 엄청나게 증가할 것이다. 이 문제의 해결 방법은 더 많은 선교사가 파송되는 것이다. 기존의 목회자 중심의 선교는 한계가 있다. 오늘날 한국 교회의 평신도들이 일어날 때 세계 복음화는 가능하다. 평신도의 훈련과 헌신을 통한 전문인 선교는 비기독교인 인구 성장에 대처하는 바람직한 선교 전략이다.[49]

셋째, 급변하는 시대의 요구이다. 급속히 변화하고 있는 이 세계의 상황이 전문인 선교를 필요로 하고 있다. 탈식민주의, 민족주의, 동양 종교의 부흥, 도시화, 세속화, 산업화, 교육열 등이 전문인 선교사가 정식 선교사보다 더 큰 영향을 줄 수 있는 요인이다. 30년의 역사도 채 안 되는 약 120개의 신생국가들이 그들의 개발을 위한 원조를 요구하고 있다. 이러한 신생국가들과 기타 전통 있는 제3세계 국가에서 외국인들이 종사할 수 있는 직종은 매우 많다.

전인사역은 미전도 원주민 부족사역에 있어서도 마찬가지다. 문맹퇴치, 식량지원, 사회개발, 교육 등 다양한 형태의 사역이 병행된다. 그 직종들은 현재 그 국가의 국민들이 감당할 수 없는 직종들이기 때문에 이러한 직종의 업무를 훌륭히 수행할 수 있는 전문인 선교사는 이들에게 복음을 전하기에 매우 유리한 위치에 서게 되는 것이다.[50]

넷째, 선교 사역의 재정을 해결할 수 있다. 근대선교의 아버지라

---

49 이현정, "평신도 자비량 선교에 관한 신학적 연구",『석사학위논문』(서울: 연세대학교 연합신학대학원, 1998): 77.
50 이득수,『직업선교』, 14-15.

고 불리는 윌리엄 캐리(William Carey)는 "나의 사업은 그리스도를 증거하는 것이다. 그리고 그 비용을 벌기 위해서 구두를 만든다."라고 말했다.[51] 각 선교 단체와 교단 선교부서는 재정정책을 가지고 선교사가 후원 교회와 개인들에게 선교비용을 모금할 수 있도록 하고 있다. 선교사가 필요한 생활비와 사역비용은 사역하는 나라의 경제 수준에 따라 다르지만 평균 2,000불 이상을 필요로 하고 있다.

그러나 평신도 전문인 선교는 본국의 교회나 선교회의 재정적인 부담을 주지 않는다. 이들은 현지에서 자신의 직업으로 재정을 충당할 수 있기 때문이다. 선교지에 따라 차이는 있지만 공통적으로 선교비용이 급증하고 있다. 반면에 기독교인의 선교헌금은 급증하는 선교비용을 쫓아가지 못하고 있다. 이러한 선교비용의 부담에도 불구하고 많은 선교사들이 파송되어야 하고 세계 복음화는 이루어져야 할 과업이다. 그러나 이들 선교사들을 모두 후원하기는 어려운 실정이다. 이러한 상황에서 적합한 정책이 바로 평신도 전문인 선교이다.[52]

다섯째, 선교 헌신자들에게 적절한 사역을 제공할 수 있다. 오늘날 교회내의 선교 헌신자들을 적절하게 사역하도록 인도하기 위해서는 전문인 선교가 필요하다. 즉 많은 사람들이 선교대회 등을 통하여 선교에 헌신하지만 그들 중 5%만이 실제 사역에 참여하고 그 나머지 95%의 사람들은 직업인으로서 사회에 진출한다. 문제는 사회에 진출한 많은 수의 헌신된 젊은이들이 선교의 소명과 자신의 직업적 소명을 연결시키지 못함으로 좌절감을 지닌 채 소망 없이 하나님 나라의 주변 인물로 전락하고 있는 것이다. 따라서 이들에게 전

---

51 John Seamands, *The Supreme Task of the Church* (Grand Rapids: Eerdmans, 1964), 73.
52 이혜림, "전문인 선교를 통한 일본선교 연구", 14-15.

문인 선교사로서의 선교 사역의 기회를 제공함으로서 선교에 헌신할 수 있게 한다.[53]

여섯째, 협력과 팀 사역이다. 한 개인이 직업과 사역의 균형을 유지하면서 복음의 열매들을 기대하는 것은 그리 쉬운 일이 아니다. 그러나 여러 명의 전문인 선교사들이 팀을 조직하여 사역을 감당한다면 큰 부담을 덜면서 사역을 감당할 수 있을 것이다. 다양한 선교사들이 함께 연합을 한다면 더 넓은 대상에게 접근을 할 수 있을 것이고, 더 큰 선교의 열매를 기대할 수 있을 것이다.[54] 협력과 팀 사역을 위해서 전문인 선교사가 필요하다. 팀을 이루어 협력해야 효과적인 선교가 가능하며, 선교사들 모두 안정감과 소속감을 가지고 균형 잡힌 사역을 할 수 있다. 팀 안에는 목사 선교사는 물론 평신도 전문인 선교사들도 있어야 한다. 그럴 때에 효과적인 팀을 이루어 효과적인 사역을 해낼 수 있다. 모든 선교사는 목사의 신분이거나 평신도 신분이거나 모두 실질적인 측면에서 전문성을 가지는 것이 필요하다는 것을 인정해야 한다.[55]

일곱째, 조직적인 선교 전략이다. 창의적 접근 지역에서의 전문인 선교를 수행하는 데에는 기존 개방 지역 선교를 위한 조직과는 다른 조직을 필요로 한다. 각종 정책 및 전략에서 새로운 접근이 필요하며, 특히 위기관리 등 선교지의 급변하는 상황에 기동성 있고 융통성 있게 대처할 수 있도록 효율성 높은 조직을 마련할 수 있다.[56]

여덟째, 전문성을 통한 선교 전략이다. 모든 선교사들은 성경과 하나님의 사랑으로 무장되어 세계에서 가장 열악한 국가와 맞서게

---

53 문바울, "바울의 선교와 그의 직업", 『미션 월드』(1993, 5): 71.
54 양광균, "모라비안 선교의 연구를 통한 21세기 전문인 선교의 전략", 80-81.
55 이혜림, "전문인 선교를 통한 일본선교 연구", 15-16.
56 한국세계선교협의회 편, 『제2차 민족과 세계 복음화 회의(세계 선교의 비전과 협력)』, 172.

되고 접근하기 어려운 지역에 들어가고, 육체적 고통과 질병에 노출되게 된다. 그러나 그들은 분명히 하나님의 도움만으로도 선교에 성공할 수 있을 것이다. 하지만 전문기술 훈련은 모든 하나님의 일꾼들이 그들의 선교적 책임을 다할 수 있도록 도와 줄 것이다. 현재의 선교 상황에 대면할 수 있도록 전문인 선교사들을 훈련시키는 정도에 따라 그들의 임무가 얼마만큼 성공할 수 있는가도 결정될 것이다. 분명하게 예견할 수 있는 것은 아니지만, 전문기술 훈련은 전문인 선교사로 하여금 목표로 삼은 인종 집단을 복음화할 수 있는 가장 유망한 선교 후보자가 되게 해 줄 것이다.[57]

---

57 양광균, "모라비안 선교의 연구를 통한 21세기 전문인 선교의 전략", 83.

참고문헌

강승삼. "21세기 세계 선교동향과 한국 교회 세계 선교의 과제와 전망". 『신학지남사』 2004. 봄호.
_____. 『21세기 선교 길라잡이』. 서울: 생명의말씀사, 1998.
김성복. "21세기에는 전문인 선교시대가 열린다". 『미션 타임즈』 1997. 1.
김성욱. 『전문인선교 전략과 프로그램』. 서울: 총신대학교선교대학원, 1998.
김성태. 『세계 선교 전략사』. 서울: 생명의말씀사, 1994.
김수곤. "평신도 선교동력화에 대한 연구". 『석사학위논문』 양평: 아세아연합신학대학교 신학대학원, 1997.
문바울. "바울의 선교와 그의 직업". 『미션 월드』 1993. 5.
박성호. "미전도 종족을 위한 선교 방안". 『석사학위논문』 군포: 한세대학교 신학대학원, 1998.
박옥이. "전문인 선교를 위한 태권도 선교의 역사와 활용 방안에 관한 연구". 『석사학위논문』 서울: 총신대학교 선교대학원, 2003.
손석원. 『선교와 현대사회』. 서울: 문서선교 성지원, 2001.
순돈호. "전문인 선교사 훈련에 관한 연구". 『석사학위논문』 양평: 아세아연합신학연구원, 1995.
이태웅. 『한국 교회의 해외 선교』. 서울: 죠이선교회출판부, 1997.
이태웅. 『한국 선교의 이론과 실제』. 서울: 한국해외선교회출판부, 1990.
이득수. 『직업선교』. 서울: IVP. 1991.
이수환. 『전문인 선교론』. 서울: 한국학술정보, 2009.
이혜림. "전문인 선교를 통한 일본선교 연구". 『석사학위논문』 서울: 총신대학교 선교대학원, 2001.
이현정. "평신도 자비량 선교에 관한 신학적 연구". 『석사학위논문』 서

울: 연세대학교 연합신학대학원, 1998.

엄필형.『한국 교회의 새로운 선교』. 대구: 이문출판사, 1989.

오경환. "자비량 선교의 성서적 기초".『세계 선교』Vol. No. 15 1993, 봄.

윤동주. "전문인 선교를 통한 한국 교회의 미전도 종족 선교 전략".『석사학위논문』부산: 고신대학교 신학대학원, 1994.

조종남.『로잔언약』. 서울: 생명의 말씀사, 1986.

전찬섭. "터키 전문인 선교 전략 연구".『석사학위논문』서울: 총신대학교 선교대학원, 2001.

최원규. "전문인 선교로서 태권도의 활용 가능성 및 접근 방법 연구".『석사학위논문』화성: 협성대학교 신학대학원, 1998.

펴내기 엮음.『텐트메이커 선교 그 이론과 실제』. 서울: 도서출판 펴내기, 1994.

한국전문인선교협의회.『선교의 패러다임이 바뀐다』. 서울: 창조, 2000.

Bosch, David J. *Transforming Mission*. New York: Orbis Books, 1991.

Messer, Donald E. *A Conspiracy of Goodness*. Nashville: Abingdon, 1992.

Brunner, Emil. *The World and the Church*. London: SCM Press, 1931.

Jansen, Frank Kabeb. *A Church for Every People*. Colorado Springs, Solo: Adopt a People Clearinghouse, 1993.

Bruce. F. F. *The Book of Acts*. Grand Rapids: Eerdmans Publishing Co, 1955.

Seamands, John. *The Supreme Task of the Church*. Grand Rapids: Eerdmans, 1964.

Scherer, James A. and Bevans, Stephen B. *New Directions in Mission & Evangelization I: Basic Statements 1974-1991*. NY: Orbis

Books, 1992.

Haword Marshall. *The Acts of the Apostles.* Grand Rapids: Eerdmans Publishing Co,1981.

Stott, John R. W. *Christian Mission in the Modern World.* 김명혁 역.『현대 기독교 선교』. 서울: 성광문화사, 1990.

Samuel Escobar. *Time for Mission: The challenge for global christianity.* 권영석 역.『벽을 넘어 열방으로』. 서울: 한국기독학생회출판부, 2004.

Orlando E. Costas. *The Integrity of Mission : The Inner Life and Outreach of the Church.* CA: Harper and Row, 1979.

W. Richey Hogg. *One World One Mission.* New York: Friendship Press, 1960.

Changing Strategy of Mission

제6장
태권도와 선교 전략

윤 승 범

1. 들어가는 말

태권도는 우리 민족의 고유무예이다. 또한 한국 전통무도이자 스포츠이다. 한국인이면 남녀를 구분하지 않고 태권도에 익숙하다. 특히 한국 남자의 경우는 군대에 가면 태권도를 필수로 훈련을 받아 유단자가 되어야 한다. 세계적으로 태권도는 2000년 시드니올림픽부터 정식종목이 되어 모든 사람들의 관심과 흥미를 갖는 스포츠가 되었다. 한국은 종주국으로서 태권도를 통하여 국위를 선양하고 세계인의 건강증진에 기여하고 있으며, 전 세계의 모든 나라에 태권도 사범이 들어가서 각국의 청소년과 아동 그리고 성인들을 가르치며 선수들을 육성하고 있다.

이러한 상황 속에서 태권도는 타문화권 선교의 효과적인 도구이며, 태권도를 통한 전문인 선교는 무한한 가능성과 함께 창의적 접근 방법에 있어서 뛰어난 가치를 갖고 있다. 실제적으로 태권도는 비자 문제를 해결해 주고, 현지 정착의 자리를 마련해 주며, 선교 접근을 용이하게 하는 촉매 역할을 하고 있다. 특히 태권도 교육에서 지도자는 태권도 기술을 전수하는 데 그치지 않고 행동과 생활태도, 언어습관, 예절, 가치관, 사고체계, 신앙 등 삶의 전반적인 부분에 영향을 주기 때문에 전인적인 교육이 이루어진다. 따라서 태권도 교육을 통해 선교 현지 수련생들에게 지도자가 믿고 신뢰하는 신앙과 복음을 전하는 것이 매우 자연스럽게 이루어질 수 있는 장점이 있다.

2. 태권도 정의 및 역사

1) 태권도 정의

우리 민족의 역사 가운데 수세기 동안 호흡을 같이 해온 태권도가 국제 사회에 알려진 것은 얼마 되지 않는다. 태권도는 기술의 우월성과 고학적인 이론 그리고 체계적인 지도 방법으로 이미 세계 속에 깊이 뿌리를 내리게 되었다. 태권도란 단어의 의미는 다음과 같다. 태(跆)는 발을 뜻하는 말로 뛰거나 차고 밟는다는 뜻이며, 권(拳)은 주먹을 뜻하는 단어로 지르거나 막는 것을 말한다. 그리고 도(道)는 인간다운 길 또는 정신수양을 지칭하는 것이다.[1] 총체적으로 태권도는 몸에 아무것도 지니지 않은 채로 인체의 손과 발을 수련하여 언제 어디서 어떠한 상대가 무엇을 가지고 상대해 오더라도 능히 자신을 보호할 수 있는 자신력과 기술 및 고도의 정신수양을 겸한 무예이다.[2]

---

1 최락천, "태권도 수련을 통한 청소년 신앙공동체 활성화 방안", 『석사학위논문』 (대전: 목원대학교 신학대학원, 2001): 20.
2 현석주, "태권도 시범을 통한 기독교 선교의 역할에 관한 연구", 『진리논단』 제3호(1999,

태권도에 대한 여러 연구자들의 정의를 살펴보면, 최홍희는 "태권도는 수세기 동안 숭상해 오던 무예인데 오늘날 우리나라에 의해서 완전한 무예로서의 체계와 면모를 갖추었다고" 주장하였고, 박해만은 "태권도는 모든 동작이 자아방위를 본능으로 하며 점차적인 수련에 따라 소극적인 동작에서 적극적인 형태로 발전하고 궁극적으로는 절대적인 행동단계에 이르는 동시에 자아를 극복하고 대아의 경기에 도달하여 평화를 사랑하고 예의에 밝으며 백절불굴의 정신을 수양하게 되는 무예로서 지, 덕, 체의 인간 완성의 길을 이끌어 주는 길잡이다."라고 주장하였다.[3]

2) 태권도 역사

태권도의 기원은 고대 부족국가의 제천행사였던 영고 동맹, 무천 때 체육활동으로 행해졌던 제천경기로, 이로부터 형성된 전통무술인 택견(태권도의 옛 이름)에서 찾을 수 있다. 태권도의 가장 오래된 실증은 고구려의 고분 가운데 하나인 무용총 현실의 천장지송부에 그려진 풍속도에서 찾아볼 수 있다. 또 신라는 화랑도를 통해 학문을 닦는 한편 신체를 단련하고 무술의 하나로서 수박을 행했다. 또한 고려 고종 때 이승휴가 지은 "제왕운기"에 신라 무술의 대목에서 "탁견술"을 기술한 것이 있는데, 태권도의 옛 이름인 "택견"도 이 탁견에서 유래되었다.

한편 태권도는 다른 문헌이나 삽화에 따르면 수박 이외에도 수박회·박희·수박·수벽·각희·권술·유술·탁견 등으로 기술되어

봄): 510.
3 현석주, "태권도 시범을 통한 기독교 선교의 역할에 관한 연구", 510-511.

있는 것을 볼 수 있다. 고려시대에는 태권도를 수박(手搏) 또는 수박회라고 했으며, 고려 의종은 이의민의 수박회를 가상히 여겨 벼슬을 올려주었다고 한다. 조선시대에 들어와서는 1790년에 이덕무·박제가가 저술한 "무예도보통지"에 권법이라는 이름으로 태권도 기술이 도해로 기록되었다.

한편 일제강점기에 일제는 정책적으로 택견을 탄압했는데, 택견이 가라데와 비슷한 점을 들어 "가라데"라고 부르게 했으며 가라데의 형을 보급시켜 택견을 말살하려 했다. 그러나 의식 있는 사범들에 의해 전승되어 해방 이후 크게 보급 발전되기 시작하여 1954년 고유 명칭인 태권도로 부르게 되었다. 1961년 무도로서 대한태권도협회가 창립되었다. 1962년 무도로서의 태권도가 스포츠 경기종목으로 인정받으면서 이 단체는 대한체육회에 경기단체로 가맹되었다. 1962년 10월 태권도는 전국체육대회 경기종목으로 결정되었다. 1971년 3월 20일 박정희 대통령이 국기로 채택하였다.

1973년 세계태권도연맹(WTF)이 창립되었으며, 1975년 국제경기연맹(GAISF)에 가맹했다. 1980년 10월에는 모스크바에서 개최된 국제 올림픽 위원회 총회에서 경기종목을 공식승인을 받아 1986년 아시아 경기대회에서 정식 경기종목으로, 1988년 서울 올림픽 대회에서는 시범경기 종목으로 채택되었다. 그리고 소망했던 올림픽 경기 종목으로 2000년 시드니에서 개최하게 되었다. 현재 올림픽에서 정식종목으로 채택되어 올림픽 영구종목으로서의 기회를 갖게 되었다.[4]

한국의 국기인 태권도는 2011년 현재 세계태권도연맹(WTF) 가맹 회원국수는 세계 200개국 7천만 수련 인구를 가지고 있으며, 올

---

4 한국브리태니커, 『브리태니커 세계 대백과사전』 (서울: 한국브리태니커회사, 1994), 330.

림픽 종목 중 10위 안에 드는 규모이다.[5]

태권도가 세계 스포츠로 발돋움하기 위한 기틀을 마련한 것은 70년대 초 태권도인들은 누구를 막론하고 71년 1월 김운용씨의 제7대 대한태권도협회장 취임을 태권도 역사에 매우 중요한 사건으로 평가하고 있다. 그전까지 태권도계는 61년 9월 태권도협회의 전신인 대한태수도협회를 창립해 이 기간 63년 2월 대한체육회 정기대의원 총회에서 28번째 정식 경기단체로 승인 받았고 63년 10월 제43회 전국체육대회에 처음 출전했다. 또 65년 "태수도"의 명칭을 최홍희 회장이 "태권도"로 개칭했다. 최홍희 회장은 66년 1월 대한태권도협회 정기총회에서 이사들의 불신임으로 불명예 퇴진하여 3월 월남, 말레이시아, 싱가포르 등 9개국이 참여한 가운데 국제태권도연맹(ITF)을 창설해 사범의 해외파견과 단증발급, 품세통합을 놓고 협회와 잦은 마찰을 빚었다.

김운용 회장은 취임 초부터 의욕적인 사업을 펼쳤다. 태권도계의 통합과 국기화, 세계화 등의 미래지향적인 비전을 제시해 태권도계의 큰 지지를 얻어냈다. 국기원의 건립을 신호탄으로 태권도 통일화 작업을 위해 교본과 태권도지 발간 사범 교육과 양성, 세계태권도연맹 창설 등 태권도의 세계화를 이루기 위한 기초를 다져가기 시작했다. 태권도가 급속도로 보급된 것은 60, 70년대 사범들이 온갖 고난과 역경을 딛고 세계 시장을 개척했기 때문이며, 국기원 건립과 함께 태권도의 세계화 작업도 가속도가 붙어서, 태권도 기술의 통일과 승단심사 단일화를 이루었으며, 73년 5월 제1회 세계태권도선수권대회 주최에 이어 곧바로 세계태권도연맹(WTF)을 창설했다. 78년 8월 5일 태권도계는 그동안 추진해 온 관통합 작업을 마무리지었다.

---

5   http://www.mooto.com/korea/media_view.asp?news_no=4291.

10개관의 폐쇄로 협회 행정의 일원화로 꾀할 수 있게 되어 태권도 발전에 박차를 가할 수 있게 되었다.[6]

3. 태권도 특성과 세계화

태권도의 가장 큰 특성은 정신 작용에 관여를 한다는 것이다. 정신은 유기체의 의식으로 활동 작용에 관여를 하며 힘을 움직이는 역할을 한다. 인간의 신체는 정신과 불가분의 관계를 맺어야만 완전한 생명체로서의 기능을 감당할 수 있으며 인격체로서 자라가기 위해 끊임없는 심신의 연마가 필요하다. 태권도에서의 수양이란, 인(仁), 의(義), 충(忠), 선(善), 신(信)을 갖추고 사리분별의 지혜를 가리기 위한 학문의 노력을 통해 인내와 지속적인 연구에 의해 단계적으로 진보해 나가는 것을 말한다.

이러한 태권도 수련의 특성을 나열하면 다음과 같다.

① 남녀노소 관계없이 누구나 수련할 수 있다.
② 수련에 있어 일기나 기후에 제한을 받지 않는다.
③ 시간의 길고 짧음에 구애받지 않는다.
④ 맨손운동으로 복장, 기구, 시설 등이 특별히 요구되지 않는다.
⑤ 경제적인 부담이 적다.
⑥ 한 사람이 여러 사람을 동시에 지도할 수 있어 개인 또는 단체 수련을 할 수 있다.
⑦ 손, 발, 전신을 이용하므로 강건한 신체를 만들어 준다.

---

6 김영락, "평신도 자비량 선교에 대한 연구", 『석사학위논문』 (전주: 전주대학교 선교신학대학원, 2000): 30-32.

⑧ 장소에 관계없이 언제 어디서나 할 수 있다.[7]

세계적으로 인정을 받고 있는 태권도는 국가와 민족을 초월한 경기로 발전하고 있다. 다른 스포츠에 비해 태권도는 실생활에 밀접한 관련성을 가지고 있기 때문에 더 친밀하게 다가오는 스포츠이다. 특별한 장소와 기구가 없어도 할 수 있는 것이 바로 태권도의 특성이기 때문이다.[8]

태권도가 스포츠로서 부상한 것은 1970년대 초부터이다. 세계태권도연맹(WTF)이 파악하고 있는 해외 태권도 공인 사범은 3,000명 정도이다. 카리브의 국가를 포함해서 북미 지역에 180명의 사범이 활동 중이고, 동남아 국가 가운데 태권도 보급이 가장 먼저 이루어진 곳은 말레이시아이다. 월남 전쟁을 계기로 태권도 사범의 해외 진출이 활발하면서 태권도 보급에 박차를 가했다.

태권도가 올림픽 종목으로 채택이 된 것에는 김운용 전 IOC 위원의 개인적인 역량이 큰 역할을 했다는 것에 대해서는 누구도 부인할 수 없는 사실이다. 1992년 바로셀로나 총회에서 부위원장으로 피선되는 등 IOC의 실력자로 급상하게 된다. 1993년 대한체육회장으로 선출되어 88년 서울올림픽 이후 뜸했던 구체적인 체육행사를 국내에 유치하여 국제 스포츠 무대에서 한국의 이미지를 강화해 나갔다.

태권도가 1994년 9월 파리총회에서 예상밖의 만장일치로 2000년 시드니 올림픽에 채택이 된 것은 김운용 위원장이 오랫동안 공들여온 물밑 작업이 결실을 이루었다는 분석이다.

---

7 최락천, "태권도 수련을 통한 청소년 신앙공동체 활성화 방안", 23–24.
8 노형호, "스포츠 선교에 대한 교육적 의미", 『석사학위논문』 (서울: 총신대학교 일반대학원, 2003): 13.

1994년 9월 3일 IOC 파리총회, 당시 그 누구도 태권도가 올림픽 종목으로 채택되리라 확신하지 못했다. 올림픽 규정에 의하면 정식종목은 해당 올림픽이 열리기 6년 전에 확정해야 한다. 새 종목이 총회에서 선정되려면 먼저 프로그램 운영회를 통과하여 집행위원회를 거쳐서 총회에서 최종 결정을 해야 하는데 첫발부터 어긋나 있었다. 북한이 지원하는 국제태권도연맹(ITF)과의 오랜 갈등도 상당한 부담으로 작용했다. 또한 유사한 종목은 올림픽 종목이 될 수 없다는 규정에 따라서 일본의 "가라데"와 중국의 "우슈"의 거센 저항은 참으로 대단했다. 올림픽 비대화를 막자는 올림픽 운동의 새로운 흐름도 크게 걸림돌이 되었다.

하지만 김운용 집행위원만은 "사마란치" 위원장과 상의하여 "철인 3종"과 함께 막판 끼워 넣기 전략으로 총회에 상정하고 북한과, 일본, 중국의 집요한 방해 공작과 일부 위원의 반대 질문을 뚫고 치밀한 준비로 "파리의 감격"을 만들어 냈다.[9]

한국의 전통무예인 태권도가 세계화를 이룬 것은 불과 20-30년 정도의 시간이다. 한국은 올림픽 공식 언어인 영어, 불어, 일어(유도로 인해서) 그리고 네 번째로 한국어가 반열에 올랐다. 타 격투기를 이기고 지구촌 최대의 축제인 올림픽에 한국의 문화를 전 세계에 알릴 수 있다는 사실만으로도 가슴 벅찬 일이고, 이러한 태권도의 장점을 이용해서 복음을 전하는 매체로 태권도를 활용한다면 하나님이 한국에게 허락한 최대의 복음전도의 도구라고 확신한다.[10]

다른 여러 나라에서는 한국인 태권도 사범을 원하고 있으며 협력할 수 있는 단체 및 교육적인 여건만 갖추어지게 된다면, 복음의 문

---

9 스포츠서울, 1999. 11. 27. 13면.
10 김인수, "태권도를 통한 이슬람권 선교 전략 연구",『석사학위논문』(대전: 침례신학대학교 신학대학원, 2003): 18.

이 닫혀 있는 나라에 가서도 얼마든지 복음을 전할 수 있는, 국경을 초월한 스포츠이다. 이들 상류층의 사람들도 태권도를 선호하며 다른 외국인 사범보다 한국인 태권도 사범, 즉 종주국인 한국의 지도 사범을 더 원하고 있다. 이들 사범이 들어가서 하는 일은 태권도를 가르치면서 각계각층의 사람들과 만나 교류하며 사회에 봉사하는 일은 물론 한국의 이미지를 높일 뿐만 아니라 복음을 전하는 십자가의 전도 특공대로서의 사명을 다할 수 있다는 데 큰 의미가 있다.

일단 태권도 사범이 되면 세계 어느 나라에 가서도 일을 할 수 있는 장점을 가지고 있어, 자기의 장점을 최대한 발휘한다면 복음을 전하는 데 국경이란 있을 수 없다. 다른 체육 분야보다 태권도가 월등히 복음을 전하는 데 우수한 것은 지구촌 곳곳에 많이 알려져 있다는 장점을 가지고 있을 뿐 아니라 세계인이 선호하는 21세기의 대중 스포츠로 자리를 굳혔기 때문이다.

개인적으로 운동을 하는 경우도 스포츠가 지니는 매력적인 부분을 많이 가지고 있으며, 세계인들이 선호하는 경향이 나타나 특히 남녀노소를 가리지 않고 할 수 있는 장점을 가지고 있어서 계속적인 성장과 세계화가 기대된다.[11]

---

11 노형호, "스포츠 선교에 대한 교육적 의미", 14-15.

4. 태권도 선교의 이해

1) 태권도 선교의 정의

복음이 효과적으로 증거되기 위해 태권도인 복음화와 태권도장을 선교 기지화 및 시범단, 선수단, 지도자 등을 최대로 활용하여 태권도를 매개체로 선교하는 모든 활동을 총체적으로 뜻한다. 일찍이 하나님이 주신 재능을 개인의 야망을 위해서가 아닌 예수님이 그리스도이심을 전 세계에 전파하는 수단으로 사용하여 하나님을 기쁘시게 하며 복음을 전하는 데 그 의미가 있다고 하겠다.[12]

2) 태권도 선교의 목적

지상명령(The Great Commission), 곧 "너희는 가서 모든 민족으로 제자를 삼아 아버지와 아들과 성령의 이름으로 세례를 주고 내가 너희에게 분부한 모든 것을 가르쳐 지키게 하라"(마 28:19-20)는 말씀과 "오직 성령이 너희에게 임하시면 너희가 권능을 받고 예루살렘과 온 유대와 사마리아와 땅끝까지 이르러 내 증인이 되리라"(행 1:8)라는 말씀을 통해 예수 그리스도는 한정된 민족이나 지역, 문화권이 아닌 "땅의 모든 민족", "천하 만민", "땅끝"이라는 광대한 선교영역을 제시하였다.

그러나 인종과 종교, 이념이나 사상을 달리하는 정치적, 사회적 대립으로 세계는 폐쇄적인 보호막을 형성하고 있는 상태에 이르렀다. 이러한 현실 앞에 성경은 어떠한 방법으로 복음장벽을 뛰어 넘

---

12 김희삼, "태권도를 통한 세계 선교의 실천 방안 연구", 『석사학위논문』 (군포: 순신대학교 신학대학원, 1996): 4.

어가 접근해야 하는가에 대한 명확한 해답을 제시하고 있지는 않다. 다만 선교 방법의 문제는 개인적인 기술 및 주어진 환경에의 적용 등을 고려해 복음의 순수성을 희생시키지 않는 범위 내에서 제시될 수 있다.[13]

이와 같은 관점과 전략을 통해 태권도를 복음전달의 도구로 사용하게 되었다. 한민족에게 주어진 적절한 기회의 포착은 언제나 훌륭한 전략의 일부가 될 수 있으며, 우리가 그리스도 예수 안에서 하나님을 만난 것처럼 "만남"이라는 통로로써 우리는 세계 만민에게 접근하여야 한다. 이러한 견지에서 영혼 구원을 위한 만남을 제시해 줄 수 있는 선교 형태이자 방법론으로서 태권도를 도입시킨 것(Mission by way of Taekwondo)이 "태권도 선교"(Taekwondo Mission)이다.[14]

3) 태권도 선교의 역사

세계태권도 선교회 증경회장 고(故) 김희공 목사가 1977년 6월 순복음신학교 1학년 재학 중 경기도 군포에 태권도 청룡체육관을 개관하여 관원들을 중심으로 복음을 전하면서 시작되었다. 태권도를 수련하는 관원 중에는 우상을 숭배하는 사람도 있었고, 불량청소년도 많았으며 불교신자도 있었다. 그런데 매주 금요일 오후 7시에 체육관의 수련을 중단하고 관원들을 중심으로 예배를 드리면서 체육관을 통한 청소년 선교를 시작했는데 그 열매는 굉장히 크게 나타났다. 물론 예배 참석을 원하지 않는 사람은 태권도 수련 후 귀가해

---

13 J. H. Bavinck, *An Introduction to the Science of Missions*, 전호진 역,『선교학개론』(서울: 성광문화사, 1980), 162-163.
14 현석주, "태권도 시범을 통한 기독교 선교의 역할에 관한 연구", 521.

도 되는 자유로운 예배였지만 사범에게 잘 보이기 위해서 대부분 참여했으며, 집회가 반복되면서 몇 명을 제외하고는 대부분 참석하여 예배를 드렸다. 그리고 불량 청소년들이 은혜 받고 변하여 그들 중에 상당수가 신학을 하고 목회자가 되기도 했다.

한마디로 청룡체육관의 수련생 모두가 복음을 받아들이는 놀라운 것을 발견하게 되었다. 태권도 지도자의 권위로 강요하지 않아도 쉽게 사범의 뜻을 따라 주는 것을 발견하고 태권도 선교의 비전을 발견하여 태권도 선교를 시작하게 되었다. 이때 벌써 많은 전도사님과 권사님 그리고 여러 사범들이 동참하여 태권도 선교에 기도하면서 동역하게 되었다.[15]

태권도가 선교의 매체로서 매우 가능성이 있다고 보고 태권도 선교의 구체적인 프로젝트를 준비한 세계체육인선교회 이광훈 목사는 1987년 4월 해외 태권도 선교 사범 세미나를 전국 기독교 태권도인들을 대상으로 포천청소년수련원에서 대대적으로 개최했다. 이때만 해도 해외에 태권도 사범으로 나가게 되면 국내보다는 훨씬 성공률이 좋았다고 생각한 많은 태권도인들과 사범들이 대거 몰려들었다. 이때 참여한 많은 사범들 중에서 엄정한 심사를 거쳐 "할렐루야 태권도 선교단"을 창단하여 국내의 교회를 순회하며, 태권도 시범 활동을 가지면서 훈련된 선교단이 미주 지역을 순회하는 해외 활동까지 전개하였다. 많은 홍보와 함께 단원들이 태권도 선교로 복음을 전하는 것에 대해 자긍심을 갖게 되는 계기가 되었다.

이렇게 국내외에 알려진 "할렐루야 태권도 선교단"은 88년 서울 올림픽을 통해 세계인의 이목이 집중된 선수촌과 경기장을 순회하며 5개팀 60명이 총 70회의 태권도 시범을 통해 선교 활동을 활발히

---

15 김희삼, "태권도를 통한 세계 선교의 실천 방안 연구", 11.

벌여 나갔으며, 세계에서 몰려든 선수와 임원 그리고 관광객들에게 비디오로 제작된 태권도 선교 테이프를 나누어주며 선교 활동을 펼쳤다.[16] 이때부터 국내의 교계 지도자들도 태권도 선교를 훌륭한 매체로 생각하기 시작하여 오늘에 이르렀다.

그동안 태권도 선교회의 선교 활동을 통해 한국 교회 목회자와 기독교인뿐만 아니고 일반 태권도인들에게까지 태권도를 매개체로 한 선교 방법이 폭넓게 알려졌다. 또한 해외 장, 단기 선교 활동을 통해 세계 각국에서 선교의 큰 성과를 거두고 있다. 따라서 해외 선교 현장에 파송된 현지 선교사들의 선교 사범 요청이 쇄도하고 있고 세계 각국에서 종주국 태권도 사범을 요청하고 있다.[17]

5. 태권도 선교의 활용 방안과 전략

1) 태권도 선교 시범의 활용 방안

태권도 선교 시범은 기독교 사상적 바탕 위에 태권도 기술의 총체가 이루어진 집합요소라 말할 수 있다. 시범은 단시간 내에 여러 사람들을 복음이라는 현장으로 인도할 수 있는 가장 좋은 접근 방법으로서 대광고등학교 교목인 조구동 목사는 "할렐루야 태권도 선교단"의 시범을 보고 "모든 태권 동작은 하나님을 향한 찬양의 몸짓이요, 하나님을 전하는 선교의 몸놀림이요, 하나님의 기를 표현하는 몸동작이다. 또한 태권도의 도와 예수님의 도가 조화를 이룬 전신을

---

16 이광훈, 『88올림픽 전도단 선교보고서』(서울: 세신문화사, 1988), 19.
17 김희삼, "태권도를 통한 세계 선교의 실천 방안 연구", 12.

통해 표현할 수 있는 지고의 도"라고 표현했다.[18]

선교사를 "예수 그리스도 복음의 전달자로서, 예수님과 교회의 권위로 파송되어 나라와 문화와 종교의 경계를 넘어 복음을 전파하여 사람을 구원하며, 제자를 삼고 또 그리스도의 명령과 사도의 모범을 따라 교회를 세우는 자"라고 규정할 때, 그 주된 사역은 복음전파이다. 2차적으로 문화 사역이 함께하는 것이다.

그렇다면 태권도를 통한 선교적 접근 노력이 접촉점을 제시하는 일 혹은 동기부여하는 것 정도로만 그쳐서는 안 된다. 따라서 태권도의 선교적 접근에 있어서 접촉점 내지는 동기 부여로만 제한되는 벽을 어떻게 넘어야 할 것인가? 그래서 고안하여 마련된 것이 격파 시범, 품세 시범, 그리고 호신술 시범이다. 이 세 가지로 분류되는 범위의 태권도 시범들을 기독교적 특히 복음전파를 위한 선교적 차원에서 접목을 시도하였다.[19]

세계태권도 선교회 선교 시범단의 시범 방법을 간략하게 설명한다면 다음과 같다.

① 음악에 맞춰 태권도 체조를 함으로써 많은 사람들의 시선을 집중시키고 모이게 한다.
② 박진감 넘치는 격파 시범으로 사람들의 마음을 사로잡는다.
③ 찬양에 맞춰 태권도 율동을 함으로써 마음이 열리게 한다.
④ 예수님의 고난, 십자가의 죽으심, 부활 승천 메시지가 담긴 십자가 드라마 시범을 통해 그리스도의 복음을 듣게 한다.
⑤ 메시지와 간증을 통해 사실적이고 분명한 복음증거로 그리

---

18 조구동, "할렐루야 태권도 선교", 『새 힘을 주소서』 통권 제15호 (1988): 6.
19 최원규, "전문인 선교로서 태권도의 활용 가능성 및 접근 방법 연구", 『석사학위논문』 (화성: 협성대학교 신학대학원, 1998): 51.

스도를 영접하게 한다.
⑥ 시범단원들이 관중들 속에 파고들어 개인 전도와 영접 후 현지 사역자와 맺어준다. 이때 지역 교회와 연합으로 요원들을 지원받아 시범 도중 잘 살펴서 마음이 열려 있는 사람들을 찾아가 복음을 전한다.
⑦ 지역 교회에서 양육 및 관리를 하도록 한다. 이러한 태권도 시범 방법을 크게 3가지로 구분할 수 있는데 격파 시범, 십자가 드라마 시범, 간증으로 구분할 수 있다.

(1) 격파 시범

격파 시범은 태권도의 힘과 파괴력을 보여주며 또한 화려한 고난도의 태권도 발차기와 격파기술을 종합하여 만들었다. 이 시범은 송판, 각목, 은쟁반, 오이, 사과 그리고 풍선 등의 격파물에 의미를 부여하여 사탄, 음란, 담배, 술, 마약 등의 단어들을 기록한 후 인도자의 구령과 신호에 따라 훈련된 발차기 등의 기술로 격파하는 것이다. 시범 목적은 발차기와 격파술의 화려함과 파괴력만을 나타내는 것이 아니다. 보는 이로 하여금 인도자의 구령과 함께 자신들도 아멘을 선포함으로써 다음의 말씀처럼 예수님께서 세상을 이기심을 체험하게 한다.

> 이것을 너희에게 이름은 너희로 내안에서 평안을 누리게 하려함이라 세상에서는 너희가 환난을 당하나 담대하라 내가 세상을 이기었노라 하시니라(요 16:33).

즉 격파와 함께 예수님의 능력과 위엄을 증거하며, 하나님의 말씀에 대한 확증을 스스로 얻는 순간을 창출해낸다.[20]

(2) 십자가 드라마 시범

격파 시범이 최고점에 달하여 관중들이 많이 모였다고 생각되면 준비된 찬양을 배경으로 태권도를 통해 연출하여 만든 십자가 드라마 시범을 진행한다. 이때 배경 찬양은 창조부터 그리스도의 고난과 십자가의 죽음, 그리고 생명의 부활을 주제로 연관성 있게 편집하여 만든 찬양을 바탕으로 시작된다. 중간 중간에 주제에 적합한 성경구절을 삽입하여 메시지를 전한다. 그 내용은 준비된 시범단원들이 십자가 대형으로 모여 창조부터 예수님의 탄생까지를 태권도의 공격과 기술들을 함께 율동으로 표현한다. 그 후 도복을 입은 다섯 사람이 등장하여 한 명은 예수님의 역할을 하며, 나머지 네 사람은 예수님을 매질하는 로마 군사로 나온다. 로마 군사는 예수님 역할을 맡은 사람을 때리며 폭행한 후 예수님을 십자가 모형으로 만든 나무 십자가에 팔을 벌려 못을 박는다.

그 후 예수님의 죽으심을 슬퍼하며 장사하는 장면이 나오면서 바로 예수님의 부활과 관련된 찬양이 나온다. 준비하며 기다리던 시범단원들이 예수님의 부활을 축하하며, 화려한 발차기로 격파를 실시한다. 또한 예수님의 부활을 효과적으로, 시각적으로 표현하기 위해 "예수 부활하셨네"라는 글이 현수막의 격파를 통해 나온다. 십자가 드라마 시범을 통해 멋있고 화려한 태권도의 격파와 기술로 관중들의 호기심과 관심을 집중시킴으로써 복음적인 십자가 드라마의 효과를 더 극대화시킨다. 그리고 드라마에 담긴 청각과 시각을 통해 복음

---

20   최원규, "전문인 선교로서 태권도의 활용 가능성 및 접근 방법 연구", 52.

이 전달되며, 쉽게 복음에 대해서 이해할 수 있도록 도움을 준다.

(3) 간증과 결단

격파 시범과 십자가 드라마 시범이 끝나게 되면, 그 곳에 모인 관중들은 이미 마음에 문을 열고, 복음을 받아들일 준비상태가 된다. 이러한 분위기 속에서 신앙의 체험과 구원의 확신이 있는 시범단원이나 아니면 말씀을 전문적으로 선포하실 사역자를 통해 복음의 말씀과 설교, 간증이 증거 된다. 이미 초반부터 복음에 대한 여러 내용들을 태권도 시범을 통해 접했기 때문에 그들에게 복음이 전달되어지고, 예수 그리스도를 자신의 구원자로 영접하는 것은 그리 어렵지 않다. 간증과 말씀이 선포된 후 결단의 시간을 통해서 구원의 확신과 믿음의 삶을 계속적으로 살아가도록 결단하게 된다.

결단을 통해 구원의 확신을 갖게 된 사람들은 지역 교회와의 관계를 맺도록 하여 지속적인 신앙생활을 할 수 있도록 돕는다. 이와 같이 복음전파와 선교를 위한 태권도 시범의 접근 방법은 창의적 접근으로서의 접촉점을 만들어준다.

2) 태권도 선교의 전략

(1) 선교적 접촉점 제시

지역사회는 일정 지역 안에 성립되어 있는 생활 공동체라고 말할 수 있다.[21] 공헌도에 따라 수용 여부가 달라진다. 부정적인 사물 또는 사람은 수용되지 않는 것은 당연하다. 그러나 긍정적이고 가치 있는 것들에 대한 반응은 다르게 나타난다. 요즘은 많이 달라졌으나

---

21 민중서림, 『민중 엣센스 국어사전』 (서울: 민중서림, 1998).

70년대 후반까지만 해도 태권도 체육관 관장이나 사범은 작은 동네에서는 지역의 유지 행세를 했던 적도 있다. 그 이유는 지도자로서 인식되었고 거기에 따른 권위와 상호 존중의식이 있었기 때문이다.

태권도 지도자는 지역사회 접근시 그 말 그대로 지도자로서의 자리를 획득 또는 보장받고 접근하게 된다. 따라서 접근 방법에 있어서 아래에서의 접근보다 위로부터의 접근이 용이함을 전제로 할 때 태권도를 통한 지역사회 접근에 있어서 우위성을 확보할 수 있다. 지도자로서의 위치를 확보한 태권도 선교사는 지역사회에 복음전파를 위한 기회를 갖고 있는 것이다.

첫째, 지역사회의 접촉점을 얻게 되는 방법은 입관 상담이다. 태권도 체육관에 입관하기 위해서는 사전 상담과 입관 원서 작성이 필수적이다. 이때 종교를 기록할 때 접촉점이 자연스럽게 이루어지는 것이다. 상담의 화제를 전도 방향으로 전환시킬 수 있다.

둘째, 체육관에서 정기 승급 심사 때 가정들이 와서 심사를 관람할 때 복음과 말씀이 담긴 선교적인 시범과 자체 제작한 급증 뒷면에 성경 구절을 인쇄하여 말씀을 접하게 만들 수 있다.

(2) 시범을 통한 선교

해외 대중선교 프로그램에서 태권도 시범에 의한 노방 전도가 큰 성과를 거두고 있다. 대부분 선교 현장에 파송된 선교사들과 연합하여 집회를 갖게 되는데 현지 선교사가 집회를 계획하여 준비와 홍보를 하면 태권도 선교팀은 태권도 시범을 보이게 된다. 태권도 팀의 언어와 메시지 훈련 등 미비한 부분은 선교사나 현지인 목회자를 세워 전하게 하여 결신까지 시키게 한다.

이처럼 해외 사역의 많은 열매를 실제로 나타낸 예를 간단히 살펴보면, 95년 1월 16일부터 21일까지 필리핀 마닐라에서 세계태권도 선교회 주최로 필리핀 복음화를 위한 태권도 선교대회를 개최하여 큰 성과를 거두었다. 필리핀 교회와 연합한 결과, 백화점과 학교 및 공원 등 대중을 접하기에 좋은 지역을 선택하여 여러 매체를 통해 홍보를 했다. 그 후 퀘존시립 공원에서 시범집회를 한 결과, 목회자의 간증과 복음을 듣고 약 700여 명이 결신하는 큰 열매와 성과가 있었다.[22] 이와 같이 태권도의 가장 큰 활용은 시범단의 시범활동을 통하여 대중에게 다가간다는 것이다.

태권도는 세계 속에서 우수성, 내지는 우위를 인정받고 있는 실정이므로 태권도에 대한 외국인들의 관심은 대단하다. 태권도의 시범을 관전함으로 신비와 호기심을 유발하여 태권도를 수련하고자 하는 마음이 생기고 실제적으로 태권도를 수련한다. 외국에서 활동하는 태권도 사범들의 간증을 통해 알 수 있는 사실은 시범을 관람함으로써 태권도를 배우게 된다는 것이 외국에 있는 사범들의 말이다. 시범단은 이러한 심리적인 욕구와 반응들을 이용하여 복음전도를 위한 접촉점을 태권도로 활용할 수 있는 것이다.[23]

전 세계인들에게 태권도가 잘 알려져 있고 또 매우 좋아하기 때문에 태권도를 매개로 한 대중전도 전략은 큰 성과를 맺고 있으며, 어느 민족들에게도 쉽게 접근하여 복음을 제시할 수 있다. 그러므로 태권도 선교는 최고의 선교 방법 및 수단이며 하나님께서 세계 복음화를 위해 한국인에게 선물하신 최고의 값진 선물이자 무기인 것이다. 태권도 선교 집회를 관람한 현지 선교사들이 태권도 선교 사범을 보내달라고 애원할 정도로 해외에서 태권도 선교 시범의 성과는

---

22 김영락, "평신도 자비량 선교에 대한 연구", 61-62.
23 최근식, "말레이시아 이슬람권 선교 전략 연구",『석사학위논문』(서울: 총신대학교 선교대학원, 1999): 47.

크다는 것을 알 수 있다.[24]

(3) 체육관을 통한 선교

장기 태권도 선교사로 파송 받기 위해서는 태권도 선교단원으로 국내외 팀 사역 활동을 많이 하고 충분히 훈련된 사범이 공산권과 회교권 그리고 복음을 받아들이지 않는 제3세계에 태권도 사범의 자격으로 파송되어 태권도 지도자로 활동하면서 제자들을 중심으로 복음을 전하게 된다. 미개발국 및 세계 여러 나라에 파송된 태권도 선교 사범들은 체육관을 세우고 수련 전에 매일 제자를 중심으로 복음을 전하고 주일에는 체육관이 예배의 처소로 사용된다.

따라서 교회건물을 임대할 재정이 필요 없고 태권도의 상하관계가 철저한 예의 질서개념으로 인해 주일예배에 참석하라는 지시에 거의 순종한다. 주일예배, 철야예배, 새벽기도회에 출석 잘하는 사람에게 승급심사에 응시할 수 있는 자격을 주어 공식 예배 참석을 유도할 수 있어서 선교의 열매가 매우 높고 신앙이 매우 빠르게 성장하게 된다.[25]

태권도는 사범의 절대적인 권위와 통제력을 인정하기 때문에 태권도장에서의 지도자는 수련생으로 하여금 그 어떤 이상의 것을 지도할 수 있다. 그러기에 도장에서의 사범의 교육은 수련생들로 하여금 절대 순종을 이끌어낼 수 있는 장점이 있다.

한국에서의 태권도는 대부분이 어린이들을 위주로 태권도 수련을 하는 경우가 많다. 태권도 관장이나 사범들은 차량 운행과 함께 여러 가지 일들을 병행해야 하는 것이 한국적인 현실이다. 그러나

---

24 김희삼, "태권도를 통한 세계 선교의 실천 방안 연구", 21-23.
25 김희삼, "태권도를 통한 세계 선교의 실천 방안 연구", 27.

해외에서 활동하는 체육관은 성인들도 많은 인원이 태권도 도장을 찾아 수련을 하고 있다. 그렇기 때문에 태권도를 선교적으로 지도함에 단계별로 지도를 해야 할 것이다. 아이들과 청소년, 성인과 노인 그리고 여성을 상대로 지도하는 수련 계획과 복음전도의 형식도 달라야 한다. 각자의 몸 상태와 영적인 상태를 살펴보면서 지도를 해야 좋은 성과를 거둘 수 있다.[26]

(4) 사범 및 지도자를 통한 선교

해외에 진출해 있는 한국 사범들을 전도하여 제자화하면 많은 존경을 받고 있는 종주국 사범들은 그들의 도장에서 수련하고 있는 현지 수련생들에게 큰 영향력을 갖고 복음을 전하게 된다. 신앙을 갖고 있을지라도 선교의 사명감이 없는 사범들과 신앙이 없는 사범들을 전도하여 태권도 선교모임을 갖고 태권도 선교 프로그램을 제공하여 훈련시키면 현지인들에게 실력으로 인정받기 원하는 사범들이 자신의 태권도 기술 향상을 위해 적극적으로 참여하게 될 것이다. 이들에게 지속적으로 선교의 사명을 고취시키고 전도할 수 있는 예수님의 제자로 양육하면 선교의 많은 열매를 기대할 수 있을 것이다.[27]

(5) 태권도를 통한 학교 복음화

학교의 태권도부는 대부분 지역에 있는 체육관의 지도자들이 봉사 차원에서 지도하고 있다. 이것은 학교 예산 부족으로 재정적 지원을 하면서까지 태권도부를 운영하지 않으려는 학교의 생리 때문

26　김인수, "태권도를 통한 이슬람권 선교 전략 연구", 37–38.
27　강신경, "전문인 선교시대의 스포츠를 통한 창의적 접근 지역 선교 방안",『석사학위논문』(서울: 총신대학교 선교대학원, 1999): 59–60.

이다. 그러므로 지역 도장에서 봉사하겠다고 하면 태권도부를 창단하는 것이 오늘날 학교 태권도부의 실정이다. 선교지도 한국과 같은 상황이라고 본다. 따라서 헌신된 태권도 선교 사범이 선교를 목적으로 학교의 태권도부를 맡는 것은 어렵지 않다. 이와 같은 사역으로 영락여상 태권도부 11명이 100% 복음을 받아들였고 이들이 태권도 선교사로 선교에 일생을 헌신하겠다고 결단하였다. 이러한 일들은 학교 태권도부를 통한 청소년 선교의 비전을 밝게 해 주는 일부분일 것이다.

학교 태권도부를 통해 태권도 선교사를 육성하여 세계로 파송하는 사역은 선교 현장의 필요 욕구를 채우지 못하는 태권도 선교의 현실을 바라볼 때 무한한 비전이 학교 태권도부를 통해서 현실로 이루어질 수 있는 것이다. 특히 미션스쿨의 적극적인 협조로 학교 태권도부를 통한 청소년 선교와 학교 복음화 그리고 세계 인류 복음화의 새로운 장이 열릴 수 있는 비전을 제시한다.[28] 해외 선교지에서도 마찬가지로 태권도부를 통한 학원 복음화로 인하여 수많은 준비된 영혼들을 만날 수 있음을 알 수 있다.

(6) 태권도 대회를 통한 대중전도

국내에는 각종 태권도 경기가 시, 도별로 1년에 약 25회 정도 열린다. 전국에서 개최되는 태권도 경기만 1년에 300개가 넘는다. 경기장마다 태권도인과 가족으로 경기장은 장사진을 이룬다. 선교 사명자에게 있어서 사람이 많이 모이는 곳은 선교의 황금어장인 것이다. 경기에 임하는 선수들은 경기 직전에 매우 긴장하고 무엇인가 보이지 않는 힘을 의지하려는 심정이 된다. 이것은 경기에 임하는

---

28 김희삼, "태권도를 통한 세계 선교의 실천 방안 연구", 39.

선수들이 미신을 믿고 경기 전 약 1-2주전부터 손톱을 깎지 않고 머리나 수염도 자르지 않는데서 선수들이 보이지 않는 어떤 힘을 의지하려는 그들의 안타까운 심정을 잘 나타내 준다.

이런 선수들에게 접근하여 복음을 전하는 것은 육신의 질병에 시달리며 뭔가를 의지하려는 병원에 입원한 환자의 심정과 같다고 볼 수 있다. 또한 경기에 임하는 선수가 경기, 전후에 기도하는 모습을 통해서 많은 영향을 줄 수 있으며, 태권도 경기 전에 선교 시범을 통해서도 많은 관중들에게 복음을 전할 수 있는 기회가 될 수 있다.[29]

6. 나가는 말

태권도를 하나님 나라와 예수 그리스도의 구속의 은혜 그리고 성령의 돌보심과 역사하심을 전하는 데 어떻게 활용할 수 있는가는 단순히 태권도 선교에서만 연구해야 할 과제는 아니다. 이것은 스포츠 선교 전체의 과제인 동시에 복음전파에 있어서 접촉점(Point of Contact)에 관한 연구 때문이기도 하다.

선교를 단순히 복음전파의 의미로만 국한시키지 않는 것이 오늘날 선교신학의 동향이다. 지리와 역사, 언어와 민족이 다른 지역에서 복음을 전할 때, 문화적 차이가 가져다주는 문제점들을 극복해야 한다. 따라서 그 극복의 수단을 "접촉점"이라 말할 때, 그것의 대표적이고 모범적인 예로서 "예수 그리스도의 성육신" 사건을 들 수 있다. 이것은 공간적 위치가 다르고, 상황이 다르며, 생각하는 방법이 다른 그리고 대상의 본질이 같지 않은, 즉 천상에서 이 땅으로의 전

---

[29] 김희삼, "태권도를 통한 세계 선교의 실천 방안 연구", 21.

인적인 이동의 사건을 말한다. 예수님은 타문화권인 세상에서 자신의 말이 아닌 사람의 말로 접근하셨다. 어부에게는 고기 잡는 말로(눅 5:4), 농부에게는 씨 뿌림의 말로(마 13:3), 그리고 병든 자에게는 치유의 말로(막 1:41) 다가가셨던 것이었다.[30]

이와 같이 선교적 차원에서 접촉점의 역할로써 태권도는 매우 우수한 선교의 도구이다. 태권도가 짧은 시간 동안에 전 세계로 전파된 이유 중에 하나가 타 운동 종목의 운동기술이 단순한 것에 비해서 태권도는 다양성과 손과 발의 동작이 아름다운 몸동작의 기술을 표현할 수 있다는 것뿐 아니라 전신을 고르게 발전시킬 수 있다는 것과 삶의 질을 높이는 정신적, 호신적 가치를 함께 얻을 수 있기 때문이다.

이러한 장점을 이용해서 세계적으로 5,000명 이상의 태권도 사범들의 헌신과 노력의 결과로 태권도의 세계화는 이루어졌다.[31] 선교사의 입국을 제한하는 지역에서 태권도 선교사의 우수성은 인정된다. 선교사들의 입국을 제한하는 나라들이 증가함에 따라 전문인 선교의 장점을 살려서 입국하는 것은 당연한 결과일 것이다. 태권도 사역을 하는 선교사는 전문인 선교사이다. 이들의 장점은 여러 가지가 있다.

첫째는 창의적인 접근 지역에 입국이 자유롭다는 것이며, 둘째는 자비량이 가능하다는 것이다. 셋째는 신분의 보장이 된다.[32] 전 세계에는 약 100개 이상의 국가가 선교사 입국을 제한한다. 이러한 국가를 오늘날 "접근 제한 국가"(RAN: Restricted Access Nation)라고 부

---

30 박옥이, "전문인 선교를 위한 태권도 선교의 역사와 활용 방안에 관한 연구",『석사학위 논문』(서울: 총신대학교 선교대학원, 2003): 47-48.
31 김인수, "태권도를 통한 이슬람권 선교 전략 연구", 65.
32 이현모,『선교학 개론』(대전: 침례신학대학교출판부, 2000), 292.

르거나 "창의적인 접근 지역"(CAN: Creative Access Nation)이라고 부른다.[33] 어떠한 형태든지 전통적인 선교사의 선교를 허락하지 않거나 자국내에서 선교하는 것을 제한하는 것을 말한다. 선교를 거부하는 나라에서는 현지인들과 자연스러운 접촉이 필요하고 무엇보다도 기독교를 전하는 사람이라는 인식과 적대적인 태도를 갖지 않도록 관계를 형성하는 것이 매우 중요하다.[34]

태권도를 통한 전문인 선교는 무한한 가능성과 함께 접근 방법에 있어서 뛰어난 가치를 갖고 있다.

① 한국이 종주국으로 기득권을 갖고 각 국가에 접근할 수 있고 외국에서 호응도가 매우 높다.[35] 세계 각국에서 태권도를 배우고자 하는 사람들이 우리나라의 사범을 원하며 종주국의 태권도를 배울 것을 희망하고 있다. 그러기에 자연히 한국 사범들의 대우가 좋다.[36]

② 선교의 인적 자원이 풍부하다. 국내의 태권도 인구는 1만여 사범과 280만여 명의 유단자 그리고 200만여 명의 수련생이 있다. 통산 약 500만여 명의 태권도인을 보유하고 있는 것이다. 이와 같이 우리에게 있는 500만 태권도인의 보유는 한국적 전문인 선교 전략의 가능성을 보여주고 있다.[37]

③ 우리의 전통 무예이자 국기인 태권도는 우리나라에만 주어진 소중한 달란트이다. 태권도가 올림픽 정식종목이 되

---

33 이현모, 『선교학 개론』, 286-287.
34 김인수, "태권도를 통한 이슬람권 선교 전략 연구", 65.
35 김용기, "사도 바울의 마지막 선교지 알바니아에서의 스포츠를 통한 사역", 『전문인선교(GPTI)』 (1999, 가을호): 9.
36 최원규, "전문인 선교로서 태권도의 활용 가능성 및 접근 방법 연구", 54.
37 김영락, "평신도 자비량 선교에 대한 연구", 57.

면서 이슬람과 공산권 그리고 선진국에서도 종주국 태권도 사범을 요구하고 있다. 특히 선교 제한 지역에서 사역하고 있는 선교사들이 태권도 선교의 필요성을 느끼고 태권도 선교사를 요청하고 있다.[38]

④ 관원들의 수련 회비로 자급자족 선교가 가능하다. 물론 선교지역에 따라 그 자급율이 달라질 수도 있다.[39]

⑤ 왕실, 경호원, 사관학교, 경찰학교, 정치인들이 선호하므로 그 사회 깊숙이 침투하여 영향력을 행사할 수 있다.[40]

⑥ 정신적 우위성을 인정받을 수 있다. 태권도는 예의를 중요시하므로 지도자와 수련생 상호 간의 인격을 존중하게 된다. 따라서 지도자에 대한 존경은 명령의 복종으로 나타난다.[41] 또한 태권도 사범이 훈련생과 정기적으로 접하므로 전도와 양육, 제자훈련이 가능하고 명령계통을 갖춘 무도정신의 체계를 이용하여 수련생들에게 신앙적인 영향을 크게 미칠 수 있다.[42]

⑦ 국위를 선양할 수 있다. 태권도 종주국으로서의 위상과 태권도 용어를 우리말로 교육함으로써 자긍심을 얻을 수 있다.

⑧ 공간 활용의 효율성이 있다. 태권도 도장은 실내이든 실외이든 상관없이 수련할 수 있고, 특히 실내일 경우 예배 및 교육 장소로 활용이 가능하다.

⑨ 협력 선교도 용이하다. 태권도 선교의 특수성에 따른 독립

---

38 김영락, "평신도 자비량 선교에 대한 연구", 55.
39 최원규, "전문인 선교로서 태권도의 활용 가능성 및 접근 방법 연구", 54.
40 김용기, "사도 바울의 마지막 선교지 알바니아에서의 스포츠를 통한 사역", 9.
41 최원규, "전문인 선교로서 태권도의 활용 가능성 및 접근 방법 연구", 55.
42 김용기, "사도 바울의 마지막 선교지 알바니아에서의 스포츠를 통한 사역", 9.

적 복음전파도 가능하지만 선교 사범과 목회자 사이의 협력 사역 효과의 기대치도 높일 수 있다.[43]

또한 태권도는 정부로부터 인정받는 가치 있는 무도로서 "국기 태권도"라는 명칭을 받고 있다. 세계 속에 태권도 종주국임을 선언한 것이 1971년부터 30년 이상 흘렀다. 한국의 국기인 태권도는 2011년 세계태권도연맹(WTF) 가맹 회원국수에 있어서 세계 200개국 7천만 수련 인구를 가지고 있으며, 올림픽 종목 중 10위 안에 드는 규모이다. 더욱이 한국의 대학과 기타 단체에서도 태권도에 대한 관심이 확대되면서 대학에서도 태권도학과와 태권도 동아리가 널리 인정되고 학생들도 동참하고 있다. 이와 같이 태권도의 우수성과 전망은 더욱 높아지리라 본다.

---

43 최원규, "전문인 선교로서 태권도의 활용 가능성 및 접근 방법 연구", 55.

참고문헌

국기원.『태권도교본』. 서울: 국기원, 1992.
강신경. "전문인 선교시대의 스포츠를 통한 창의적 접근 지역 선교 방안".『석사학위논문』서울: 총신대학교 선교대학원, 1999.
김인수. "태권도를 통한 이슬람권 선교 전략 연구".『석사학위논문』대전: 침례신학대학교 신학대학원, 2003.
김영락. "평신도 자비량 선교에 대한 연구".『석사학위논문』전주: 전주대학교 선교신학대학원, 2000.
김용기. "사도 바울의 마지막 선교지 알바니아에서의 스포츠를 통한 사역".『전문인선교(GPTI)』1999. 가을호.
김정화.『태권도 지도이론』. 서울: 형설출판사, 1986.
김희삼. "태권도를 통한 세계 선교의 실천 방안 연구".『석사학위논문』군포: 순신대학교 신학대학원, 1996.
노형호. "스포츠 선교에 대한 교육적 의미".『석사학위논문』서울: 총신대학교 일반대학원, 2003.
민중서림.『민중 엣센스 국어사전』. 서울: 민중서림, 1998.
박옥이. "전문인 선교를 위한 태권도 선교의 역사와 활용 방안에 관한 연구".『석사학위논문』서울: 총신대학교 선교대학원, 2003.
이광순 외 1인.『선교학개론』. 서울: 한국장로교출판사, 1993.
이현모.『선교학 개론』. 대전: 침례신학대학교출판부, 2000.
이광훈.『88올림픽 전도단 선교보고서』. 서울: 세신문화사, 1988.
조구동. "할렐루야 태권도 선교".『세계체육인선교회』통권 제15호 1988.
최홍희.『태권도 교서』. 서울: 정연사, 1971.
최락천. "태권도 수련을 통한 청소년 신앙공동체 활성화 방안".『석사학위논문』대전: 목원대학교 신학대학원, 2001.

최근식. "말레이시아 이슬람권 선교 전략 연구". 『석사학위논문』 서울: 총신대학교 선교대학원, 1999.

최원규. "전문인 선교로서 태권도의 활용 가능성 및 접근 방법 연구". 『석사학위논문』 화성: 협성대학교 신학대학원, 1998.

한국브리태니커. 『브리태니커 세계 대백과사전』. 서울: 한국브리태니커 회사, 1994.

현석주. "태권도 시범을 통한 기독교 선교의 역할에 관한 연구". 『진리논단』 제3호 1999. 봄.

Bavinck, J. H. *An introduction to the science of missions*. 전호진 역. 『선교학개론』. 서울: 성광문화사, 1980.

제7장
신유 사역과 선교 전략

이 회 훈

1. 들어가는 말

한국 교회 가운데 신유론을 신학의 범주에 포함해서 전개하고 사역에 활용하는 그룹은 성결교회와 순복음교회이다. 박명수는 "성결교회가 이 땅에 들어왔을 때 가장 비판을 많이 받은 교리가 신유이다. 그러나 성결교회는 시작부터 지금까지 신유는 성서의 중심 주제 가운데 하나이며, 우리의 죄를 용서하신 주님은 우리의 질병을 치유하신다는 믿음을 지켜왔다."[1]라며 성결교회의 정체성을 밝힌다. 또한 이영훈은 세계 오순절운동의 시작에서부터 신유 사역이 강조되었으며 이러한 신유의 물결은 현대 오순절운동에까지 이어지며, 한국에서는 김익두, 이성봉, 조용기 목사 등을 통해 신유의 역사가 계속되었다고 지적한다. 특별히 조용기 목사의 개척교회가 절망적인 환경을 극복하고 세계 최대의 교회로 성장할 수 있었던 배경 가운데 하나가 불치의 병에 걸린 환자들의 기적적인 신유의 체험 때문이었

---

1 박명수, 『근대복음주의의 주요흐름』 (서울: 대한기독교서회, 2008), 137-138.

다고 강조한다.[2] 이렇게 오순절-성결교회는 신유 사역에 대한 성경적 믿음과 사역의 현재성과 실재성 그리고 효율성을 견지해 온 복음주의교회이다.

이러한 복음주의 교회가 행하는 신유 사역은 전적인 성령의 사역으로 선교와 목회 현장에 강력한 영향력을 발휘하며 하나님 나라 확장에 큰 도움을 주고 있다. 필자는 본 소고를 통해 선교의 탁월한 효과를 위해 귀중한 전략이 되는 신유 사역의 당위성과 원리를 오순절 선교신학적 관점과 영산(靈山)[3]의 신유 신학적 관점에서 살펴보고 이를 근거로 선교적 의의를 조망하고자 한다. 필자가 특별히 영산의 신유신학에 관심을 갖는 것은 영산이 세계 최대의 교회를 세운 목회자임과 동시에 선교 현장에 강력한 신유의 사역을 통해 복음을 전한 성령 사역자라고 판단하기 때문이다. 영산은 실로 세계 최대의 신유 사역자 가운데 한 사역자이다. 상기의 목적을 위해 신유 사역의 당위성과 신유 사역의 원리를 영산의 신유신학적 관점에서 다룬 후 선교 전략적 의의를 정리한다.

2. 신유 사역의 당위성

1) 성경은 신유의 하나님을 말씀하고 있다.

구약성경의 여호와 하나님은 치료의 하나님이시다(출 15:26). "여호와 라파"라는 하나님 성호에 걸맞게 구약성경에는 많은 치유의 기

---

2 이영훈, 『성령과 교회』 (서울: 교회성장연구소, 2013), 162-176.
3 영산(靈山)은 여의도순복음교회 조용기 목사의 아호(雅號)이다. 이후에는 영산으로 표기한다.

사가 기록되어 있다.[4] 신약성경에는 더 많은 치유 기사를 접할 수 있다. 예수님의 사역과 사도들의 사역 그리고 믿는 자들의 사역에는 많은 치료의 역사가 동반되었다.[5] 그래서 성경을 있는 그대로 믿는 신앙인들은 지금도 신적인 치료의 역사가 계속되고 있다고 믿는다. 물론 현대의 이성적인 신앙인들이 여러 가지 이유[6]를 들어 신유 사역을 무시한다고 해도 성경은 너무나도 분명하게 하나님의 치유를 말씀하고 있다.

필자의 경우, 1984년 당시 고등학교 2학년 때 위장에 병을 달고 살았는데 부흥성회에서 안수기도를 통해 고침을 받았으며, 대학교 2학년 때 폐결핵을 앓게 되었을 때도 수련회 때 안수기도를 통해 고침을 받은 경험이 있다. 그런데 더욱 놀라운 것은 이렇게 병을 치료해주신 하나님을 구약성경에서 발견할 수 있을 뿐 아니라 신약성경의 예수님을 통해서 수많은 병자가 치료되고 나아가서 예수님의 사역자들을 통해서도 신유의 역사가 계속되었다는 것을 성경 가운데 발견한 것이었다.

이러한 신유의 하나님에 대한 성경적, 경험적 이해는 당시 학업 중이었던 신학교에서 가르치는 내용과 너무 다른 것이었기에 필자의 신유체험과 성경에서의 확인은 충격적으로 다가왔다. 성경을 하나님의 말씀으로 믿는다면, 하나님은 신유의 하나님이시다. 그 이유는 성경이 그것을 말씀하고 있기 때문이다. 그러므로 성경의 선언 앞에 모든 사상과 신학적 사조는 굴복해야 한다. 성경이 최종 권위이다.

---

4 박행렬 편저, 『전인치유 사역』 (서울: 나임, 1993), 32-34.
5 김신호, 『어떻게 해야 신유를 경험할 수 있나요?』 (서울: 서로사랑, 2011), 45-85.
6 김신호, 『어떻게 해야 신유를 경험할 수 있나요?』, 13-37.

2) 교회 역사가 신유 사역을 지지한다.

근대 신유 운동은 19세기의 산물이다. 19세기 스위스의 트루델(D. Trudel)은 자신의 공장 일꾼 4명이 아파서 의사를 부르려 했지만 여의치 않아 야고보서 5장의 말씀에 의지해서 기도한 후 치료의 역사를 경험하게 된다. 이후 트루델은 강력한 신유 사역을 전개하게 되었고 영국, 미국에 큰 영향을 주었다. 트루델이 질병의 원인이 죄라고 강조한데 반해, 독일 사역자인 블룸하르트(J. C. Blumhardt)는 질병의 원인이 죄와 함께 귀신인 것을 드러냈다. 미국의 경우 컬리스(C. Cullis)를 중심으로 1873년부터 강력한 신유 운동이 전개되며 이와 함께 보드만(W. E. Boardman), 심슨(A. B. Simpson), 고든(A. J. Gordon)등이 활동하게 된다. 이 가운데 심슨이 신유신학을 가장 잘 발전시켰다.[7]

20세기에 들어서도 하나님의 초자연적인 치료의 역사는 계속되었는데, 찰스 F. 파함(Charles. F. Parham), 윌리엄 J. 세이모어(William J. Seymour)의 강력한 신유 사역은 잘 알려져 있으며, 윔리엄 J. 세이모어 이후에 오순절 계통에서 신유 사역을 행했던 프레드 보스워스(Fred F. Bosworth)는 심슨의 기독교선교연합회와 밀접한 관계를 맺으면서 1920년대 가장 유명한 신유 사역자로 활동하게 된다. 이 당시 에이미 샘플 맥퍼슨(A. S. McPherson)은 여성 신유 사역자로 큰 명성을 날렸다.

제2차 세계대전 이후에는 빌리 그래함을 중심으로 전통적인 부흥운동이 진행되었고, 동시에 오순절적 신유 운동은 윌리엄 브랜험(W. Branham)과 오럴 로버츠(Oral Roberts)를 중심으로 전개되었다.

---

7 박명수, 『근대복음주의의 주요흐름』, 142-156.

그러나 윌리엄 브랜험은 1960년대 초에 이르면서 사역이 과격화해지고, 추종자들에 의해서 신격화되는 부작용도 낳았다. 1947년부터 강력한 신유 운동을 이끈 사역자는 오럴 로버츠이다. 이때 당시 여성 신유 사역자로는 캐더린 쿨만(K. Kuhlman)이 활동했다.

1950대 이후부터는 신유 사역이 모든 교파에 파급되었다. 성공회 신부인 데니스 베렛(Denis Barrett)의 은사운동, 1960년대 이후에는 천주교 신부인 프랜시스 맥너트(Francis MacNutt)의 신유 사역이 대표적이다.[8] 20세기 후반에 들어서는 케네스 헤긴(Kenneth Hagin), 존 윔버(John Wimber) 등의 신유 사역이 특징적이다. 이렇게 분명한 교회 역사적 증거를 가지고 있는 신유 사역은 초대교회에만 국한되어 나타난 것이 아닌 오늘날에도 계속되고 있는 하나님의 신적 치료의 역사임을 잘 변증해 준다.

3. 신유 사역의 원리

신유 사역의 원리에는 이미 도래한 하나님의 나라를 근거로 질병과 같은 모든 고난에서 구원하시며 다스리시는 주 되신 예수 그리스도의 "하나님 나라 통치 원리"와 십자가에서 질병을 대속하시므로 치료의 근거를 마련하셨다는 "십자가의 원리"가 있으며, 이러한 하나님의 나라와 십자가의 신유 사역의 원리는 실제적인 신유의 능력으로 함께 하시는 성령 사역을 전제로 한다. 이제 "하나님 나라 통치 원리"는 제3의 물결론자를 중심으로 논하고, "십자가의 원리"는 영산 신학에 근거해서 살펴보겠다.

---

8 이영훈, 『성령과 교회』, 162-170.

1) 하나님의 나라 통치 원리

(1) 구약의 하나님의 나라

구약과 유대교적인 배경을 가지고 있는 "하나님의 나라"는 하나님이 통치하시는 새 시대에 대한 간절한 기대의 표현이었다. 양용의에 의하면, 구약성경에는 하나님 나라, 하늘 나라라는 표현이 등장하지 않는다. 하나님 나라라는 표현은 중간기 유대교 문학에 등장하고, 예수님은 이러한 표현을 사용하신 것으로 보인다.

그러나 구약성경에는 하나님의 나라와 비슷한 개념이 등장하는데 그것은 계시적 나타나심(창 20:3; 삿 6:11), 제사의식에서의 임재(출 20:24; 시 24편), 심판과 구원을 위한 방문(합 3:13; 사 35:4; 60:1-3)으로 특징지어지는 하나님의 오심 사상과 여호와께서 역사 가운데 방문하셔서 마지막 결정적인 심판과 구원을 행하시는 날을 지칭하는 주의 날 사상(사 13장; 34장; 암 5:18; 렘 31:31-34; 겔 36:26-27; 말 3:2-3; 4:5-6)이 등장하며, 무엇보다 하나님 자신이 왕이라는 용어가 41회에 걸쳐 나타난다.

하나님은 이스라엘의 왕으로 나타나신다(출 19:5-6). 왕이신 하나님은 종말에 메시야를 통해 활동하시고 현존하신다(사 9:1-7; 11:1-9; 미 5:1-4). 메시야를 통해 이루어지는 하나님의 나라는 통치의 보편성(사 25:6-7; 45:21-22; 56:3-8; 렘 3:17; 습 3:9; 슥 8:20-23), 메시야 백성들에게 임한 그 나라의 의(사 11:5; 26:2; 렘 23:5-6), 하나님과 인간 사이의 관계 회복으로 주어지는 그 왕국의 평화(사 12장; 35장; 습 3:14-20; 슥 9:9-10)가 특징이 될 것이며, 이러한 왕국을 이루기 위해 메시야는 고난을 감수해야 한다(사 52:13-53:12).[9]

---

9 양용의,『하나님 나라 어떻게 이해할 것인가』(서울: 성서유니온선교회, 2005), 29-54.

(2) 예수님과 하나님의 나라

김세윤은 구약이 예언한 하나님의 나라가 예수님의 사역을 통하여 현재 여기서 실재가 되고 있다고 강조한다. 예수님은 하나님의 구원사에서 "율법과 선지자들"의 시대가 세례요한으로 끝나고, 자신의 사역과 더불어 새로운 시대, 곧 하나님의 나라의 시대가 도래하여 하나님의 통치가 강력히 역사하고 있으며 사람들이 그 통치영역으로 지금 들어가고 있음을 선언하였다(마 11:12-13; 눅 17:21; 마 10:7; 막 1:15).

예수님은 자신이 하나님의 힘으로 귀신을 추방하는 행위를 사단의 세력을 꺾고 하나님의 통치가 구원의 힘으로 나타나는 것으로, 즉 하나님 나라가 임했음을 증명하는 사례로 내세우셨다(마 12:28). 예수님은 자신이 사탄을 묶었음을 시사하는데(눅 11:21), 이는 종말에 사탄을 완전히 파멸시키기 전에 이미 그를 일차적으로 패배시켰으므로 예수님이 사탄의 악과 고난의 통치 밑에서 허덕이는 사람들을 이미 해방시키고 있음을 의미한다.

예수님의 하나님의 나라 선포의 사역은 사탄을 꺾고 하나님의 주권을 세워나가는 과정이었다. 그러기에 그가 병자를 고치고 하나님 나라를 선포하도록 보낸 제자들의 사역에서도, 예수님은 사탄이 왕좌에서 굴러 떨어지고 하나님의 왕권이 확립되는 것을 보고 기뻐하였다(눅10:9). 그러므로 예수님의 축귀와 신유는 하나님 나라의 구원의 힘의 시위이며, 악과 고난으로 다스리는 사탄의 나라에 있는 사람들을 해방하여 의와 사랑과 생명으로 통치하시는 하나님 나라로 이전시킴을 의미하는 것으로, 예수님이 선포한 "하나님 나라"에 대한 주해이며, 그것의 실제화였다.[10]

10　김세윤, 『복음이란 무엇인가?』 (서울: 두란노, 2004), 58-65. 김세윤은 하나님 치유의 범주를 사람에게 한정해서 생각하지 않는다. 그는 치유를 모든 고난에서의 구원, 회복으

이처럼 예수님의 신유 사역은 하나님의 나라를 실제화하는 것이었다. 이러한 예수님의 치유를 통한 하나님 나라 통치는 부활 이후 하늘 보좌 우편에 앉으시므로 더욱 확실하게 지금도 계속되고 있다(시 110:1; 행 2:32-35; 고전 15:20-26). 주님으로 높임을 받으신 예수님은 하나님의 대권의 위임과 함께 하나님의 영이신 성령을 통해 통치하고 계신다(행 2:33; 롬 1:4; 계 5:6).[11]

(3) 이미 도래한 하나님의 나라와 신유

신유 사역을 이미 도래한 하나님의 나라와 연관해서 접근하는 그룹은 존 윔버를 위시로 한 제3의 물결론자들이다. 존 윔버는 자신의 신유 사역을 하나님의 나라와 연관해서 설명하며 사역을 펼쳤다. 그는 예수님을 통해 시작되고 십자가를 통해 실현된 하나님의 나라의 복음을 전하기 위해서 교회는 신유 사역을 계속해야 한다고 주장했다.[12] 존 윔버에 의하면 하나님의 신유는 내적치유, 축귀치유, 몸의 치유를 망라한다. 그가 제시하는 치유의 원리는 다음과 같다.

① 하나님께서는 오늘날에도 여전히 병든 자를 치료하시기를 원하신다는 것을 인정할 것.
② 그리스도인들이 힘을 모아 치유 사역에 참여할 것.
③ 신유 사역을 위해 믿음으로 행할 것.
④ 능력의 성령님이 함께 하시는 것을 믿을 것.
⑤ 화목한 인간관계를 유지할 것.
⑥ 단지 질병 치유만이 아닌 사람 전체의 온전함을 위해 기도

로 본다.
11 김세윤, 『복음이란 무엇인가?』, 188-200.
12 John Wimber, *Power Evangelism* (Ventura, Calif.: Regal, 2009), 22-47.

할 것 등이 있다.[13]

제3의 물결론자들에게서 특징적인 것은 신유가 죄의 회개와 함께 사탄과의 투쟁과 밀접한 관계가 있다고 보는 것이다. 존 윔버는 질병은 대체로 사탄의 공격에 의해 생길 수 있으며 이는 그리스도인들이 구원을 받았지만, 사탄과의 영적인 전쟁 가운데서 희생자가 생길 수 있기 때문이라고 주장한다.[14] 그래서 하나님 나라 원리를 통해 신유 사역을 펼치는 사역자들은 신유를 위한 영적 전쟁을 당연하게 생각한다.

필자가 신유 사역 집회를 탐방 갔을 때 당시 신유의 사역을 섬기던 목사는 병을 치료하기 위해 먼저 마귀를 추방하고 병을 치료해야 한다고 주장했다.[15] 그리고 실제 사역의 시범을 그러한 원리로 보여주었다. 그런데 놀라운 것은 질병을 가져온 귀신이 떠나자 질병도 치유되는 것이었다. 필자는 모든 질병이 이렇게 치료된다고 보지는 않는다. 그러나 하나님의 나라 통치의 원리는 신유 사역에 중요한 원리가 된다고 확신한다.

2) 십자가의 원리

십자가는 병든 인생들을 치료하는 중요한 근거이다. 예수 그리스도께서 십자가에서 인생들을 억압하는 모든 질병의 세력들을 멸하셨기 때문이다(마 8:17). 이러한 십자가의 질병의 대속을 근거로 신

---

13 John Wimber, *Power Healing* (San Francisco: Harper Collins, 1991), 170-173.
14 John Wimber, *Power Healing*, 39-40.
15 필자는 부천에 있는 기쁨의교회(이종선 목사 시무)에서 영적 전쟁과 신유 사역에 대한 세미나에 참석했었다. 기쁨의교회는 지금도 지도자들을 대상으로 해서 영적 전쟁과 신유 사역을 가르치고 있다.

유 사역을 펼쳐온 사역자가 영산 조용기 목사이다. 영산을 중심으로 신유를 위한 십자가의 원리를 살펴본다.

(1) 영산의 인간론

영산 신학의 출발점은 "좋으신 하나님"이다.[16] 영산의 좋으신 하나님 사상은 1950, 60년대 한국의 절망적인 사회적 상황과 함께 싹 트게 되었고,[17] 영산의 오순절 신학적 배경에 기인한다.[18] 영산의 신학을 샤머니즘으로 오해하는 신학적 분석도 있었지만,[19] 영산의 신학은 한국적 필요에 상황화(Contextualization)된 성경적인 신학이다.[20] 영산은 절대절망에 처한 한국인들에게 삼박자 구원[21]을 설파했는데 삼박자 구원이란 십자가의 대속으로 영혼과 범사와 육체가 구원을 받는 전인 구원론이다.

① 영산의 인간이해

전통적인 인간론은 하나님의 형상으로서의 인간, 인간의 구조적 본질 등에 관해 성경적, 신학적으로 진술된다.[22] 영산은 이

---

16 이영훈, 『성령과 교회』, 240.
17 이영훈, 『성령과 교회』, 233-234.
18 Young-hoon Lee, *The Holy Spirit Movement in Korea: Its Historical and Doctrinal Development*, Ph.D. Dissertation (Philadelphia: Temple Univerity, 1996): 188-200; 박명수, 『급하고 강한 바람』 (서울: 서울말씀사, 2012), 23-46.
19 Walter J. Hollenweger, *Pentecostalism: Orgins and Developments Worldwide* (Peabody, MA: Hendrickson Publisher, 1997), 103-105.
20 Allan Anderson, "한국에서의 상황화 신학으로서의 조용기의 오순절 신학", 『영산국제신학 심포지움』 (2002): 15-68.
21 조용기, 『삼박자 구원』 (서울: 서울서적, 1977).
22 Millard J. Erickson, *The Doctrine of Humanity & Sin*, 나용화 · 박성민 공역, 『인죄론』 (서울: CLC, 1993), 15-156; Guy P. Duffield and N. M. Van Cleave, *Foundations of Pentecostal Theology* (LA: Foursquare Media, 1983), 127-140; William W. Menzies, *Understanding Our Doctrine*, 총회총무국 역, 『오순절성경교리』 (서울: 기하성출판사,

러한 전통적인 인간론을 수용하면서 동시에 죄를 지은 인생들에게 내려진 전인적인 형벌과 구원에 대해서 좀 더 확장되고 깊이 있는 신학적, 선교적 이해를 보여준다.

영산이 이해하는 인간은 하나님의 영광을 위하여[23] 하나님의 형상으로 지음 받은 존재이며(창 1:26) 영과 혼과 육으로 구성된 존재이다.[24] 여기서 하나님의 형상이란 인간이 하나님을 따라 영, 도덕, 이성, 영생의 능력, 지배권을 소유한 존재로 지음 받았다는 것이다.[25] 인간은 부족함이 없는 온전한 동산인 에덴동산에서 거하며 자유의지를 가지고 하나님을 섬기는 존재였다. 인간의 자유의지는 하나님의 말씀에 순종할 수도 있고 마귀의 말을 따를 수도 있는 절대적인 자유의지이다.[26]

처음 사람 아담은 영과 혼과 육이 조화를 이룬 상태였으며, 죄가 없는 존재였으므로 수치심, 질병, 사망과 상관이 없었으며, 세상에 대한 온전한 지배권을 가지고 모든 자연만물을 자신의 생각대로 지배하고 다스리는 존재였다. 아담의 지배권은 하나님의 피조물들의 이름을 지어주는 그의 행위를 통해 잘

1994), 87-96.

23 조용기, 『순복음의 진리 下』, 262-263.

24 조용기, 『순복음의 진리 下』, 258. 영산의 인간 구성 견해는 삼분설에 입각해서 설명된다. 자세한 내용은 다음을 보라: 이기성, "영산 인간론의 영과 혼의 개념", 『영산신학저널』 (2007) 제11권, 175-183.

25 조용기, 『순복음의 진리 下』, 259-261. 이기성은 영산의 하나님 형상으로서의 인간 이해에 대해, 영적인 존재로서의 인간, 도덕성, 이성, 영생의 능력, 지배권을 설명하며 하나님의 형상에 포함된 세부적인 내용에 대한 보다 세심한 구분이 필요함을 지적한다. 이기성, "인간의 하나님 형상성에 대한 영산의 해석", 『영산신학저널』 제4권 제2호 (2007): 121-126.

26 조용기, 『순복음의 진리 下』, 267-269. 신문철은 하나님의 은혜와 인간의 자유의지에 대한 논쟁을 평가하면서 인간의 자유의지를 희생시켜가면서 하나님의 절대 은총을 강조한 이론과 하나님의 은혜를 소외시키면서 인간의 자유의지를 강조한 이론을 대조한다. 신문철, "영산의 성령론적 인간론", 『영산신학저널』 제4권 제2호 (2007): 104.

드러나는 만물을 가꾸고 발전시키는 창조적인 능력이었다(창 2:18).[27] 이처럼 영산이 이해한 처음 사람은 모든 면에서 건강한, 완전한 사람이었다.

② 3중 타락의 인간

선악을 알게 하는 나무의 열매를 먹지 말라는 하나님의 명령을 거역하고 사탄의 유혹에 넘어진 인간은 죄를 범하게 된다.[28] 범죄한 인간은 하나님께 심판을 받게 되고 심판은 3중 형벌을 받게 했다.[29] 범죄한 인간에 대한 3중 형벌은 무엇인가?[30] 첫째, 영이 죽어 하나님과의 대화가 단절된 것이다.[31] 아담이 범죄 하자 하나님 앞에서 그의 영이 죽게 되었고, 악한 영이 들어와 사람을 마귀의 종이 되게 만들었다.[32] 사람은 영적인 존재이므로 성령의 세계에 속하든지, 아니면 악령의 세계에 속하게 된다.[33] 죄와 마귀는 불가분의 관계이다(요일 3:8). 범죄한 아담은 하나님과 분리되어 마귀와 하나가 되었고, 마귀의 종이 되었다.[34] 범죄한 인간들의 상태에 대해 영산은 다음과 같이 주장한다.

---

27 조용기, 『순복음의 진리 下』, 269-273.
28 조용기, 『순복음의 진리 下』, 286-287.
29 조용기, 『순복음의 진리 下』, 291.
30 영산에게 있어서 이러한 질문이 선교 목회적 차원에서 중요한 이유는 교회의 구성원인 인간 이해에서 목회철학이 나오기 때문이다. 김홍근, "영산의 인간 이해: 절대절망적인 인간 존재와 영산의 목회적 돌봄", 『영산신학저널』 통권11호 (2007): 116-137.
31 조용기, 『순복음의 진리 上』 (서울: 서울서적, 1979), 155.
32 조용기, 『삼박자 구원』, 42-44.
33 David Yonggi Cho, *The Fourth Dimension*, 47
34 조용기, 『순복음의 진리 下』, 284.

옛 사람은 아담의 성품을 가진 사람으로 부모에게서 태어날 때부터 하나님께 버림을 받은 사람이요, 저주를 받은 사람이고 마귀에게 종노릇하는 마귀에게 속한 사람입니다. 이 옛 사람은 아무리 힘쓰고 노력하여도 마귀의 종에 불과합니다.[35]

또한 하나님과 분리된 인간은 하나님의 형상을 상실하고,[36] 정신적, 지적, 도덕적 성품까지 부패되어 마음에 하나님 두기를 싫어하고(롬 1:21-22), 죄를 즐기는 부패한 인생들이 되었다(롬 1:28-32). 이러한 인간의 상황을 최대로 이용하는 사탄은 인간을 계속해서 육신의 정욕, 안목의 정욕, 이생의 자랑에 묶어서 죄를 짓도록 충동질하여 그의 지배권을 벗어나지 못하도록 노예화한다.[37]

둘째, 범죄한 인간에 대한 형벌은 타락한 아담이 에덴동산에서 쫓겨나고(창 3:23), 에덴에서의 추방과 함께 아담과 하와에게 범사의 저주가 다가왔다(창 3:17-19).[38]

셋째, 범죄한 인간에 대한 형벌은 질병과 죽음의 선고이다.[39] 원래 인간은 죽음과 상관없이 지음 받았다. 그러나 인간이 타락함으로 죽음을 자초하고 사망의 도구인 질병에 노예가 된 것이다.[40] 눈에 보이지 않는 질병의 뿌리는 죄에 있다. 죄의 삯이 사망이요, 이 사망을 통해 사망의 세력을 잡은 자, 곧 마

---

35 조용기, 『삶과 기쁨』 (서울: 서울서적, 1975), 45.
36 조용기, 『순복음의 진리 下』, 282.
37 조용기, 『순복음의 진리 下』, 285-298.
38 조용기, 『순복음의 진리 上』, 155.
39 조용기, 『순복음의 진리 上』, 156.
40 조용기, 『삼박자 구원』, 243.

귀(히 2:14)가 끊임없이 질병에 생명을 공급하여 도적질하고 죽이고 멸망시키는 파괴적인 역사를 계속하는 것이다.[41]

이처럼 영산에게 있어서 타락한 인간의 실존은 죄로 말미암아 3중 형벌에 떨어진 존재이다.[42] 죄로 말미암아 영이 죽어 하나님과 분리되고 부패되었으며, 범사의 저주와 육체의 질병과 사망의 종살이를 하는 존재들이 바로 인간이다.[43]

(2) 영산의 질병 이해

영산의 인간론에서 보았듯이 질병은 죄로 인해 발생되었다. 죄의 삯은 사망이다(롬 6:23). 사망으로 가기 위해 질병이라는 터널을 통과하게 된다.

동시에 영산에게 있어서 질병은 마귀의 역사이다. 악한 영적 세력들을 연구하는 사람들은 사탄과 그의 세력들이 고도로 조직된 계급구조로 되어 있는 것 같다고 증언한다(엡 6:12).[44] 사탄은 수하에 악한 영들을 거느리고 악한 일을 자행하고 있다.[45] 성경은 악한 영

---

41 조용기, 『병을 짊어지신 예수님』 (서울: 서울서적, 1976), 63-64. 신유에 관한 영산의 초기 저서인 『병을 짊어지신 예수님』에는 질병의 원인을 죄, 저주, 마귀로 정리하고 있지만 2001년 저술된 『신유론』에는 위의 3가지 원인에다 "잘못된 생활 태도와 부주의"가 추가되어 있다. 사람들의 무절제하고 부주의한 생활, 즉 교통사고나 여러 가지 안전사고와 같은 부주의, 잘못된 식생활 등이 질병을 가져온다는 것이다. 이것은 영산이 모든 병이 마귀의 역사라고 주장하는 것은 아니라는 것을 반증한다. 조용기, 『신유론』 (서울: 서울서적, 2001), 58-59.
42 조용기, 『오중복음과 삼중축복』 (서울: 서울말씀사, 1998), 256.
43 김판호, "영산의 신학적 인간 이해: 전인 구원을 중심으로", 『영산신학저널』 제4권 제2호 (2007): 52-53.
44 예영수, 『귀신의 기원과 정체』 (서울: 엠북스, 2013), 28. 예영수는 엡 6:12을 근거로 사탄 이외에 몇 가지 다른 부류의 악령들이 존재함을 설명한다.
45 예영수, 『한국 교회 신학자들이 본 마귀론 이해』 (서울: 은성, 1998), 70. 주승민은 마귀(Devil), 사탄(Satan)에 관한 이해에는 대부분 학자들 간 타락한 천사들의 우두머리로, 마귀는 사탄의 다른 이름이며 복수가 아닌 단수로 사용된다는 점에서 성경은 일치를 보여주고 있다고 증언한다.

들의 위계에 관한 암시적인 언급을 제공한다. 에베소서 6:12의 "정사, 권세, 주관, 하늘의 악한 영"들이 그것이다.

메릴 F. 엉거(Merrill. F. Unger)는 사단이 많은 영적인 부하들을 거느리고 있다고 진술한다. 그는 "그들의 왕, 군대 최고사령관인 사탄 아래 두목 급의 "정사", 부사령관 급의 "권세", 정치적인 영들인 "주관", 일반 군사 무리들인 "하늘의 악한 영들"이 조직화되어 있다."라고 주장한다.[46]

홍성철은 하늘에 있는 사탄의 정사와 권세가 그리스도인의 복음 전파와 신앙생활을 방해하는 실제적인 세력이라고 기술하며 사단 아래 정사, 그 다음 권세, 그 다음 이 세상 주관자, 그 다음 하늘에 있는 악한 영들의 구조를 소개한다.[47] 영산은 악한 영적 세계의 세부적인 조직에 대해서 관심을 갖기보다는 사탄의 모든 세력이 그리스도의 십자가 앞에서 무력하다는 진리에 더욱 집중한다. 특징적인 것은 영산이 제시하는 귀신들의 종류 가운데 특별히 질병과 연관이 있는 귀신에 대해 고발하는 부분이다.

영산에 따르면 마음과 육체를 억압하는 귀신들에는 미치게 하는 귀신(마 8:16)이 있는데 이 종류의 영들은 정신적인 혼동, 미침, 억압을 가져오며, 눈멀게 하고 벙어리 되게 하는 귀신(마 12:22)과 같은 종류의 영들은 후천적으로 눈멀고, 벙어리가 되는 것과 같은 육체적인 장애의 억압을 가져오며, 병들게 하는 귀신들(행 10:38)은 자연적인 원인이 아닌 귀신에게서 기인하는 많은 병들을 통해 인생들을 억압하며 누른다는 사실을 알 수 있다.

이러한 심신을 억압하여 질병을 가져오는 귀신들은 인생들의 죄

---

[46] Merrill F. Unger, *Biblical Demonology*, 정학봉 역, 『성서적 마귀론』 (서울: 요단출판사, 1980), 266.
[47] 홍성철, 『사도 바울 그의 정사와 권세』 (서울: 은혜출판사, 2007), 183-191.

악을 근거로 질병을 통해 사망의 세력을 잡고 인생들에게 왕 노릇을 하고 있는 것이다(히 2:14-15). 결국 영산은 질병의 원인을 죄와 죄의 심판(질병) 그리고 심판(질병)을 근거로 역사하는 마귀로 보고 있는 것이다.

(3) 영산의 신유신학

① 십자가와 죄, 질병의 대속

영산의 기독론은 전통적인 가르침 위에 굳건히 서 있다.[48] 영산에게 있어서 예수 그리스도와 그의 십자가는 구원론의 핵심이다. 다음은 영산의 강조이다.

> 예수 그리스도는 기독교 진리의 핵심입니다. 그러므로 예수님에 대한 바른 지식이 없이는 기독교의 진리를 알 수 없습니다. 그는 우리 신앙 고백의 대상입니다. 그러므로 예수님에 대한 바른 이해 없이는 바른 신앙고백을 할 수도 없습니다.[49]

이러한 영산의 기독론의 강조점은 개신교의 전통에 따라 예수 그리스도의 사역에 모아진다. 예수 그리스도의 사역을 예수님과 인간의 관점에서 보면, 영산이 공생애를 강조하는 것은 공생애의 사역이 예수 그리스도의 십자가 사역을 가리키고 있기 때문이며, 영산이 십자가를 강조하는 것은 그것이 아담의 타

---

48 임형근, "영산의 기독론 이해: 영원토록 동일하신 예수 그리스도", 『영산신학저널』 제2권 제3호 통권 제6호 (2005): 38-44.
49 조용기, 『순복음의 진리 上』, 116.

락으로 말미암아 상실한 것을 대속하는 사건이기 때문이다.[50] 이러한 영산의 그리스도 십자가 해석에 있어서 특징적인 것은 3중 형벌 아래 있는 인간을 구원하기 위한 3중 대속의 십자가이다. 즉 예수 그리스도의 십자가 대속은 영적인 대속, 환경적인 대속, 육체적인 대속이다.[51] 이제 예수 그리스도의 대속의 십자가를 근거로 인생들은 3중 구원(축복), 전인 구원의 은혜를 힘입을 수 있게 되었다.

십자가로 말미암는 전인 구원의 은혜 가운데 육신의 치료를 위한 질병의 대속은 영산의 신유신학의 주제와 연관해서 매우 중요하다. 예수님은 인생들의 죄뿐만이 아니라 죄가 몰고 온 질병도 대신 담당하셨다(사 53장; 마 8:17). 예수님은 인생들의 질병을 대신 담당하시기 위해서 채찍에 맞으셨다. 그리고 슬픔과 아픔을 담당하셨다. 그래서 이제 예수님을 믿고, 구원을 받은 그리스도인들은 법적으로 죄뿐 아니라 질병에서도 자유함을 얻을 수 있게 된 것이다.

② 십자가와 마귀의 무장해제

예수 그리스도의 3중 대속의 십자가는 3중 형벌을 근거로 인생들을 도적질하고 죽이고 멸망시키려는 마귀에게서의 구원도 보증한다. 죄의 값이 지불되었으므로 더 이상 인간은 마귀의 종이 될 필요가 없다.[52] 영산은 마귀를 "정사와 권세"를 거

---

50 임형근, "영산의 기독론 이해: 영원토록 동일하신 예수 그리스도", 49.
51 조용기, 『오중복음과 삼박자 축복』 (서울: 서울서적, 1983), 240.
52 이는 영산의 인간론을 근거로 볼 때 당연한 것이다. 죄로 인해 형벌 아래 있는 인생들을 구원하기 위해 오신 그리스도는 죄와 형벌을 근거로 인생들을 종으로 부리는 사탄에게서도 구원하셔야 하는 것은 당연한 논리적 귀결이다. 이것을 설명하는 것이 구속(Redemption)이다.

느린 존재로 이해한다. 정사는 국가의 정부와 같은 것이며, 권세는 경찰과 군대와 같은 기관들로 설명된다(골 2:15).[53]

아담의 타락으로 말미암아 이 세상은 마귀가 그 정부를 세우고, 그 밑에 타락한 천사들과 귀신들을 병사로 거느리고는 도처에서 인간을 훼방하며 종으로 부리고 있는 것이다.[54] 이에 예수 그리스도는 마귀의 정사와 권세를 무장해제 시키고 인생들을 구원하기 위해 오셨으며, 그 최대 격전지가 바로 십자가이다.

이에 대해 영산은 다음과 같이 설명한다.

> 예수님께서는 마귀의 정사와 권세를 깨뜨리고, 하나님의 정사와 권세를 세우기 위해 오신 것입니다…자기의 정사와 권세를 침략당한 마귀는 저항할 수밖에 없었습니다. 이 저항전이 바로 갈보리 산의 십자가 전쟁인 것입니다. 마귀와 하나님의 아들 예수 그리스도의 대전투였으며 마귀의 나라와 하나님의 나라의 격전이 갈보리에서 벌어진 것입니다.[55]

이러한 영산의 견해는 예수 그리스도의 십자가를 인간의 죄와 형벌을 위한 대속의 십자가로 이해하는 전통적인 견해에 더하여 보다 깊은 통찰을 보여준다. 즉 예수 그리스도의 십자가는 마귀와의 전쟁터였던 것이다. 결국 예수 그리스도는 십자가에서 마귀를 격퇴하시고 승리하셨다(골 2:15).

예수 그리스도의 십자가가 마귀를 이기고, 무장해제 시키신

---

53 조용기, 『조용기 목사 설교전집 19』 (서울: 서울말씀사, 1996), 385.
54 조용기, 『조용기 목사 설교전집 19』, 386.
55 조용기, 『조용기 목사 설교전집 19』, 387.

십자가라는 진리는 다음과 같이 보다 더 자세하게 설명된다. 다음은 영산의 강조이다.

> 마귀는 자기가 세상 임금이 되어서 하나님께로부터 쫓겨난 아담과 하와와 그 후손들, 곧 인류를 노예로 삼고, 하나님께서 내리신 심판을 자기 통치의 수단으로 삼아서 죄, 미움, 질병, 저주, 죽음의 멍에로 인류를 다스렸습니다…죄없이 태어나시고, 죄를 지으신 적이 없는 예수님께서…쫓겨난 인간을 십자가의 그 보배로운 피로 하나님과 화목하게 하셨습니다. 하나님과 화목함으로 하나님께서 과거에 내리신 모든 형벌을 예수 그리스도의 피로 다 씻어 버리신 것입니다…그렇기 때문에 이제 마귀는 인류를 종으로 삼을 권한도 잃어버리고, 인류를 괴롭히던 통치수단인 여러 가지 하나님의 심판의 도구도 다 빼앗겨 버리고 만 것입니다. 결국 십자가에서 원수 마귀는 무장이 해제되어 버린 것입니다. 마귀의 무장이라는 것은 하나님의 인류에 대한 심판이었습니다.[56]

상기한 것과 같이 마귀는 죄와 심판을 근거로 인생들을 종으로 부릴 수 있었지만 십자가에서 죄, 심판이 무효화되었으므로 더 이상 인생들을 다스릴 수 없게 된 것이다.

이처럼 영산의 기독론의 핵심인 예수 그리스도의 십자가는 죄의 권세를 도말하시고, 하나님과 인간 사이에 있는 담을 무너

---

56 조용기, 『조용기 목사 설교전집 18』 (서울: 서울말씀사, 1996), 280-283. 마귀의 무장해제에 관한 영산의 이해는 1970년대 설교집에서도 분명하게 발견된다. 영산은 예수님의 십자가를, 마귀의 정사와 권세를 무장해제하고(골 2:15), 우리를 도적질하고 죽이고 멸망시키려는 귀신에게서 자유를 주시는 십자가로 설명한다. 조용기, 『극한 슬픔을 극복하고』 (서울: 서울서적, 1979), 48-49.

뜨렸으며, 질병과 저주를 속량하셨고 사망을 철폐하시므로 인간을 건지시는 "구원의 십자가"임은 물론이고 마귀의 권세를 격파하시고 무장해제하신 "승리의 십자가"이다.[57]

(4) 신유 사역과 믿음의 역할

예수 그리스도께서 십자가에서 죄를 사하셨고, 질병을 담당하셨으며, 사탄을 무장해제 시키셨음에도 불구하고 죄와 질병과 악한 영적 세력들은 아직도 불법적으로 역사하고 있다.[58] 이에 선교적 사명을 감당해야 하는 그리스도인에게 죄, 질병, 사탄의 세력들과의 믿음의 싸움이 요청된다.

① 믿음의 싸움으로서의 신유 사역

선교적 교회는 전인 구원의 복음전도 사명을 감당해야 한다. 교회의 사명 감당에는 영적인 싸움이 동반된다. 그런데 교회가 감당하는 영적인 싸움은 예수 그리스도의 십자가 승리를 기반으로 한다. 영산에게 있어서 죄, 질병, 사탄의 세력들은 이미 패배한 적들이다. 이미 살펴본 바와 같이[59] 예수 그리스도는 십자가에서 모든 원수를 무장해제 시키셨다. 예수 그리스도께서 이미 승리하셨으므로 그리스도인들은 진리에 입각해서 승리할 수 있으며, 승리해야만 한다. 다음은 영산의 강조이다.

---

57 조용기, 『조용기 목사 설교전집 15』 (서울: 서울말씀사, 1996), 173-174. 초기 기독교 전승은 한결같이 십자가 부활 사건을 악한 영적 세력들에 대한 예수님의 싸움에서 가장 근본적인 것으로 보았다(요 12:31-33; 행 2:34-35; 엡 1:20-22; 골 2:15; 빌 2:9-11; 히 2:14; 요일 3:8). 바로 이 사건을 통해 사탄과 그의 군대들은 결정타를 맞았으며 결국 최종적으로 파멸하게 될 것이다. Clinton E. Arnold, *Powers of Darkness* (Downers Grove: InterVarsity Press, 1992), 79-80.

58 조용기, 『조용기 목사 설교전집 15』, 347-348.

59 본 소고의 "십자가와 마귀의 무장해제"를 보라.

예수님께서는 십자가에서 이 마귀와 귀신의 나라를 파하시고 그들의 무장을 온전히 해제해 버리셨습니다. 그렇기 때문에 그리스도 예수 안에서 마귀와 귀신들의 파괴적인 모든 무장은 다 해제되고 말았습니다. 따라서 우리는 예수님 안에서는 마귀와 귀신이 아무런 힘이 없다는 것을 알아야 합니다…예수님께서 원수를 이기셨으므로 우리도 우리 속에 있는 원수를 완전히 소탕해야 합니다.[60]

십자가로 말미암은 "그리스도인의 신분 변화"도 영적 싸움에서 승리할 수 있는 보증이 된다. 영산에 의하면 그리스도인의 변화된 신분은 예수 그리스도의 십자가와 함께 죽은 옛 사람의 죽음을 통해서도 설명된다. 그리스도인들은 옛 사람이 예수 그리스도와 함께 십자가에서 죽었으므로 더 이상 죄, 질병, 마귀의 종이 아니다. 이에 대해 영산은 다음과 같이 강변한다.

인간은 태어나면서부터 죄, 저주, 마귀의 종으로 태어납니다…인간이 마귀의 세력에서 벗어나기 위해서는 죽어야 합니다. 아무리 무서운 주인이라도 종이 죽어 무덤에 있으면 그를 종으로 부릴 수 없습니다. 복된 소식은 예수님을 믿는 사람들은 예수님과 함께 십자가에서 죽었기 때문에 마귀의 종의 문서에 사망처리가 됩니다. 그리스도인들은 더 이상 마귀와 법적으로 상관이 없는 사람들이 되는 것입니다. 예수님이 이 땅에 오신 것은 바로 이러한 마귀의 종살이 하는 인생들을 구원하기 위함이십니다. 그런데 이러한 종속관계를 예수님이 처

---

60 조용기,『조용기 목사 설교전집 17』(서울: 서울말씀사, 1996), 128-137.

리하셨음에도 불구하고 진리를 알지 못해 마귀에게 억압당하는 것은 비극입니다. 예수님 안에서의 자유를 누리며 살아야 합니다.[61]

그러나 마귀의 무장해제, 그리스도인의 변화된 신분에도 불구하고 복음증거를 위한 신유 사역이 힘겨운 것은 그리스도인의 신분과 권세에 대항해서 불법적으로 대적하는 마귀의 역사가 아직 잔존하기 때문이다. 다음은 영산의 증언이다.

그래도 원수 마귀는 인간을 잡고 있는 통치권을 놓치고 싶지 않아서 최후의 발악으로 불법을 이용하여 천국을 막고 있습니다. 사람들이 복음을 듣지 못하게 함으로 해방을 얻지 못하게 하고 있습니다. 천국을 소유하지 못하도록 사력을 다해서 훼방하며 막고 있는 것입니다. 그러나 마귀는 이미 패배한 원수이기 때문에, 우리가 진리를 알고 마귀의 세계를 공격하면, 마귀가 막고 있는 젖과 꿀이 흐르는 가나안 땅 천국은 우리의 소유가 되는 것입니다.[62]

결국 영산은 그리스도인과 교회의 사명 감당을 위한 믿음의 싸움은 이미 승리한 예수 그리스도의 십자가 승리와 변화된 그리스도인의 신분과 권세에 기초한 싸움이지만 이에 대항하는 마귀의 불법적인 저항도 맹렬하다는 것을 알게 한다. 이러한 영산의 영적인 믿음의 싸움의 필연성에 대한 통찰과 지적

---

61 조용기, 『새 신분』 (서울: 서울서적, 1987), 174-176.
62 조용기, 『조용기 목사 설교전집 18』 (서울: 서울말씀사, 1996), 284.

은 선교학적으로 매우 중요하다. 만일 교회가 아직도 불법적으로 역사하고 있는 악한 영적 세력들의 저항에 대해 무지하다면 교회 성장과 세계 선교의 사명 감당이 그만큼 더딜 수밖에 없기 때문이다.

실제로 보수적인 신학 그룹의 일각에서는 전도에 있어서의 영적 싸움 자체를 무시하는 처사를 볼 수 있다. 이는 마귀의 속임수에 속아 넘어가는 처사이다. 교회는 교회 성장과 세계 선교의 과업을 완수하기 위해 아직도 불법자로 역사하는 죄, 질병, 사탄의 세력에 대해 철저히 경계해야 한다.

② 성령과 신유 사역

성령은 죄, 질병, 악한 영들과의 영적인 믿음의 싸움 가운데 놓여있는 그리스도인과 교회를 예수 그리스도의 십자가 승리로 이끄시는 신적 주체이시다. 성령은 십자가의 승리를 교회에 적용하시고 선교와 목회 사역에 실제적인 열매를 맺게 하는 분이시다.[63] 지금도 예수 그리스도의 남은 사역을 계속하기 위해 오신 성령은 예수 그리스도의 십자가로 주어진 구속의 은총을 온 세상에 알리기 위해 죄와 의와 심판에 대해 세상을 책망하고 계신다. 이러한 성령의 사역을 통해 수많은 영혼들이 예수 그리스도를 믿고, 질병이 치료되며, 구원을 얻었으며 지금도 구원의 역사가 진행되고 있는 것이다. 그러므로 그리스도인과 교회는 이러한 성령을 적극적으로 모시고 복음전도 사역을 감당할 때 더욱 큰 승리의 열매들을 맺을 수 있는 것이다.[64]

---

63 조용기, 『성령론』 (서울: 서울서적), 1971, 96.
64 조용기, 『순복음의 진리 上』, 203.

영산의 성령 중심적 신유신학은 선교학적으로 매우 중요하다. 현대 성령 사역을 비판적으로 평가하는 그룹은 현대의 신유와 축귀와 같은 표적과 기사는 사탄의 거짓이라고 비판한다. 그러나 이러한 기적은 복음전도를 위해 무장해제된 마귀의 일을 멸하시는 성령의 일이다. 영산은 지금도 성령께서 예수 그리스도의 십자가를 증거하기 위해 신유와 축귀와 같은 역사를 통해 마귀의 일을 멸하시며 구원과 성화의 사역을 주도적으로 이끌고 계신다고 강조한다. 영산에게 있어서 성령은 복음전도의 주도자, 전략가, 보증자이다. 교회 성장과 세계 선교의 과업을 이루어야 하는 전 교회는 이러한 성령에 대한 바른 이해로 무장되어 이 세상과 교회를 향한 하나님의 뜻을 온전히 이루어야 할 것이다.

4. 나가는 말 : 신유 사역의 선교 전략적 의의

"신유 사역"은 구약성경과 신약의 예수님 그리고 그의 제자들에게서 볼 수 있는 성경적인 선교와 목회 사역 방법이고, 역사적으로 증명된 실제적인 선교 전략이다. 이에 신유 사역의 선교 전략적 의의를 생각해본다.

1) "신유 사역"은 세계 복음화를 위한 탁월한 선교 전략이다

주님의 지상명령을 완수하는 비결은 온 천하에 복음을 전하는 것이다. 예수님은 세계 복음화의 사명을 교회에 남기시면서, 이것을 이룰 수 있는 "신유 사역" 모델을 자신과 제자들을 통해 보여주셨다.

현대의 모든 교회들이 예수님과 같은 방법으로 복음을 전한다면 세계 복음화는 그만큼 앞당겨질 것이다.

2) "신유 사역"은 "하나님 나라 복음"의 현재적 실현이다

오늘날에도 하나님의 나라 복음이 선포될 때 마땅히 하나님 나라의 내용인 구원과 치료, 자유와 해방이 실제적으로 동반되는 것은 당연한 일이다. 하나님 나라의 복음은 실제적인 열매를 동반한다. 이것은 신유 사역이 단순히 선교와 목회의 방법론이라는 인식의 틀을 넘어서게 한다.

3) "신유 사역"은 사람들의 필요를 채우는 사랑의 전도 방법이다

"신유 사역"의 타당성을 따지기에 앞서, 교회는 현대인들의 "다양한 질병의 눌림"(행10:38)에 눈이 열려야 한다. 죄와 질병과 마귀는 수많은 양상으로 사람들을 누르고 있다. 예수님이 병자들을 긍휼히 여기셔서 치료에 힘쓰신 것처럼, 교회는 사랑의 마음을 가지고 사람들의 다양한 질병의 눌림을 해결해 주어야 한다. 치료와 함께 복음을 전하므로 질병에 눌린 자들의 필요를 채울 수 있다면 "신유 사역"은 예수님의 사랑을 보여줄 수 있는 귀중한 전도인 것이다.

4) "신유 사역"은 탁월한 커뮤니케이션 도구이다

선교와 목회는 커뮤니케이션을 통해 이루어진다. 선교의 내용은 예수님의 기쁜 소식을 전하는 것이다. 바울은 자신의 전도를 말로만 한 것이 아니고 능력으로 전했다고 했다(살전1:5). 이러한 "보여주는 신유 전도"는 말과 세계관이 다른 타문화권의 사람들에게 구원자 되시는 예수님을 그림언어와 같이 생생하게 보여주는 탁월한 전도 방법이다. 진리가 상대화 되는 포스트모더니즘의 시대에는 더욱 "보여주는 전도"가 요구된다.

5) "신유 사역"은 복음전도의 핵심을 드러내는 선교 전략이다

신유가 죄를 사하거나, 영생을 주는 것이 아니다. 오히려 신유 사역과 함께 증거되는 주 예수 그리스도의 복음이야말로 죄인의 죄를 사하고, 죽은 영을 살리며, 하나님의 자녀로 거듭나게 하고, 마침내 영생의 은혜를 맛보게 하는 것이다. 그래서 신유 사역은 복음전도와 함께 해야 한다.

6) "신유 사역"은 질병의 영적인 원인들에 대한 각성을 준다

신유 사역자들을 통해 질병의 배후에 역사하는 악한 영들의 실재를 보게 했다. 이것은 약이나 의술의 범위를 뛰어넘는 영적인 치료의 필요성과 방법론들에 대한 수준 높은 논의나 대책을 요구하게 한다. 아울러 질병 치료의 시야가 신유신학의 발전과 함께 넓어졌다. 이에 교회는 더욱 성경적이며 실제적인 신유신학을 정립하고 활용하여 폭넓은 치료의 역사를 통해 질병에 눌린 사람들을 도와줄 수 있어야 한다.

7) "성경적 신유신학"은 "건강한 교회 성장"을 가져온다

영산 조용기 목사에게 발견되는 신유신학의 특징은 그것이 지극히 성경 중심적이라는 것이다. 현대에 신유 사역을 하는 그룹 가운데는 그 방법론이 세속적이고, 조잡하며, 사이비적인 단체들이 난무한 상황에서 영산과 같이 지극히 성경적인 신유신학의 정립과 사역의 중요성은 재론의 여지가 없다.

더욱이 영산의 경우 그의 신유 사역이 세계 최대의 교회 성장이라는 열매와 연결되어 있다는 점에서 성경적 "신유신학"과 건강한 교회 성장과의 관계를 깊이 생각하게 한다. 신유는 눈에 보이지 않는 초자연적인 사역이므로 신학도, 방법도 성경적이고 객관적인 건강한 것이야 한다.

8) 신유 사역과 현대 의학과의 균형을 잃으면 안 된다

영산은 질병의 원인을 모두 죄, 심판, 마귀로 돌리지 않는다. 영산은 인간의 부주의를 통해서도 질병이 찾아 올 수 있다고 강조하며 신유 사역에 대한 편협한 이해와 적용을 경계한다. 실제로 선교와 목회 현장 가운데 문제가 되는 것은 현대 의술과 약 등을 무시하고 무조건 신유 사역만을 강조하는 균형감 없는 사역자들이다.

필자는 현대 의술을 거부하고 기도원만을 찾다가 배우자를 먼저 떠나보낸 사람을 알고 있다. 치료에 대한 보편적인 이해만 가지고 있었더라도 피할 수 있는 비극이었다. 안타까운 것은 오늘날 일부 사역 가운데 편협한 신유신학과 사역 이해를 가지고 무분별하게 사역하는 사람들이 실제한다는 것이다. 이에 하나님 나라 확장을 위해 헌신하는 복음적인 교회와 사역자들은 신유 사역과 현대 의술에 대한 균형 잡힌 적절한 이해와 적용을 견지하고 사역해야 할 것이다.

9) "신유 사역자"는 교회의 비판에 겸손하게 열려 있어야 한다

신유 사역과 같은 성령 사역을 하는 사람들이 당면하게 되는 다양한 비판들이 있다. 그런데 이러한 비판 가운데는 사역자 자신은 물론이고 사역을 받는 사람들이 들어야 할 귀중한 지적들이 있다. 예컨대 신유 사역을 돈과 연결해서 진행하는 그룹에 대한 비판, 사역자 자신을 우상화하는 위험에 대한 비판과 같은 것들이 있다. 실제로 이러한 저속한 사역자들이 존재한다. 그리고 처음에는 그렇지 않더라도 나중에는 유혹에 넘어질 수도 있다. 그러므로 성령 사역자들은 끊임없이 비판자들의 지적에 자신을 돌아보아야 하고, 겸손하게 서 있어야 한다. 그렇게 할 때 복음 선교를 위해 주신 신유 사역이라는 귀중한 도구를 그 목적에 맞게 사용하게 될 것이며, 사역자 자신도 보호 받을 수 있을 것이다.

10) 예수 그리스도의 재림까지 신유 사역은 복음 선교와 함께 계속되어야 한다

온 천하에 복음이 전파되면 그때 예수님이 재림하신다. 교회는 예수님의 재림을 준비하기 위해서라도 최선을 다해 복음을 전파해야 한다. 그런데 악한 영적인 세력들은 복음이 세상에 전해지는 것을 맹렬하게 방해한다. 복음이 세상에 충만해지면 사탄의 세력들도 종말을 고하게 될 것이기 때문이다. 그럼에도 불구하고 교회는 예수님의 재림을 앞당기기 위해서, 사탄의 세력들을 완전히 멸하기 위해서, 하나님의 나라 백성이 온 세상에 충만해지게 하기 위해서 더욱

더 주 예수 그리스도의 십자가와 주되심으로 말미암는 죄사함과 치료의 복음을 강력하게 전파해서 구원의 역사를 이루는 데 온 역량을 결집해야 한다. 마지막 시기까지 사탄의 세력들은 신유 사역에 대해 부정적인 이슈를 퍼뜨릴 것이고, 신유 사역자들을 타락시킬 것이며, 신유 사역의 부작용을 극대화하려고 노력할 것이다.

    그러나 교회는 악한 미혹의 영들의 방해에도 불구하고 지금도 역사하고 계신 성령의 주도적 역사를 힘입어 타협 없이 주 예수 그리스도의 신유의 복음과 함께 하나님 나라의 온전한 복음을 전파해야 할 것이다. 결국 온 천하 만민에게 복음이 전파될 것이고 그때 주님께서 다시 오실 것이다. 다시 오시는 주님은 질병이 없는 온전한 하나님의 나라로 교회를 인도하실 것이다. 그때까지 교회는 주님의 재림을 준비하는 마음으로 세계 선교의 유용한 선교 전략인 신유 사역을 잘 발전시키고 계승, 활용하므로 세계 복음화에 힘써야 할 것이다.

참고문헌

김세윤.『복음이란 무엇인가?』. 서울: 두란노. 2004.
김신호.『어떻게 해야 신유를 경험할 수 있나요?』. 서울: 서로사랑. 2011.
김판호. "영산의 신학적 인간 이해: 전인 구원을 중심으로".『영산신학저널』제4권 제2호. 2007.
김홍근. "영산의 인간 이해 : 절대절망적인 인간 존재와 영산의 목회적 돌봄".『영산신학저널』통권 11호. 2007.
박명수.『근대복음주의의 주요 흐름』. 서울: 대한기독교서회. 2008.
_____.『급하고 강한 바람』. 서울: 서울말씀사. 2012.
박행렬 편저.『기독인을 위한 전인치유 사역』. 서울: 나임. 1993.
신문철. "영산의 삼위일체적 기독론".『영산신학저널』제2권 제3호 통권 6호. 2005.
_____. "영산의 성령론적 인간론".『영산신학저널』제4권 제2호. 2007.
양용의.『하나님 나라 어떻게 이해 할 것인가?』. 서울: 성서유니온선교회. 2005.
이기성. "인간의 하나님 형상성에 대한 영산의 해석".『영산신학저널』제4권 제2호. 2007.
이영훈.『성령과 교회』. 서울: 교회성장연구소. 2013.
임형근. "영산의 기독론 이해: 영원토록 동일하신 예수 그리스도".『영산신학저널』제2권 제3호 통권 제6호. 2005.
예영수.『귀신의 기원과 정체』. 서울: 엠북스. 2013.
_____.『한국 교회 신학자들이 본 마귀론 이해』. 서울: 은성. 1998.
조용기.『병을 짊어지신 예수님』. 서울: 서울서적. 1976.
_____.『신유론』. 서울: 서울서적. 2001.

_____.『삶과 기쁨』. 서울: 서울서적. 1975.

_____.『삶의 궁극적인 의미』. 서울: 서울서적. 1980.

_____.『신령한 사람』. 서울: 영산출판사. 1979.

_____.『성령론』. 서울: 서울서적. 1980.

_____.『순복음의 진리 上, 下』. 서울: 영산출판사. 1979.

_____.『삼박자 구원』. 서울: 서울서적. 1977.

_____.『새 신분』. 서울: 서울서적. 1987.

_____.『성공적인 삶을 위하여』. 서울: 영산출판사. 1975.

_____.『오중 복음과 삼박자 축복』. 서울: 영산출판사. 1983.

_____.『오중 복음과 삼중 축복』. 서울: 서울말씀사. 1998.

_____.『조용기 목사 설교전집 15』. 서울: 서울말씀사. 1996.

_____.『조용기 목사 설교전집 17』. 서울: 서울말씀사. 1996.

_____.『조용기 목사 설교전집 18』. 서울: 서울말씀사. 1996.

_____.『조용기 목사 설교전집 19』. 서울: 서울말씀사. 1996.

홍성철.『사도 바울 그의 정사와 권세』. 서울: 은혜출판사. 2007.

Anderson, Allan. "한국에서의 상황화 신학으로서의 조용기의 오순절 신학".『영산국제신학 심포지움』. 2002.

Arnold, Clinton E. *Powers of Darkness*. Downers Grove: InterVarsity Press. 1992.

Cho, David Yonggi. *The Fourth Dimension*. Seoul: Seoul Logos Co., Inc. 1979.

Duffield, Guy P. and Van Cleave, N. M. *Foundations of Pentecostal Theology.* LA: Foursquare Media. 1983.

Erickson, Millard J. *The Doctrine of Humanity & Sin*. 나용화 · 박성민 공역.『인죄론』. 서울: CLC. 1993.

Hollenweger, Walter J. *Pentecostalism: Orgins and Developments*

Worldwide. Peabody, MA: Hendrickson Publisher. 1997.

Lee, Young-hoon. *The Holy Spirit Movement in Korea: Its Historical and Doctrinal Development*. Ph. D. Dissertation. Philadelphia: Temple Univerity. 1996.

Menzies, William W. *Understanding Our Doctrine*. 총회총무국 역.『오순절성경교리』. 서울: 기하성출판사. 1994.

Unger, Merrill F. *Biblical Demonology*. 정학봉 역.『성서적 마귀론』. 서울: 요단출판사. 1980.

Wimber, John. *Power Evangelism*. Ventura, Calif.: Regal. 2009.

_____. *Power Healing*. San Francisco: Harper Collins. 1991.

제8장
한인 디아스포라와 선교 전략[1]

이 수 환

1. 들어가는 말

한국은 130년 전 한국 개화기 시대에 이수정(李樹廷, 1842~1886)의 한인 디아스포라(Korean Diaspora) 활동이 가능했기에 한반도에 기독교가 들어올 수 있었다. 한국 기독교 역사에 의하면, 공식적인 외국 선교사가 들어오기 이전 이미 국외에서 한국의 한 평신도에 의해 한글 성경이 먼저 번역되어 출판되었다.[2] 이러한 그의 한인 디아스포라 활동은 19세기 세계 기독교 역사에 획기적인 사건으로 기록되었다.

이수정이라는 인물의 역사적인 중요성은 그가 외국 선교사가 한국에 입국 이전부터 이미 유교에서 개종한 기독교인이었다는 사실과, 그가 일본에서 한글로 번역한 마가복음은 호러스 언더

---

1 이 글은 성결대학교 다문화평화연구소 『다문화와 평화』 (한국연구재단 등재후보지) 2014년 제8집 3호 61-78페이지에 기고된 내용이다.
2 Horace G. Underwood, *The Call of Korea* (New York: Fleming H. Revell Company, 1908), 136. 국외 번역은 크게 존 로스 번역 성경(1882~1887)과 이수정 번역 성경(1884~1885)으로 구분할 수 있다.

우드(Horace G. Underwood, 1859~1916)와 헨리 아펜젤러(Henry G. Appenzeller, 1858~1902)에 의해 한국에 들어 왔다는 것이다.[3] 이렇게 한인 디아스포라의 주역으로서 이수정은 언더우드와 아펜젤러를 한국에 유치하였다.[4] 그동안 한국 기독교에서의 이수정에 대한 연구는 성경 번역가로서 단편적인 교회사 형태의 인물로 초점을 맞추고 있었다. 그러나 본 연구자는 일본에서 한인 디아스포라 활동을 펼쳤던 이수정에 대해 종합하여 재평가하고자 한다. 그리고 문화인류학적 관점에서 평가하는 이수정의 한인 디아스포라 활동에 대한 연구는 오늘날 선교사와 목회자가 선교 현장에서 하나님의 나라를 위한 선교 활동에 기여할 수 있을 것이다.

한인 디아스포라 선교(Korean Diaspora Mission)는 복음을 전파하는 것뿐만 아니라 보이지 않는 곳에서 성경을 번역하고 출판하며, 기독교 문화와 역사를 널리 알리는 것이다. 이러한 선교는 이수정의 한인 디아스포라 활동을 통해 찾아볼 수 있다. 한국 기독교를 위한 그의 뜨거운 선교의 헌신과 열정은 오늘날 수많은 한국 젊은이들을 한인 디아스포라 활동에 동참하게 하였다. 그가 미국 선교사들을 유치함에 있어 한국 기독교의 힘을 하나로 모으는 데 결정적인 역할을 했던 것이다. 따라서 본 논문에서는 한국 개화기 시대에 이수정의 일본에서의 한인 디아스포라 활동에 대해 살펴보고자 한다.

---

3 배요한, "이수정의 신앙고백문에 대한 유교철학적 분석", 『장신논단』 제38권 (2010, 7월): 484.

4 현재 전 세계에 퍼져있는 한인 디아스포라는 800만 명에 이른다. 한인 디아스포라 중 가장 많은 인구가 거주하고 있는 나라는 중국으로, 2009년 기준으로 240만여 명으로 집계되었다. 그 다음은 미국 234만 명, 일본 91만 명 순이다. 이밖에 한인 디아스포라는 구소련권과 유럽, 중동 등 151개 나라에 분포되어 있다. 아이굿뉴스, "세계 선교 디아스포라가 답이다", http://www.igoodnews.net/ news/articleView.html?idxno=43957.

2. 이수정에 대한 이해

이수정[5]은 1842년 전라남도 곡성군 옥과면(玉果面)에서 이병규(李秉逵)의 장남으로 태어났다. 그의 부친 이병규의 가문은 일찍이 천주교를 믿는 집안이었고, 그의 큰 아버지는 천주교를 믿다가 순교당한 가정이었다.[6] 이병규는 일본 유학계에 이미 널리 알려진 대학자로서 이수정도 아버지를 닮아 유학자로 성장하였다.[7]

이러한 그의 학문의 소질과 노력은 결국 과거시험에 합격하여 홍문관(弘文館)으로 임명되어 학문연구 혹은 언론기관에서 일을 하는 직책을 맡았다.[8] 이후 1882년 6월 9일에 일어난 임오군란(壬午軍亂) 때, 이수정은 명성황후(明成皇后, 1851~1895)의 환궁을 도와 명성황후를 가마에 태우고 충주를 떠나 한양에 입성하여 창덕궁에 안전하게 도착하였다.[9] 고종(高宗) 황제는 이러한 명성황후를 구출한 공로로 이수정에게 높은 벼슬을 주도록 하였으나 그는 벼슬을 거론하지 않고 단지 외국 문물을 견학할 수 있도록 일본에 가는 것을 승낙해 달라고 고종 황제에게 청원하였다.[10]

1881년 1차 신사유람단(紳士遊覽團)의 일원으로 일본에 다녀온 안종수(安宗洙)는 일본을 방문하는 동안 쯔다센(津田仙, 1837~1908) 박사를 만나 농업에 대한 기술뿐만 아니라 기독교에 대한 관심도 가지

---

5 가계는 전주이씨(全州李氏) 왕족의 먼 친족으로 전해지나, 일설에는 평창이씨(平昌李氏)로 알려져 있기도 하다. 한국학중앙연구원. "李樹廷", http://www.aks.ac.kr.
6 부산외국어대학교, "최초의 한국인 일본선교사는 이수정-일본어학부 김문길 교수", http://www.pufs.ac.kr/html/01_intro/intro_05_02.aspx?cId=10000007&dp=V&postId=10085029.
7 김수진, 『한국 기독교 선구자 이수정』(서울: 도서출판 진흥, 2006), 58-59.
8 김수진, 『한국 기독교 선구자 이수정』, 60-61.
9 김수진, 『한국 기독교 선교자 이수정』, 56-57.
10 김요나, 『순교자 전기 1권』(서울: 대한예수교장로회총회 출판국, 1996), 203.

고 있었고, 귀국 후 이수정에게 쯔다센을 방문해 기독교에 대한 배움을 권유하였다. 명성황후의 총애를 받았던 이수정은 제2차 신사유람단의 일행과 함께 1882년 9월 19일 메이지마루(明治丸)라는 일본 상선을 타고 제물포를 떠나 고베(神戶)를 거쳐 9월 29일에 목적지인 일본 요코하마 항에 도착하였다. 메이지 정부에서 나온 관리들의 안내를 받은 이수정은 기차를 타고 일본 동경(東京)에 도착하였다.[11]

쯔다센은 자기를 찾아 온 이수정을 친절히 맞아 주었고, 그는 쯔다센의 집 거실에 걸린 한문으로 된 마태복음 5장 산상수훈(山上垂訓)의 족자에 눈길이 쏠렸다. 그는 산상수훈에 나타난 사회 속에서 인간이 살아가는 데 있어 꼭 필요한 인간의 만민평등(萬民平等) 사상과 유교에서 볼 수 없는 도덕률이 나열된 것을 본 것이다. 쯔다센은 호기심이 많은 그에게 족자의 팔복의 원전인 한문 성경과 기독교 교리의 내용이 담긴 『천도소원』(*Evidences of Christianity*)을 선물로 주었다.[12]

숙소로 돌아온 이수정은 한문 성경을 탐독하며 성경의 진리의 빛에 의해 새로운 회심에 이르게 되었으며, 그는 쯔다센에게 체계적인 성경공부를 훈련 받아 신앙의 급성장을 경험하였다.[13] 쯔다센은 야스가와(安川亨) 목사에게 이수정을 소개하여 이때부터 야스가와 목사와 조지 녹스(George W. Knox)의 지도하에 열심히 성경공부를 하였다. 그의 신앙은 급속하게 성장하여 1883년 4월 29일 동경 노월정교회(露月町敎會)에서 녹스에게 세례를 받았다.[14] 이것은 그가 일

---

11 김수진, 『한국 기독교 선교자 이수정』, 62-63.

12 김요나, 『순교자 전기 1권』, 211.

13 박용규, 『한국 기독교 교회사 1 (1784~1910)』 (서울: 생명의말씀사, 2004), 311.

14 George W. Knox, "Affair in Korea", *The Foreign Missionary*. (1883): 17. Harry A. Rhodes, *History of the Korea Mission, Presbyterian Church, U.S.A,* 최재건 역, 『미국 북장로교 한국 선교회사』 (서울: 연세대학교 출판부, 2009), 83.

본에 온 지 7개월만에 이루어진 전격적인 변화로 세례 받은 최초의 한인 디아스포라가 된 것이다.

이수정이 세례를 받은 지 얼마 후, 1883년 5월 8일부터 13일까지 동경에서 "제3회 전국기독교도대친목회"(全國基督敎徒大親睦會)가 열렸는데, 우에무라(植村)와 우찌무라 간조(內村鑑三), 니이지마 조(新島) 등 당시 일본 기독교의 중견 인물들이 대거 참여하였다.[15] 여기서 이수정은 오쿠노 마사즈나(奧野正綱) 목사의 발언으로 등단하여 5월 11일에 한국어로 공중기도를 하나님께 올려 드렸다.[16] 당시 그 자리에 함께 있었던 우찌무라 간조(內村鑑三, 1861~1930)는 이수정에 대하여 다음과 같이 말했다.

참석자 중에는 한 사람의 한국인이 있었는데, 그는 이 은둔국의 국민을 대표하는 명문의 한 사람으로 일주일 전에 세례를 받고 자기 나라 의복을 항상 착용하는 기품이 당당한 자로서 우리 중에 참석하고 있었다. 그는 자기 나라 말로 기도했는데 우리들은 그 마지막에 아멘 하는 소리밖에 알아듣지 못했다. 그러나 그 기도는 무한한 힘을 가진 기도였다. 그가 출석하고 있다는 사실과 또 그의 말을 알아듣지 못한다는 사실이 그 장소와 광경을 더 한층 오순절과 같이 만들어 주었다. 대친목회는 부흥을 완전한 펜타코스트(Pentecost)로 화하게 함에는 현실이 불같은 혀가 필요하지만(행 2:3) 우리는 그것을 우리들의 상상력으로 보충했다. 우리들의 머리 위에는 무엇인가 기적적이요 놀랄만한 사실이 일어나고 있다는 것을 온 회중이 다 같이 감득했다. 우리들 회중 일동은 다 태양이 머리 위에 비치고 있지 않는가 하기까지 신기하게 여겼다.[17]

---

15 오윤태, 『한일 기독교 교류사』 (서울: 혜선문화사, 1980), 90-91.
16 박용규, 『한국 기독교 교회사 1 (1784~1910)』, 314.
17 內村鑑三, 『우찌무라 간조 회심기』, 양혜원 역 (서울: 홍성사, 2011), 133.

특히 그가 대친목회에서의 유창한 기도와 해박한 국제관계에 대한 이해 그리고 뜨거운 동족을 향한 한인 디아스포라 활동의 열정은 모든 사람들의 마음에 큰 감동을 주었고, 그의 신앙고백과 기도는 분명한 믿음의 확신을 가지고 있었다.[18] 1883년 5월 12일 오후, 그는 구원 받은 기쁨과 환대 받은 즐거움을 잊지 못한 채 붓을 들고 약 700여 한자로 써내려간 요한복음 14장을 중심으로 "신인상감지리"(神人相感之理)의 원리를 빌어 신앙을 고백하였다.[19]

그가 얼마나 복음에 대한 분명한 이해를 가지고 있는지를 그의 신앙고백문을 통해 알 수가 있다. 그는 성령의 감동과 믿음으로 말미암는 분명한 구원의 진리 그리고 삼위일체 신앙, 예수 그리스도 안에서의 하나님과 인간의 영적 교통 등 그는 세례 받은 지 얼마 되

18　박용규, 『한국 기독교 교회사 1 (1784~1910)』, 314.
19　오윤태, 『한일 기독교 교류사』, 90-91. 신인상감(神人相感)이란 하나님과 내가 서로 감응하는 이치를 말한다. 이수정은 신앙의 핵심인 신인상감지리(神人相感之理)에 대하여 말하기를, "제가 신약성경 요한복음 제 십사 장을 살펴보니 예수님께서 '내가 아버지 안에 있고 아버지가 내 안에 있으며, 너희가 내 안에 있고 내가 너희 안에 있다' 고 말씀하셨습니다. 그 요지는 명쾌하나 그 (깊은) 의미는 매우 오묘하여 (이에 대하여 주님께서) 설교하신 요지는 믿음을 이루는 관건이 되는 것이므로 배우는 자가 반드시 깊이 연구해야 하는 것입니다. 그래서 예수님께서도 이 가르침에 대하여 자세히 반복하여 말씀하셨습니다. (그래서) 여러 선생님들께서는 (이 구절에 대해서) 당연히 이해하지 못하는 것이 없을 줄 알지만, 저도 이 내용에 대해서 열심히 연구하였고 (이에) 예수님께서 힘써 깨우쳐 주신 바를 더욱 깨달을 수가 있어서 그 내용을 다만 제시해 보고자 합니다. 무릇 '아버지께서 내 안에 계시고 내가 아버지 안에 있으며, 내가 너희 안에 있고 너희가 내 안에 있다' 고 하신 것은 하나님과 인간이 서로가 감응하는 이치가 있음을 말씀하신 것이니 이는 믿음이 있으면 반드시 그러한 단계를 이룰 수 있음을 확실히 드러내는 것입니다. 예수님께서 비유를 가지고 설명하시기를 '내 아버지는 포도원 농부요 나는 포도나무이며 너희는 가지라' 하셨으니 그 이치는 곧바로 이해가 쉬운 것이기에 번거롭게 깊이 천착할 필요가 없는 것이니 지금 제가 다시 무슨 말로 설명하겠습니까? (그러나 굳이 말씀드리자면) 예수님 당시의 사도들은 친히 그 지극한 가르침을 받아 전승하였으니 (이해에) 아무런 부족함이 없었겠으나, 그러나 오늘에 이르러서는 성세(聖世, 예수님 당시)에서 이미 멀어져서, 배우는 자들이 그 의미를 철저히 알지 못하여 큰 믿음을 가지지 못할까 하는 염려를 하게 됩니다."라고 하였다. 이수정의 신앙고백은 『七一雜報』 8권 21호, 1883년 5월 25일자와 『六合雜誌』 34호, 1883년 5월 30일자에 순한문으로 실려 있다.

지 않아 이런 기독교의 진리에 대한 분명한 영적인 안목을 가지고 있다는 것은 놀라운 일이 아닐 수 없다.[20] 사실 그는 요한복음 안에 있는 "신인상감지리"(神人相感之理)에 끌려 회심하게 되었다.[21] 즉 이것은 요한복음 14장의 "주가 내 안에 내가 주 안에" 있는 단계에 대한 이수정의 한문적인 표현이다.

신앙고백의 요점은 삼위일체 하나님의 내재하심을 유교의 감응의 논리로 설명한 것인데, 그는 "신인상감지리"(神人相感之理)를 "등잔의 심지가 타는 것"과 "종이 울리는 것"으로 비유하였다. 또한 그는 기독교의 은혜와 믿음에 의한 속죄와 구원을 불교의 허망한 자력 구원에 비교하기도 하였다.[22] 그는 예수 그리스도의 내재를 "신인상감지리"(神人相感之理)의 원리로 파악하는 것과, 팔레스타인의 "포도나무와 가지"의 비유를 "타는 등잔불"과 "울리는 종"이라는 한국적인 비유로 재해석하고 있는 것에서 복음이 동양적인 사고의 상황 속에 무리 없이 수용되고 있음을 발견하게 된다. 이러한 신앙고백은 한국 기독교에 문서로 남아 있는 최초의 신앙고백이라고 볼 수 있겠다.[23] 특히 성경에 나타난 하나님은 이 세상의 통치자이며, 의지가 있고 부모와 같은 존재로 이 세상을 돌보시는 존재이다. 그래서 이수정도 그의 신앙고백문에서 이를 반영하고 있다.[24]

또한 이러한 신앙고백의 확신을 엿볼 수 있는 것은 이수정의 동생이 형이 일본에서 돈이 없어 어려움을 겪는다는 소리를 듣고, 일천 엔을 가지고 일본에 갔는데 그의 동생은 형이 상업이나 농업을

---

20 박용규, 『한국 기독교 교회사 1 (1784~1910)』, 315.
21 연세대학교 종교교재편찬위원회 편, 『성서와 기독교』 (서울: 연세대학교출판부, 1985), 371.
22 대한성서공회, 『대한성서공회사 I』 (서울: 대한성서공회, 1993), 131-132.
23 대한성서공회, 『대한성서공회사 I』, 132.
24 배요한, "이수정의 신앙고백문에 대한 유교철학적 분석", 493.

연구하고 있지 않는 것을 알고 놀라 속히 귀국할 것을 권고했지만 이수정은 말하기를, "나는 돈은 필요 없다. 또 돌아갈 수도 없다. 나는 내 동포에게 철도나 전신기계나 기선보다도 더욱 필요한 것을 발견했다."라고 하였다.[25] 이것은 이수정이 1882년 9월 일본에 도착한 지 1년이 채 못되는 기간 동안 하나님의 말씀인 성경을 읽고, 복음을 받아들이고, 세례를 받고 위대한 신앙을 고백하기에 이르렀다. 이때 그는 자신의 신앙고백문을 작성하여 일본 언론에 게재하였고, 그밖에 한국에 관한 많은 글들을 발표하여 일본에 올바른 한국관을 심어 주었던 것이다.[26]

3. 이수정의 한인 디아스포라 활동

1) 성경 번역을 통한 선교

이수정의 가장 큰 소망은 자기 민족에게 성경을 주는 것이었다. 그는 일본에 온 지 약 9개월만에 일본어가 유창하다는 평가를 받았다. 신앙이 두터웠던 이수정은 미국성서공회(American Bible Society) 총무였던 헨리 루미스(Henry Loomis, 1839~1920)의 제안으로 1883년 5월 중순에 한문 성경을 한글 성경으로 번역하는 데 착수하였다.[27] 그가 세례를 받은 지 불과 두 달 만에 제일 먼저 한문 성경에 토를 달아 1883년 6월부터 1884년 4월까지 신약성서마가전(新約聖

---

25 오윤태, 『한일 기독교 교류사』, 91.
26 김광수, 『한국 기독교 인물사』 (서울: 기독교문사, 1981), 58-60.
27 전태환, "초기 개신교 선교역사 중 평신도 전문인 사역연구: 일본 성경 번역 사역의 이수정 중심으로", 『석사학위논문』 (서울: 총신대학교 선교대학원, 2003): 41-42.

書馬可傳)을 시작으로 신약성서마태전(新約聖書馬太傳), 신약성서누가전(新約聖書路加傳), 신약성서요한전(新約聖書約翰傳) 그리고 신약성서사도행전(新約聖書使徒行傳)을 번역한 것이 『현토한한신약성서』(縣吐漢韓新約聖書)이다.[28] 이 성경은 최초로 번역된 한글 성경으로써 미국성서공회의 자금을 지원받아 1884년 일본 요코하마에서 출판되었다.[29] 아울러 마가복음의 번역은 1885년 2월 『신약마가젼복음셔언히』라는 이름으로 일본 요코하마에서 미국성서공회를 통해 간행되었다.[30]

1885년 4월 5일, 최초의 내한 선교사인 언더우드와 아펜젤러는 당시 겨우 26세와 27세에 불구한 나이로 일본을 경유하여 한국으로 입국할 때 가지고 들어온 성경이 바로 이 마가복음 번역본이다.

특히 이러한 성경 번역(Bible Translation)은 한국 기독교 역사에서 큰 의의를 지닌다. 그것은 피선교지의 언어로 번역된 성경을 가지고 입국했다는 것은 세계 기독교 역사에서도 그 유례를 찾아볼 수 없기 때문이다. 이러한 이수정의 한인 디아스포라 활동을 통한 성경 번역 선교는 한국에 기독교 신앙을 전파하고 확립시키는 데 크나큰 지표가 되었으며, 기독교 복음이 언어의 변방 지역으로 퍼져감에 따라 오늘날 세계 각국에서 복음을 전하는 선교사들에게 여전히 성경 번역은 기독교 공동체가 자리를 잡는 데 가장 필요한 디아스포라 활동으로 평가될 것이다.

---

28 Larry Stone, *the Story of the Bible: the fascinating history of its writing, translation & effect on civilization*, 홍병룡 역, 『성경 번역의 역사』(서울: 포이에마, 2011), 228-229. 히로 다까시, "『마가젼』(李樹廷譯)의 底本과 翻譯文의 性格", 『국사학 연구』 제4호 (2004): 182.

29 이광린, 『한국개화사연구』(서울: 일조각, 1969).

30 Larry Stone, 『성경 번역의 역사』, 229-230. 이수정은 계속해서 마태복음과 누가복음, 요한복음도 완역했지만 빛을 보지 못했다.

2) 한인 유학생을 통한 선교

하나님의 섭리와 계획은 한국 사람들을 통해 선교시대를 열어가기 위한 계획으로 129년 전 수많은 선교사들을 한국에 보내셨는데, 동시에 허다한 한국인들을 세계에 흩으셨다. 영국의 로버트 토마스(Robert J. Thomas) 선교사가 미국 상선 제너럴셔먼(General Sherman) 호를 타고 한국 대동강에 도착하여 복음을 전하다가 순교한 19세기 중반에 한국인들은 이미 세계 속으로 흩어지기 시작하였다.[31] 외교통상부 통계자료에 의하면, 1991년 재외 한인은 4,832,414명, 2001년은 세계 151개국에 5,653,809명 그리고 2009년에는 176개국에 6,822,606명이 거주하는 것을 나타났다.[32] 하나님은 선한 목적을 위해 한인들을 세계 각국에 흩어놓으셨다. 그런 한인 디아스포라(Diaspora)는 한인 유학생을 통한 선교가 중심적이었다.

이수정은 성경을 번역하면서 동경에 거주하는 한인 유학생들과 교포들을 대상으로 열심히 유학생 선교(Foreign Students Mission) 활동을 하였다.[33] 이것을 한인 유학생 선교의 시작으로 볼 수 있다. 그는 성경 번역을 통한 기쁨과 행복이 넘쳐 자기가 받은 하나님의 은혜와 진리의 말씀을 혼자만 간직할 수 없어서 뜨거운 가슴으로 일본에 온 한인 유학생들에게 복음을 전했다. 그의 이러한 믿음의 열정은 1882년 김옥균이 데리고 온 30여 명의 한인 디아스포라 유학생들에게 큰 영향력을 미쳤다.[34] 그 선교의 첫 열매가 동경외국어

---

31 침례신학대학교 세계선교훈련원,『선교지 교회 개척 이야기』(대전: 그리심어소시에이츠, 2010), 110.
32 침례신학대학교 세계선교훈련원,『선교지 교회 개척 이야기』, 110.
33 박은배,『하나님의 지문』(서울: 새로운사람들, 2007), 65.
34 이만열,『한국 기독교 수용사 연구』(서울: 두레시대, 1998), 102.

학교(東京外國語學校) 한국어 교수로 재직 중이었던 손붕구(孫鵬九, 1852~?)로 이수정의 인품과 믿음에 감동해서 성경과 기독교 교리를 배울 정도로 신앙이 성장하였다.[35] 이때 한인 유학생은 30여 명밖에 되지 않았지만 원래 불교 승려 출신이었던 손붕구의 개종 소식을 듣고 앞다투어 개종하기에 이르렀다. 이수정은 이들을 그대로 방치할 수가 없어 매 주일 자신의 집에 모여 성경공부를 시작하였는데, 먼 훗날 최초의 동경한인교회의 기초가 이 주일학교를 통해서 이루어졌다.[36]

그는 1885년 7월부터 동경의 한인 유학생들을 모아 놓고 예배 집례를 주관했으며, 개화파의 핵심 인물들이었던 서재필(徐載弼), 김옥균(金玉均), 홍영식(洪英植), 서광범(徐光範) 등에게 기독교 교리를 전파하였다.[37] 그리고 한성순보(漢城旬報) 발행을 위해 유학차 일본에 건너 온 박영선(朴永善)은 세례를 받았고, 이전에 이경필(李景弼), 이계필(李磎弼), 이주필(李株弼) 형제와 김익승(金益昇), 박명화(朴命和) 등 5명의 세례자를 합하여, 1883년 말에 벌써 7, 8명의 한국인 세례자가 동경에 있게 되었고, 이들을 중심으로 한인 유학생들의 신앙공동체가 형성되었다.[38]

이러한 이수정의 한인 디아스포라 활동을 통한 유학생 선교는 오늘날 세계 각국에 한인 디아스포라 700만 시대를 맞은 한인 유학생과 디아스포라 청년들에게 기독교의 진리를 전하는 데 미래 선교의 전망이 되었으며, 그들로 하여금 각자의 외로움을 예수 그리스도의

35　전태환, "초기 개신교 선교역사 중 평신도 전문인 사역 연구: 일본 성경 번역 사역의 이수정 중심으로", 51.
36　안영로, 『한국 교회의 선구자 언더우드』 (서울: 쿰란출판사, 2002), 59.
37　위키백과, "이수정", http://ko.wikipedia.org/wiki/%EC%9D%B4%EC%88%98%EC%A0%95_(1842%EB%85%84).
38　이만열, 『한국 기독교 수용사 연구』, 104-105.

사랑으로 나누어 세계 각국에 복음을 전하는 전진기지로 구축하는 중요한 모델의 역할을 할 수 있을 것이다.

3) 선교사를 통한 선교

당시 조선 후기의 한국 문화는 서구 문화와 분명한 차이가 있었다. 한국은 깊은 샤머니즘(Shamanism)의 뿌리와 유교(儒敎)의 계층구조들 그리고 도교(道敎)의 운명과 행운의 개념, 불교(佛敎) 경건과 깊이 뿌리박힌 실용주의(Pragmatism) 등으로 문화적인 골격이 이루어져 있었다.[39] 1864년부터 1910년까지 기록에 의하면, 전 인구의

---

39 Jonathan J. Bonk 외 25인, 『선교책무』(서울: 생명의말씀사, 2011), 261-262. 1888년 미국 선교사로 입국하여 새문안교회와 언더우드 학당 그리고 육영공원 등에서 목회와 교육에 전념하다가 1900년 선교 활동 중 이질에 걸려 조선에서 아깝게 짧은 생을 마감한 대니얼 기포드 선교사는 조선의 종교 형태에 대하여 말하기를, "당시 조선의 유학이 국가 교육의 근간을 형성하고 있었다. 전국에 걸쳐서 각각의 군마다 공자의 사상을 기리는 향교가 있었고, 이 향교에서는 1년에 2번 봄과 가을에 그 지방군수가 수많은 유생들과 함께 공자에게 제사를 지냈다. 조선의 사회구조는 전적으로 유교식 전통에 따랐다. 그리고 그 전성기가 지나버린 불교의 절들이 전국에 걸쳐 퍼져 있었다. 마을에 들어서면 탁발승들이 염불과 함께 목탁을 두드리며 구걸을 하고 있는 모습을 가끔 볼 수 있었다. 사회적으로 승려는 거의 최하위의 신분이며, 청일 전쟁이 일어날 때까지도 승려는 서울의 4대문 안으로 들어올 수 없었다. 미신숭배 혹은 영혼숭배 신앙은 장님 판수, 무당, 박수 등을 매개로 하는 신앙형태이며, 그들은 좋은 묘 자리를 골라주기도 하였다. 이와 같은 종교에는 보통 신화적 인물이 등장하였다. 그 중 가장 높은 자리에 한울님을 모시는데 중국에서는 상제님이라고 불렀다. 한울님 다음으로 많은 사람들이 부처를 섬겼다. 사실 어떤 사람들은 가족 중 한 사람이 죽으면 그 영혼을 극락세계로 인도하기 위해 절에 가서 불공을 드리기도 하였다. 그리고 조선인들은 산신을 믿었다. 전국에 걸쳐 산재하고 있는 각각의 산에는 신통력을 발휘한다는 산신령이 존재하며, 이 산신들은 고유의 이름이 있는 경우도 있고 없는 경우도 있었다. 산신 이외에도 조선인은 많은 종류의 신을 섬겼다. 그 중 귀신 혹은 악령이라는 것이 있는데, 조선의 거의 모든 여자들과 남자들의 4분의 3은 이 악령들이 주는 무시무시한 공포 속에 살고 있었다. 그래서 여행이나 이사를 했을 때 병이 나거나 혹은 문제가 생기면 그들은 굿을 하여 이 귀신들을 달랬다."라고 하였다. Daniel L Gifford, *Every-day life in Korea : a collection of studies and stories*, 심현녀 역, 『조선의 풍속과 선교』(서울: 한국기독교역사연구소, 1995), 61-62.

약 35%가 신흥종교를 믿었는데, 이 종교의 열정은 사회적으로 상상할 수도 없이 확장되었다. 이 특징적인 종교는 동학(東學)이라고도 하는 천도교(天道敎)로 당시 지배계층의 종교이며, 정치윤리였던 유교를 적극적으로 반대하였던 동학 운동에 많은 백성들은 동참하고 지지를 보내기도 하였다.[40] 이러한 종교적 상황의 제도적인 형식 속에 틀이 박혀 있었던 한국인들은 심한 종교적 허탈감을 가지고 있었다.[41] 그런 가운데 인간이 만든 종교의 공허와 허위를 깨닫게 하기 위해서 선교적 책무의 필요성을 인식했던 이수정은 한국의 복음화를 위해 선교사 유치운동을 펼쳤던 것이다.

그가 1884년에 마가복음을 번역하고 있을 무렵 아직 한국에는 외국 선교사가 파송되지 않았다. 이수정은 기독교의 신앙이 자신뿐만 아니라 한국 동포도 구원을 받아야겠다고 생각하였다.[42] 그는 당시 미국의 교육과 의료 그리고 출판 등의 사업을 중심으로 한국에서의 기독교 활동을 간절히 기대하고 있었다.[43] 심지어 그는 미국교회 이외의 다른 나라가 한국을 선교하는 것은 하나님의 뜻이 아니라고 말할 정도였다.[44] 우선 그는 언론에 호소하는 것이 가장 효과적인 전략이라는 사실을 깨닫고 각종 외국 선교지에 선교 호소문을 기고하였다.[45]

간곡한 선교 호소문의 편지로 인해 이수정은 서방 기독교 세계에 유명한 인물로 부각되어 그 결과 선교 편지를 읽고 한국 선교에 뜻

40　신흥종교, 『한국민속대관 3권』 (서울: 고려대학교 한국문화연구소, 1984).
41　박기호, 『한국 교회 선교운동사』 (서울: 아시아선교연구소, 1994), 35.
42　이광린, 『한국개화사연구』, 278.
43　이광린, 『한국개화사연구』, 278.
44　*The Missionary Review*, (1884, 5), 145-146.
45　김요나, 『순교자 전기 1권』, 241-242.

을 정해 멀리 태평양을 건너 1885년 4월 5일 부활절 주일 아침에 한국까지 온 선교사가 바로 언더우드와 아펜젤러이다. 신학교에 재학 중이었던 두 청년은 뜻을 정하기까지 여러 가지 많은 우여곡절이 있었지만 이수정의 선교 편지를 잡지에서 읽은 후 "한국에는 누가 가는가?"라는 하나님의 음성을 듣고 한국에 오게 되었다.[46]

존 헤론(John W. Heron, 1856~1890)도 한국에 오게 된 동기가 우연이 아닌 오로지 하나님의 섭리 속에서 이수정에 의해 한국 땅을 밟게 되었다. 그는 한국을 오기 전, 일본에서 이수정을 만나 한국어를 배우며 풍속을 익혔고, 1885년 6월 20일 다른 선교사들과 함께 인천의 제물포 항에 도착하였다. 이러한 이수정의 한인 디아스포라를 통한 선교사 선교는 미국 교회들에게 한국 선교의 관심을 고조시켰을 뿐만 아니라 이제 한국 기독교가 구심점이 한국 선교사를 세계 각국에 파송하여 파트너십 선교를 구축하는 근거를 마련하게 되었다. 전 세계적으로 한인 디아스포라의 활동이 활발하게 전개되고 있지만 아직도 복음을 접하지 못한 사람들과 지역들이 많다. 특히 목회자가 들어가지 못하는 타문화권 지역에 기술자와 의사 그리고 간호사, 교수, 사업가 등 기술을 가진 평신도 전문인 선교사를 파송하여 선교할 수 있을 것이다.

4) 문서를 통한 선교

한국 디아스포라 선교를 위해 공헌한 이수정은 앞에서와 같이 끝나지 않는다. 그는 성경 번역뿐만 아니라 문서선교의 일한으로 소책자를 번역하기도 하였으며, 한국을 소개하는 저술도 출판하였다. 이

---

46 평양대부흥, "이수정의 성경 번역과 한국 선교 호소", http://www.1907revival.com/news/articleView.html?idxno=78.

러한 그의 문서는 시간과 공간을 넘어서 활동하는 선교의 무기가 되었다. 이수정이 구도자들에게 간단한 복음을 전하기 위해서 만든 문서를 통한 선교는 매우 귀중한 선교 방법이 된 것이다.

이수정은 1884년 가을부터 겨울 동안 동경에서 로버트 맥클레이 (Robert S. Maclay, 1824~1907)의 요청을 받아 감리교 요리문답도 번역하였고, 1,000부를 출판해 국내에 유포했다.[47] 이것은 1885년 이후 내한 선교사들에 의해 마가복음과 함께 국내에 반포되어 한국 기독교가 형성하는 데 큰 도움을 주었다.[48] 또한 이수정이 한글로 번역한 『랑자회개』(浪子悔改)는 맥클레이의 한문 원본으로 탕자의 비유를 들어 예수님의 구원의 도리를 풀이한 것이다. 『랑자회개』는 누가복음 15장에 나오는 이른바 "탕자의 비유" 이야기를 해설한 1885년 발행된 초기 한국 기독교의 전도문서이다.[49] 아울러 그는 『랑자회개』와 함께 『천도소원』(天道遡原)도 번역하였는데 훗날 루미스에 의해서 언더우드와 아펜젤러, 윌리엄 스크랜톤에게 보내져서 개정되었다.

이수정은 1883년 8월 초부터 동경외국어학교 한국어 교수로 임명받아 가을 학기를 앞두고 1년 만에 한국어 교재를 집필하였는데, 1884년 8월에 출판된 책이 『조선일본선린호화 1권』(朝鮮日本善隣互話 1券)이다.[50] 이 책의 내용을 살펴보면, 그 당시 한국의 지리(地理), 민속(民俗), 제도(制度), 법률(法律), 정사(政事), 도학(道學), 문혜(文芸), 사승(史乘), 물산(物産), 기구(器具) 등의 다양한 항목으로 구성되었

---

47 박용규, 『한국 기독교 교회사 1 (1784~1910)』, 325.
48 이만열, 『한국 기독교 수용사 연구』, 121.
49 「국민일보」, 2011년 4월 20일자.
50 이어령 편저, 『한일 문화의 동질성과 이질성(19세기 말의 한일 문화교류의 한 양상-東京外國語學校 교사 李樹廷의 동경 시절과 그 저작을 중심으로)』 (서울: 신구미디어, 1993), 137-149.

고, 50면으로 된 문답식의 형태로 한국을 소개하였다.[51] 이러한 책들을 통해 이수정은 일본에 머물러 있던 선교사들에게 한국에 대하여 가장 중요한 것들을 소개했을 뿐만 아니라 한글을 가르치는 데 중요한 지침서가 되었을 것이다.

그 외에도 이수정은 1883년 6월 30일에 『천주교인조선사실』(天主敎人朝鮮事實)을 발간하였다.[52] 그리고 김시습(金時習)의 『금오신화』(金鰲神話)를 출판할 때, 오오쯔까(大塚彦太郎)의 요청으로 이수정은 평(評)과 발문(跋文)을 담당하였는데, 1884년 11월에 복간되었다.[53] 1886년 7월에는 동경에서 박제형(朴齊炯)의 『근세조선정감』(近世朝鮮政鑑)을 간행하였는데, 이수정은 서문을 담당하였다.[54] 그리고 『명치자전』(明治字典)이라는 책을 발행하기 위하여 원고를 정리하였는데, 이수정은 편집인으로 서문(序文)과 한음훈(漢音訓)의 표기를 담당하였다. 이 책은 그가 한국에서 처형당한 후에 1887년 일본에서 출판되었다.[55]

이러한 이수정의 한인 디아스포를 통한 문서 선교는 오늘날 기독교의 강단만이 복음 전달의 전부가 아니라는 것을 보여준다. 즉 과거 복음의 전달 수단이 구술 중심이었다면 현대는 기록 문화를 통해서 구술과 함께 미디어인 문서를 통한 복음전달 수단이 중심을 이루게 되었는데, 이는 초대교회의 선교 방법과도 일치하고 있어 선교의 도구가 될 것이다.

---

51   김수진, 『한국 기독교 선구자 이수정』, 154.
52   김요나, 『순교자 전기 1권』, 268-269.
53   히로 다까시, "『마가전』(李樹廷譯)의 底本과 飜譯文의 性格", 182.
54   박제형, 『근세조선정감(近世朝鮮政鑑) 上』, 이익성 역 (서울: 탐구당, 1984), 11-13.
55   김수진, 『한국 기독교 선구자 이수정』, 154. 히로 다까시, "『마가전』(李樹廷譯)의 底本과 飜譯文의 性格", 182.

5) 한글을 통한 교육 선교

세종(世宗) 때 만들어진 『훈민정음』(訓民正音)은 1997년 10월에 유네스코(United Nations Educational, Scientific and Cultural Organization) 세계기록유산에 등재될 정도로 세계에서 가장 우수한 글자로 평가받고 있다. 이처럼 한글이 세계적인 문자로 인정받는 데 있어 기독교의 공헌이 얼마나 컸는지 아는 사람은 그리 많지 않다.[56] 17세기 초, 조선에 전래된 천주교는 한문을 읽을 수 없는 신자들을 위해 교리서, 기도서 등을 우리말로 번역하거나 기록해서 보급했다. 그러나 본격적으로 한글이 백성 사이에 확산 된 것은 19세기 후반 개화기와 일제치하의 한글 보급운동을 통해서 이며, 그 중심에 한국 기독교가 서 있었다.[57]

그런 가운데 이수정은 존 헤론을 불러 놓고 다른 감리교 선교사와 함께 한글을 가르쳤다. 이 무렵 언더우드가 일본에 오자 그도 역시 이수정이 가르치는 한글을 배우게 되었다.[58] 매일 같이 성경 번역에 바빴던 이수정은 한국에 들어갈 선교사들에게 한글을 가르치는 일과 동경외국어학교(東京外國語學校)에서 조선어를 가르치는 교수 일을 하였으며, 그는 선교사들이 파송될 시간만 기다리는 것이 아니라 철저히 한글 교육을 준비시켰다.[59] 그 결과, 내한한 외국 선

---

56 「교회신문」, 2010년 10월 09일자.
57 「교회신문」, 2010년 10월 09일자.
58 김수진, 『한국 기독교 선구자 이수정』, 137.
59 김수진, 『한국 기독교 선구자 이수정』, 137. 동경외국어학교(東京外國語學校)는 1857년 개교한 일본 최고(最古)의 학부의 하나로, 메이지 6년(1873년) 11월에 국립의 외국어학교로 개설된 깊은 역사를 가지고 있다. 일본에서 근대적인 학교교육 제도 하에서 외국어로서 한국어 교육이 실시된 것은 1880년 동경외국어학교에 조선어가 설치된 것이다. 그 후, 메이지 18년(1885년) 9월에 동경외국어학교, 동교부속고등상업학교와 상법강습소가 합병하여 동경상업학교로 되었고, 메이지 30년(1897년) 4월에는 고등상업학교(1899년에 동경상업학교로 개칭)에 부속외국어학교가 부설되는 형식으로 동경외국어

교사들에 의해 복음을 전파함과 동시에 한글 보급이 급속도로 늘어나 한국 개화기에 큰 변화를 가져오게 되었다.

한국 근대문학의 선구자이자 소설가 이광수(李光洙, 1892~1950)는 『조선과 기독교』라는 책에서 한글에 대한 기독교 교육의 공헌에 대하여 다음과 같이 말했다.

> 만약 기독교가 들어오지 않았다면 한글은 여전히 잠을 자고 있었다.[60]

그리고 한글학자였던 외솔 최현배(崔鉉培, 1894~1970)는 기독교의 한글 교육의 공로에 대하여 다음과 같이 평가하였다.

> 유교의 경전을 공부한 한학자들이 한문에 대한 존중의 마음을 가짐과 같이 기독교의 성경을 공부한 대중이 한글에 대한 존중의 생각을 품게 됨을 또한 자연스런 심리라 할 것이다. 하나님의 말씀이 나타나 있는 한글 성경책이 귀중한 것으로 인식됨과 함께, 그 거룩한 내용을 나타낸 한글이 또한 귀중한 것으로 인식되었다. 수백 년 동안에 언문이니 암글이니, 규방문자니 하여 천대받던 한글이 이제 기독교의 교리를 적게 됨으로 말미암아 일약 사서삼경의 한자 같은 지위를 얻게 된 것이다. 그리하여 성경의 한 자 한 자가 그 내용과 함께 소중한 것으로 되어 이를 그대로 지키고 그대로 발전시켰다. 그뿐 아니라, 일제가 그 말기에 다달아서는 우리말, 우리글을 정책적

학교가 재흥되어, 이때를 현재 동경외국어대학교(東京外國語大學校)의 창립으로 보고 있다.

60 『국민일보』, 2011년 2월 18일자.

> 으로 아주 말살하려고 악랄한 수단을 취하였음을 적에 우리
> 의 학교에서 한글과 우리말이 사라지고, 심지어 거리와 집안
> 에서까지 우리말, 우리글이 그 자연스런 노릇을 하지 못하게
> 되었을 적에, 오직 기독교의 교회에서만은 성경이 한글로 적
> 히고, 목사의 설교가 배달말로 유창하게 흐르고, 찬송가의 가
> 락이 배달사람들의 정서를 그대로 전파하였으니 우리말 우리
> 글의 수호의 공을 기독교에 인정하여야 마땅하노라.[61]

이러한 한글 교육의 대중화는 복음을 전하기 위하여 성경을 보급하고 한글을 가르쳐 문맹을 퇴치시키는 작업과 병행되었다.

특히 한국에서 많은 외국인들은 한글을 배우기 원한다. 외국인들이 한국에서 가장 필요한 것은 한글 교육이다. 이러한 한글 교육을 통해서 선교를 진행하면 매우 효과적인 선교 방법이 될 것이다. 외국인들에게 한글은 매우 오랜 시간이 걸리기 때문에 그들을 위한 장기적인 전략을 세워 선교를 할 수 있다. 그리고 한글을 가르칠 교사를 훈련시키고 훈련 받은 전문가가 외국인을 한글 교육하고 선교한다면 그들에게 복음을 전할 수 있을 것이다.[62]

외국인 노동자들에게 있어서 한글은 하나의 제2외국어가 아니라 생존의 수단이기 때문에 더 절실하다. 대부분 외국인 노동자 사역에서의 한글 교육은 외국인 노동자의 중요한 현실 필요에 응답하는 방편이다. 외국인 노동자 사역에 일찍부터 발판을 내린 희년선교회와 갈릴리교회 등에서는 이런 관점에서 한글 교육에 중점을 두고 선교를 하고 있다.[63] 위에서 언급한 것에서 이수정의 한인 디아스포라를

---

61 최현배, "한글과 문화", 『외솔 최현배 박사 고희기념논문집』 (1968), 197-201.
62 손석원, "국내 외국인 근로자에 대한 선교 전략", 『東北亞硏究』 第1輯 (2007, 12월): 64.
63 손석원, "국내 외국인 근로자에 대한 선교 전략", 67.

통한 한글 교육 선교는 오늘날 한류 열풍 속에서 한글 교육을 원하는 외국인들의 기대 심리를 연결하여 인류 평화에 공헌할 뿐만 아니라 예수 그리스도를 모르는 그들에게 복음을 전할 수 있는 효율적인 선교의 접촉점이 될 것이다.

6) 선교적 리더십을 통한 선교

1884년 12월 국내에서는 갑신정변(甲申政變)의 주모자 중의 하나인 김옥균(金玉均)이 일본으로 망명하였다. 그러자 조정에서는 그 주모자들과 동조자들에게 소환 명령을 내리고 자객을 보내어 암살을 시도했는데, 이수정은 김옥균(金玉均)과 관계를 멀리하면서 과거 민영익(閔泳翊)과의 관계도 있고 해서 일본에 더 머물지 않는 것이 좋다는 것을 알고 4년간의 일본 생활을 마치고 1886년 5월 28일 귀국하였다. 그러나 그는 기독교인이라는 이유로 보수파의 질투와 원한으로 그들의 손에 순교하였다.[64]

한국 기독교를 위해 하나님은 그 시대마다 언제나 인간을 도구로 사용하셨다. 이렇게 그의 나라와 그의 의를 이 땅에 펼치셨던 하나님의 섭리는 한국에서가 아닌 한국 기독교의 교두보 역할을 했던 일본에서 이수정을 하나님의 도구로 쓰셨다. 특히 21세기 한국 기독교는 성경중심주의(Biblicism) 교회로서 선교 발전을 위해 이 땅에 복음의 씨앗을 뿌린 순교자 이수정의 남다른 눈물과 땀을 잊지 말아야 한다. 그래서 이수정에 대해 많은 연구를 했었던 전 일본 동경교회(東京敎會) 오윤태(吳允台) 목사는 그를 순교자(Martyr)라고 말하였다.

연세대학교 총장을 지낸 백낙준(白樂濬)도 일본측 기록을 참고하

64　오윤태, 『선구자 이수정』 (서울: 혜선출판사, 1973), 34.

여 귀국 즉시 처형되었다고 주장하였다.[65] 이수정은 귀국하기 전에 헨리 루미스 선교사를 만났는데, "앞으로 그는 선교 사업에 매우 유용할 것으로 기대됩니다."라고 하였다[66]. 그는 비록 순교하였지만 한국 땅에 복음의 씨앗을 뿌린 후 지금 한국 교회는 엄청난 축복을 받은 하나님의 백성이 되었으며, 하나님의 복음을 전하는 세계 선교 2위 국가가 되었다.

이런 관점에서 세계 기독교 신학자들은 사도행전 16:6-10에 비유하면서 이수정을 "한국의 마케도니아인"(a Macedonian from Corea)이라고 불렀다.[67] 이러한 그의 선교적 리더십(Missional Leadership)은 당시 세계 기독교계뿐만 아니라 일본과 한국까지도 영향력을 미쳤으며, 자신의 인생을 예수님의 성육신적인 삶을 통해 하나님의 보내심을 받은 자로서의 삶을 사는 것에 헌신하였다. 선교적 리더십은 겸손, 융통성, 투명성, 연합, 책임감, 담대한 복음 증거, 영성, 무욕 등 성육신적인 삶을 실천해야 한다.[68]

미국 바이올라대학교(Biola University)에서 문화 연구와 세계 선교학교 학장 마빈 메이어스(Marvin K. Mayers)는 선교적 리더십에 대하여 다음과 같이 말했다.

> 자신의 사역이 하나님의 선교에 동참하고 있다는 사실을 깨달아야 하며, 예수 그리스도의 성육신적인 삶을 살아야 한다.[69]

65　백낙준, 『한국개신교사』 (서울: 연세대학교출판부, 1973), 95.
66　Henry Loomis' Letter to Dr. Gilman, July 12, 1886.
67　Larry Stone, 『성경 번역의 역사』, 256-257.
68　최원진, "도시 빈민 무슬림을 위한 전략적인 접근 방안: 한국 선교사들의 선교 방법론을 중심으로", 『1910년 에든버러 세계 선교사대회 100주년 기념 2010 한국대회 논문집』 제3권 (2011, 5월): 245.
69　Marvin K. Mayers, "Training Missionaries for the 21 Century", *Evangelical Missions*

선교적 리더십은 예수 그리스도의 사랑과 섬김의 사역을 현재 진행형으로 수행해 나가는 것을 의미한다. 이러한 이수정의 선교적 리더십을 통한 선교는 한국 교회 목회자와 선교사 그리고 그리스도인들이 세상 속에서 사람들과의 보다 적극적인 관계를 형성하는 데 선교의 본질에 충실하게 하고, 오늘날 선교의 많은 문제점을 예방시켜 줄 것이다.

4. 나가는 말

세계 기독교 역사에서는 그 어떤 나라도 선교사가 입국할 때 그 나라의 언어로 된 성경을 가지고 현지에 들어와 선교를 시작했던 사례가 없었다. 현대 기독교 선교의 아버지라고 불리는 윌리엄 캐리(William Carey)는 인도 방언으로 성경을 번역해 인도 선교의 토대를 마련하였다.[70] 그와 마찬가지로 이수정의 성경 번역은 언더우드를 비롯한 이후 한국에 들어오는 선교사들이 복음을 증거할 수 있도록 초석이 되었다. 일본에서 40개월 동안 이수정의 한인 디아스포라 활동은 그야말로 한국 기독교 역사에 복음의 기초를 마련함에 있어 큰 영향을 끼쳤다. 비록 그가 귀국해 국내에서 많은 활동은 하지는 못했지만 한국에 기독교의 다리를 놓아 준 선교사였다. 이수정을 통해 한국 기독교는 성경을 번역하고, 그 번역된 성경을 보급하는 것으로 기초로 하여 교회가 성장하고 선교가 발전하였다.

이수정은 한인 디아스포라 지역인 일본에서 한국을 위해 성경 번

Quarterly 22 (1986): 306.

70　John D. Woodbridge, *Great Leaders of the Christian Churches* (Chicago: Moody Press, 1988), 310.

역을 통한 선교, 한인 유학생을 통한 선교, 선교사를 통한 선교, 문서를 통한 선교, 한글을 통한 교육 선교, 선교적 리더십을 통한 선교 등 문화인류학적 측면에서 다양한 선교 방법의 직무를 실천하였다. 이것은 오늘의 세계 선교 현장에서도 여전히 요구하는 한인 디아스포라의 선교 사역이다. 이수정의 한인 디아스포라 활동은 수많은 난관을 해치면서까지 마지막 고비를 넘어 오늘 현대 기독교 사역에 있어서 중요한 선교 방법으로 대두되고 있으며, 새로운 한인 디아스포라 선교 방향을 모색하는 데 매우 중요하다.

따라서 한국 기독교의 위대한 한인 디아스포라 선교사로서 이수정의 역사적인 평가가 그리 많지 않은 것은 큰 아쉬움이다. 하지만 이수정을 후손들에게 길이길이 전하는 것이 한국 역사를 제대로 평가하는 것이라고 본다. 또한 한국 기독교의 발전을 위해 이수정의 풍부하고 다양한 한인 디아스포라 활동은 오늘날 21세기 한국 교회가 기억해야 할 중요한 업적이며 고귀한 유산이 될 것이다.

참고문헌

「국민일보」. 2011년 4월 20일자.
김광수.『한국 기독교 인물사』. 서울: 기독교문사, 1981.
김수진.『한국 기독교 선구자 이수정』. 서울: 도서출판 진흥, 2006.
김요나.『순교자 전기 1권』. 서울: 대한예수교장로회총회 출판국, 1996.
「교회신문」. 2010년 10월 09일자.
대한성서공회.『대한성서공회사 I』. 서울: 대한성서공회, 1993.
박기호.『한국 교회 선교운동사』. 서울: 아시아선교연구소, 1994.
박용규.『한국 기독교 교회사 1 (1784~1910)』. 서울: 생명의말씀사, 2004.
박은배.『하나님의 지문』. 서울: 새로운사람들, 2007.
박제형.『근세조선정감(近世朝鮮政鑑) 上』. 이익성 역. 서울: 탐구당, 1984.
배요한. "이수정의 신앙고백문에 대한 유교철학적 분석".『장신논단』제 38권. 2010. 7월.
백낙준.『한국 개신교사』. 서울: 연세대학교출판부, 1973.
부산외국어대학교. "최초의 한국인 일본선교사는 이수정-일본어학부 김문길 교수". http://www.pufs.ac.kr/html/01W_intro/intro_05_02.aspx?cId=10000007&lp=V&postId=10085029.
손석원. "국내 외국인 근로자에 대한 선교 전략".『東北亞硏究』第1輯. 2007. 12월.
신흥종교.『한국민속대관 3권』. 서울: 고려대학교 한국문화연구소, 1984.
아이굿뉴스. "세계 선교 디아스포라가 답이다". http://www.igoodnews.net/news/articleView.html?idxno=43957.

안영로. 『한국 교회의 선구자 언더우드』. 서울: 쿰란출판사, 2002.
연세대학교 종교교재편찬위원회 편. 『성서와 기독교』. 서울: 연세대학
　　　　교출판부, 1985.
內村鑑三. 『우찌무라 간조 회심기』. 양혜원 역. 서울: 홍성사, 2011.
오윤태. 『선구자 이수정』. 서울: 혜선출판사, 1973.
_____. 『한일 기독교 교류사』. 서울: 혜선문화사, 1980.
이광린. 『한국 개화사 연구』. 서울: 일조각, 1969.
이만열. 『한국 기독교 수용사 연구』. 서울: 두레시대, 1998.
이어령 편저. 『한일 문화의 동질성과 이질성(19세기 말의 한일 문화교
　　　　류의 한 양상–東京外國語學校 교사 李樹廷의 동경 시절과 그
　　　　저작을 중심으로)』. 서울: 신구미디어, 1993.
위키백과. "이수정". http://ko.wikipedia.org/wiki/%EC%9D%B4%EC%
　　　　88%98%EC%A0%95_(1842%EB%85%84).
전태환. "초기 개신교 선교역사 중 평신도 전문인 사역연구: 일본 성경
　　　　번역 사역의 이수정 중심으로". 『석사학위논문』 서울: 총신대
　　　　학교 선교대학원, 2003.
최원진. "도시 빈민 무슬림을 위한 전략적인 접근 방안: 한국 선교사들
　　　　의 선교 방법론을 중심으로". 『1910년 에딘버러 세계 선교사
　　　　대회 100주년 기념 2010 한국대회 논문집』 제 3권. 2011. 5월.
최현배. "기독교와 한글". 『신학논단』 제7집. 1962. 10월.
_____. "한글과 문화". 『외솔 최현배 박사 고희기념논문집』 1968.
침례신학대학교 세계 선교훈련원. 『선교지 교회 개척 이야기』. 대전: 그
　　　　리심어소시에이츠, 2010.
평양대부흥. "이수정의 성경 번역과 한국 선교 호소". http://
　　　　www.1907revival.com/news/articleView.html?idxno=78.
한국기독교역사연구소. 『한국 기독교의 역사』. 서울: 기독교문사, 1989.

한국학중앙연구원. "李樹廷". http://www.aks.ac.kr.

히로 다까시. "『마가젼』(李樹廷譯)의 底本과 翻譯文의 性格".『국사학 연구』제4호 2004.

Gifford, Daniel L. *Every-day life in Korea: a collection of studies and stories*. 심현녀 역.『조선의 풍속과 선교』. 서울: 한국기독교역사연구소, 1995.

J. Bonk Jonathan 외 25인.『선교책무』. 서울: 생명의말씀사, 2011.

Knox, George W. "Affair in Korea", *The Foreign Missionary*. 1883.

Mayers, Marvin K. "Training Missionaries for the 21 Century". *Evangelical Missions Quarterly 22*. 1986.

Rhodes, Harry A. *History of the Korea Mission, Presbyterian Church, U.S.A.* 최재건 역.『미국 북장로교 한국 선교회사』. 서울: 연세대학교 출판부, 2009.

Stone, Larry. *The Story of the Bible: the fascinating history of its writing, translation & effect on civilization*. 홍병룡 역.『성경 번역의 역사』. 서울: 포이에마, 2011.

Underwood, Horace G. *The Call of Korea*. New York: Fleming H. Revell Company, 1908.

Woodbridge, John D. *Great Leaders of the Christian Churches*. Chicago: Moody Press, 1988.

The Missionary Review, 1884, 5.

제9장
이슬람과 선교 전략

이 수 환

1. 들어가는 말

 이슬람에 의한 2001년 9월 11일 테러 이후, 세계 선교의 국제적인 정세는 갈수록 악화되고 있다. 아직도 전쟁과 난민, 인권문제와 종교 간의 갈등 심화, 핵 확산 조치 문제, 지속적인 가뭄과 가난, 엄청난 자연재해 등이 국제정세에 악영향을 끼쳐 세계 선교에 지대한 영향을 주고 있다.[1] 2007년 한국 교회는 아프간 사태로 인해서 세계 선교에 큰 타격을 입게 되었다. 이슬람은 기독교 선교의 의지를 꺾기 위한 테러와 인질 납치를 서슴지 않고 있다. 또한 이슬람에서 타 종교로 개종하는 무슬림들에 대해서 극심하게 박해하고 있다. 심지어 그들은 필요하다면 살해하는 것도 주저하지 않고, 지금도 이슬람은 전 세계를 선교하기 위해 노력하고 있다.[2] 이러한 이슬람교가 점점 더 확산되어 가는 추세에 이미 한국 사회에서도 무슬림들이 다문

---

1 William Wagner, *How Islam Plans to Change the World*, 노승현 역, 『이슬람의 세계 변화 전략』 (서울: APOSTOLOS PRESS, 2007), 10.

2 William Wagner, 『이슬람의 세계 변화 전략』, 10.

화 이주노동자를 통해서 어느새 영향력을 행사할 만한 세력으로 성장해 버렸다.[3]

하지만 오늘날 한국 교회 선교사들은 마지막 선교를 위해 미전도 종족 국가인 이슬람 지역에 사는 무슬림들을 전도하고 있다. 따라서 세계 선교의 선두주자인 한국 교회는 이슬람 지역에서 사역하는 선교사들의 중복을 피할 뿐만 아니라 선교사들이 미전도 종족 국가를 중심으로 선교하기 위해 이슬람에 대한 전 이해와 더불어 어떤 선교 전략을 가지고 선교해야 될지를 살펴보고자 한다.

2. 이슬람교란 무엇인가?

세계 3대 종교는 기독교와 불교, 이슬람교이다. 특히 이슬람교의 명칭은 여러 가지로 무함마드교, 마호멧교[4], 모슬렘교[5], 무슬림교[6]이며, 한자를 쓰는 문화권의 경우, 회교(回敎) 또는 회회교(回回敎)[7]로 불린다. 한국의 경우 이슬람교가 전해진 것은 고려시대에 들어온 것으로 보고 있다.[8] 이슬람교는 매우 공격적이고 동적이며 선교 지향적인 종교이다. 또한 세계에서 가장 급속한 성장을 보이고

---

3 김성욱,『개혁주의 선교신학』(서울: 어머징북스, 2013), 272-273.
4 모하메드(Mohamet)교 혹은 무함마드(Muhamad)교라는 것은 교조의 이름이 마호메드 혹은 무함마드이기 때문에 교조의 이름을 따서 붙여진 이름이다.
5 모슬렘은 집합명사의 성격을 가지고 있는데 "순복하는 자들"이란 뜻이며, 모스크(Mosque)는 이슬람의 사역이란 뜻으로 "Mosiemism"의 준말로 그냥 "모슬렘교"라고 한다.
6 이슬람교를 믿는 신도들을 무슬림이라고 하며, 그들의 종교를 무슬림교라고 한다.
7 명칭을 회교 혹은 회회교라고 하는 것은 중국의 55개 소수민족 가운데 서북방 사막 지대에 회족(回族) 혹은 회흘족(回紇族)이 사는데 이 족속이 믿는 종교라는 뜻에서 붙여진 이름이다.
8 최정만,『비교종교학개론』(서울: 도서출판 이레서원, 2004), 287.

있는 종교로서 이슬람교는 사우디아라비아, 이란, 이라크를 중심으로 중동과 중앙아시아의 지배적 종교로서 대서양 연안에서부터 필리핀, 한국, 일본은 물론 미주 대륙에까지 손을 뻗치고 영국과 미국의 뉴욕과 로스앤젤레스까지 회교 사원을 세울 정도로 대담성을 보이고 있다.[9]

1) 무함마드의 프로필

이슬람교는 기독교와 조로아스터교, 시크교와 같이 유일신을 믿고 있다. 그리고 세계적인 종교로 인격적 교조라는 3대 특징을 가진다. 어떤 종교든지 그 종교의 성격을 이해하기 위해서는 교조의 생애와 사상에 대해 살펴 볼 필요가 있을 것이다.[10]

(1) 무함마드의 출생부터 청년까지

이슬람은 6세기 초반 우상 숭배자들이 넘쳐났던 아라비아 반도에서 시작되었다. 이슬람의 전통은 아브라함의 아들 이스마엘이 그의 어머니 하갈과 함께 아라비아 반도의 메카에서 처음 살았다고 주장한다. 당시 메카는 우상의 도시로 아랍인과 유대인, 사바인 등 다양한 종족들이 더불어 살고 있었다.[11] 외부의 영향으로 그들은 다양한 종교들을 가지고 있었고, 최고의 신으로 알라를 믿었다. 그리고 사바인의 영향으로 별과 천사, 우상들을 믿었다. 특히 카바 신전을 중심으로 주변에는 360개의 우상을 가지고 일 년 동안 매일 하나의

---

9 최정만, 『비교종교학개론』, 288.
10 최정만, 『비교종교학개론』, 289.
11 김성욱, 『개혁주의 선교신학』, 276.

우상들을 섬기는 다신론 숭배 지역이었다.[12]

모하메드라고도 하는 무함마드(Muhammad, A.D. 570~632)는 그런 아라비아 반도의 중앙에 있는 잡신 숭배의 중심지인 메카(Mecca)에서 유복자로 태어났다. 그의 아버지 압둘라(Abdullah)[13]는 무함마드가 어머니 뱃속에 있을 때 세상을 떠났다. 그는 6살 때 어머니 아미나(Amina)의 죽음 앞에서 깊은 생각에 빠졌고, 사색하는 습관을 가지게 되었으며, 내성적인 성격의 소유자로 어린 시절을 보냈다.[14] 그는 고아 출신으로 조부에게 양육되어 다시 숙부 아부탈립에 의해 양육되었다.[15]

그는 심한 히스테리와 간질병으로 고생하면서 자랐는데 사막에서 양을 치기도 하였다. 그리고 약대상들과 함께 상품을 싣고 시리아까지 가서 장사도 하였다. 그는 메카의 부자 상인의 낙타 모는 사람으로 고용되어 일하였다. 무함마드가 25세 되던 해에 갑자기 그 거상이 죽었다.[16] 그런데 무함마드의 남성미가 거사 미망인의 마음을 사로잡아 그는 25세에 40세 된 미망인인 "카디자"(Khadijah)와 결혼하였다. 그녀의 남편에 대한 헌신적이고 감동적인 내조와 격려에 의해서 무함마드는 대단히 행복한 결혼생활을 하게 되었고 차츰 사막의 영웅으로 바뀌어졌다.[17]

이슬람교 지역이 오늘날 대부분 일부다처제(polygamy) 지역이지만 무함마드는 아내 카디자만 사랑한 나머지 결혼생활 25년 동안 다

---

12 김성욱, 『개혁주의 선교신학』, 276.
13 압둘라는 알라의 종이라는 뜻이다.
14 최정만, 『비교종교학개론』, 289.
15 Lothar Schmalfuss, *The World's Religion* (Grand Rapids: Eerdmans, 1982), 311.
16 최정만, 『비교종교학개론』, 290.
17 최정만, 『비교종교학개론』, 290.

른 여자에게 눈길 한 번 주지 않는 순정파였다. 그의 혈육은 카디자와 사이에 파티마라는 딸만 남아 있다.[18] 이후부터 무함마드는 10회의 결혼식을 하여 많은 아내를 동시에 거느린 일부다처제의 교주가 되었다. 그의 나이 53세 때에는 9살짜리 신부도 맞이하였다.[19] 무함마드는 자신이 먼저 이슬람의 일부다처제를 위해 실천했던 것을 알 수 있다.[20]

그가 자라던 고향 메카는 다신 숭배의 중심지였다. 조잡스런 미신들에게 환멸을 느낀 그는 자주 근처의 동굴을 찾아 가서 은거와 명상 기도에 힘쓰며 단식을 하였고 환몽에 빠져드는 일이 많았다. 무함마드가 이슬람 종교를 시작한 것은 아내 카디지로부터 받은 격려가 그로 하여금 그것들이 신의 계시라는 것을 믿게 해주었다.[21] 아내 카디자는 이슬람의 최초의 신자가 되었고, 그녀의 친척 중에서도 몇 명이 또 신자가 되었다. 카디자는 부유한 상인중의 한 사람으로 이슬람 초기 신자가 되었으며, A.D. 632년부터 634년까지 무함마드의 제자로 있다가 후계자까지 된 아부 바크르(Abu Bakr)도 있다.[22]

(2) 다신교주의자 무함마드

무함마드 당시 아라비아는 우상을 숭배했던 다신교주의자들이 대부분이었다. 알라(Alah)는 수많은 신들 중에 최고신으로 아라비아 종교 중심지 메카(Mecca)에는 카이바(Kaaba)라는 큰 신당이 있었고, 그 안에는 많은 우상들이 있었다. 그 신당은 규모가 크고 웅장한 건

---

18 최정만, 『비교종교학개론』, 290.
19 채필근, 『비교종교론』 (서울: 대한기독교서회, 1965), 353.
20 김성욱, 『개혁주의 선교신학』, 277.
21 최정만, 『비교종교학개론』, 291.
22 최정만, 『비교종교학개론』, 291.

물이었으며, 하늘에서 떨어지는 검은 색깔의 운석을 신성시하여 거기에 큰 운석 하나를 세워 두었다. 카아바를 순례하는 자들은 이 운석을 순례하고 그 주위를 7번 돌고 입 맞추었다.[23]

(3) 계시 받은 자 무함마드

메카의 중심지로부터 3마일쯤 떨어진 광야에 동굴이 하나 있었는데 무함마드는 거기에 은둔하여 기도하고 명상에 힘쓰던 중 신비한 체험을 하게 되었다. 이러한 체험을 친구들에게 말하니 친구들은 "하나님의 말씀이 모세와 선지자들에게 임하심과 같이 무함마드에게도 왔다."고 말하였다. 이 첫째 계시를 받은 것이 무함마드의 나이 40세였으며, 이때의 내용이 꾸란경 제96장에 최초의 환상과 알라의 선지직 임명으로 나타난다.[24] 그 후, 그는 52세가 될 때까지 계속 환상을 보며 계시를 받았다. 무함마드는 그 모든 계시를 받아서 외웠다. 그가 외우는 것을 뒤에 친구들과 추종자들이 기록하여 책으로 만든 것이 꾸란인데, 그 뜻은 "외움"(rectation)이란 뜻이다. 이슬람교의 최초의 신자는 가족에서 출발하였다.[25]

(4) 기독교 모방자 무함마드

무함마드는 종교적 반대 세력들로부터 목숨에 위협을 느낀 나머지 메카를 떠나 친구들이 있는 메디나(Medina)로 가기로 결정하였다. 이때가 A.D. 622년이고, 이슬람에서는 이 사건을 성전이라 하여 이슬람교의 기원으로 삼고 있다. 이때 함께한 무리가 약 200명

23　최정만, 『비교종교학개론』, 291-292.
24　최정만, 『비교종교학개론』, 292-293.
25　채필근, 『비교종교론』, 318.

이라고 한다.[26] 무함마드는 매일 기도하는 일과 금요일 회중 예배를 위하여 모슬렘 교회당을 건축하였다. 그는 자기를 따르는 무리들에게 경건과 종교 교육과 열정적인 호전성을 훈련시켰다.[27] 이슬람교에서는 기도를 키블라(Qibla)라고 부르며, 더욱 중요한 것은 기도할 때 어디를 향해 기도하느냐 하는 것이다. 무함마드는 처음에는 예루살렘을 향해서 기도하다가 후에는 메카를 향해서 기도하니 이로부터 메카가 이슬람의 성지(城地)가 되었다.[28] 이슬람교에서는 유대교와 기독교에서 모방한 것들이 많다. 유대교의 제3시, 제6시, 제9시에 걸쳐 기도하던 것을 모방하였고, 또한 속죄일에 금식하는 것을 모방해서 라마다(Ramadan) 혹은 라마잔(Ramazan)이라 하여 일 년에 가장 큰 행사 중 하나로 지키게 규정하였다.[29]

(5) 무함마드의 선교 전략

메카를 탈환한 후, 무함마드는 전 아라비아에 강력한 신정정치를 실시하였다. 그는 모든 우상을 폐지하고 유대교와 기독교를 압박해서 이슬람교에 종속, 흡수하고자 계획하였다. 그는 그리스와 페르시아, 이집트 등지에 사절단을 파송해서 이슬람의 신앙을 수용하기를 요구하였다.[30] 무함마드는 종교와 정치를 통합한 교회국가의 신정을 시작하였고, 스스로 왕과 선지자를 겸직하였다. 이슬람에서는 제사장들을 "물라스"(Mullas)라고 하는데 이들은 영적, 종교적 역할과

---

26 최정만, 『비교종교학개론』, 294-295.
27 채필근, 『비교종교론』, 319.
28 최정만, 『비교종교학개론』, 296.
29 최정만, 『비교종교학개론』, 296-297.
30 최정만, 『비교종교학개론』, 297.

정치적 역할을 겸해서 하고 있다.[31]

2) 이슬람교의 꾸란

이슬람교의 경전은 보통 순나와 하디스가 있다. 순나는 무함마드의 생애와 교훈 그 자체를 말한다. 하디스는 순나를 해석한 주석서이다. 이슬람의 경전을 보통 영어식 발음인 코란(Koran)경으로 알고 있으나 어떤 이들은 꾸란(Quran)으로 읽기도 한다. 이 말은 아랍인들이 사용하는 말뜻으로 "읽는다", "암송한다"는 뜻에서 나왔다.[32] 꾸란은 총 114장으로 구성되어 총 6,236절로 되어있다. 꾸란의 내용은 다음과 같다.

첫째, 다가올 심판의 경고이다.

둘째, 선지자에 대한 긴 이야기이다.

셋째, 이슬람 공동체의 생활에 관한 규정들이다. 특히 토라(Torah, 모세의 율법), 자불(Zabur, 다윗의 시편), 인질(Injjil, 예수님의 복음) 등은 성경과 겹치는 부분이 있다.[33]

꾸란은 전체가 하나로 꿰뚫는 통일성이 없다. 각 장마다 이름이 붙여져 있으나 장과 장 사이의 필연적인 연결에 관계가 없다.[34] 꾸란은 아랍어로 기록되어 있다. 그래서 그들은 꾸란을 읊거나 읽을 때는 아랍어로 읽어야 구원이 있다고 말한다. 이것을 외국어로 번역해서 읽으면 안 된다고 믿고 있다. 그것은 꾸란이 점진적 계시에서 가장 완벽한 것으로 보기 때문이다. 꾸란을 읊는 성스러운 분위기에

---

31 최정만, 『비교종교학개론』, 297-298.
32 최정만, 『비교종교학개론』, 298.
33 김은수, 『비교종교학 개론』 (서울: 대한기독교서회, 2006), 239.
34 채필근, 『비교종교론』, 354.

여자는 끼지 못한다.[35]

꾸란의 내용들은 통상 무함마드가 알라로부터 받은 계시라고 하지만 실제에 있어서는 아라비아의 전통적 신념들과 세계관, 민간전설 등 수많은 자료들이 그의 심중에 들어가서 재구성된 것이 꾸란의 편집 과정에서 들어간 것으로 인정된다.[36] 어떤 것은 조로아스터교에서 온 것으로 짐작된다. 예를 들어 용어들 가운데 귀신, 천사, 심판, 부활 같은 것 등이다. 그리고 수많은 구약의 인물이 등장하는 것으로 보아 구약성경에서 온 것도 많다. 또한 유대인의 탈무드에서 온 랍비식 요소도 많이 발견된다.[37] 신약성경의 내용에서도 많이 인용해 쓰고 있는데 메시아에 관한 내용이 8회, 예수 그리스도에 관한 내용이 25회 인용되고 있다. 신약성경 요한복음 14:16과 16:7 등에 나오는 보혜사 성령과 아라비아어 아메드 사이에 신기하게도 유사성이 있어서 무함마드를 예언자의 경지를 넘어서 신격화하는 데 이용하고 있다.[38]

3) 이슬람교의 신학

(1) 예언자 무함마드

이슬람교는 예언자 무함마드가 일으킨 새로운 신앙이 아니다. 무함마드는 전임자들의 신앙을 되풀이하는 최후의 예언자임을 믿고 있을 뿐이다. 무함마드 개인에 대한 자세한 자료는 그리 많지 않다. 그는 향수를 좋아하였고, 양파나 마늘 따위 냄새를 풍기는 것에는

---

35 최정만, 『비교종교학개론』, 299.
36 이현갑, 『세계의 종교들』 (서울: 도서출판 청파, 1990), 101.
37 최정만, 『비교종교학개론』, 300-301.
38 최정만, 『비교종교학개론』, 301.

얼굴을 찌푸렸다고 한다. 특히 모스크에서 예배 보는 사람들의 입냄새를 싫어하였다.[39] 그가 아브라함과 모세, 그리스도 등과 같은 예언자에 이어서 최후의 예언자로서의 위치에 놓인 이래로 그의 지위와 그의 가르침에 의한 신앙은 유일신, 최후의 심판과 함께 이슬람교의 3가지 기본적 신앙의 하나로 되어 있다. 필연적으로 개인으로서의 무함하드의 자세와 예언자로서의 역할은 동일시되고 말았다.[40]

(2) 이슬람교 신학의 다섯 가지 기둥

무함마드는 5가지 기본적인 종교상의 의무를 정하였는데, 그것이 이슬람의 다섯 기둥이라고 한다.[41]

첫째, 신앙고백은 지구상의 많은 종교가 있는데, 그 어떤 종교의 경전을 외우는 것보다도 훨씬 짧고 간단하다. 그들의 신앙고백은 "신은 하나이니라. 무함마드는 신의 사도이니라."라고 하는 것이 전부이다. 샤히다(Shahada)는 이슬람교의 모든 행동 가운데 가장 기본적인 것으로 어릴 때부터 늙어 죽을 때까지 하루에도 몇 번씩이나 고백해야 한다. 이러한 신앙고백을 한 사람은 정식으로 무슬림이 되며, 알라에게 전적으로 복종해야 한다.

둘째, 구제는 단순히 복지만 강조했던 것이 아니다. 자카트는 당시 메디나 시대에 수입원이 부족했던 공동체를 유지하기 위하여 전리품이 모아질 때까지의 아주 중요한 재원이었다. 이슬람법은 자카트(Zakat)인 구제금을 얼마쯤 징수한다는 세세한 문제까지 정해 놓고 있었다. 그것은 총수입의 1/40을 의무적으로 자선행위에 바치게 되어 있다. 모든 무슬림들은 기도의 준수뿐만 아니라 구제금을 함

---

39 최정만, 『비교종교학개론』, 302-304.
40 최정만, 『비교종교학개론』, 304.
41 최정만, 『비교종교학개론』, 305-307. 김성욱, 『개혁주의 선교신학』, 286-289.

께 내야 한다. 이것은 원래 무슬림 공동체에서 가난한 자를 위한 실천적인 선행이었다. 그러나 처음에는 순수하게 개인의 자유의지에 의해서 냈던 공물의 성격이었는데 후기에는 점차적으로 의무적인 규정으로 변질된 것이다.[42]

셋째, 1일 5회 기도는 기도자의 마음을 24시간 알라에게 향하게 한다는 의미이다. 즉 살라트는 머리를 숙여 절한다는 의미가 담겨 있다. 그 외에도 실제 생활면에서도 효과가 있다. 예배자는 기도 전에 정해진 청결을 지켜야 하기 때문에 얼굴과 손, 발을 씻어야 한다. 그것은 단일 사회의 단일 행동과 똑같은 엄청난 심리적인 효과가 있다. 기도시간은 하루에 다섯 번을 일출, 정오, 오후, 일몰, 잠자기 전 밤에 개인적으로 기도하는 것도 무방하지만 되도록 단체로 하는 것을 권장한다. 특히 금요일에는 반드시 무슬림들이 함께 모스크에 가서 기도를 드려야 한다고 주장한다.

꾸란 수라 20:13에 의하면, 모스크에 들어가 기도할 때, 반드시 신을 벗는 것은 "실로 나는 너의 주님이라 너희는 신을 벗으라"는 명령을 실천하기 때문이다. 무슬림의 기도는 알라와 개인적인 대화라기보다 알라에 대한 복종에서 나오는 의식적인 행위로 나타난다.

넷째, 자기 억제와 금욕으로서의 금식(Swam)은 많은 종교에서 정신적인 미덕을 높이는 방법으로 간주되고 있다. 9월 라마단의 금식기간 중에는 일출에서 일몰까지의 사이에 식사와 수분의 섭취, 성교는 금지되어 있다. 최근에는 흡연도 금지하였다. 이것은 절대적으로 강제되는 것이 아니고 야간에는 음식도 취할 수 있으며, 라마단에 쓰이는 특별한 음료수와 과자가 있다.

---

42 구제금은 개인에 따라 다르지만 대체로 개인의 수입의 2.5%를 1년에 한 번 희사해야 한다. 이것은 무슬림의 연간 소득으로부터의 의무적인 납세이다. 자카트는 항상 죄로부터의 정결의 의미로서 사용되었다.

이 시간 동안 심지어 침을 삼켜도 안 되며, 스왐은 열 살이나 열두 살 때부터 시작한다. 아프거나 여행 중인 사람은 금식에서 제외되지만 후에 반드시 그 기간만큼 금식함으로 보충해야 한다. 이슬람에서는 라마단 금식에는 천국 문이 열리고 지옥 문은 닫히며 금식에 참여하는 자는 용서받을 만한 과거의 모든 죄를 다 용서받는다고 가르친다.

다섯째, 성지 순례로 무슬림은 누구나 1년에 1회 정도는 성지 메카를 다녀오는 것을 규칙하고 있다. 이 기간에 죽는 자는 순교한 것으로 여긴다. 매년 성지 순례는 못하지만 평생에 최소한 한 번은 꼭 성지를 다녀와야 한다. 이것을 핫지(Haji)라고 말한다.

(3) 이슬람교의 여섯 가지 믿음

다문화 속에서 이슬람교는 어느새 확산되어 세계의 정치와 경제, 사회, 문화에 영향력을 행사하고 있다. 이러한 이슬람에 대항하려고 한다면 그들이 무엇을 믿는지를 구체적으로 알아야 한다.[43]

첫째, 그들은 알라를 믿는다. 알라(Alah)는 신의 이름이 아니라 하나님이라는 뜻이다. 이슬람에서는 최고의 유일신은 한 분이라 그에게 이름이 따로 필요치 않다고 한다. 그에게 이름을 붙이는 것은 다른 신과 구별함으로 신을 인정하는 것이기 때문이다. 그가 세상을 창조하였고, 전지전능, 유일 최고의 신임을 믿는다.

유대인들이 믿는 구약성경의 엘로힘과 알라는 같은 하나님이라고 한다. 따라서 이슬람의 신관은 이스라엘의 신관을 모방한 것이다. 알라의 속성은 꾸란에 99개의 이름들이 언급되어 있는데, 이슬

---

43 김성욱, 『개혁주의 선교신학』, 282-283.

람에는 아버지라는 개념이 없다.[44]

둘째, 그들은 예언자를 믿는다. 꾸란에서는 예언자(Nabi, Prophet)를 창조주 알라의 말씀을 인류에게 설명하고 해석하는 임무만을 받은 인간들로 설명한다. 예언자는 아담, 노아, 아브라함, 이스마엘, 이삭, 야곱, 모세, 아론, 롯, 요나, 엘리야, 다윗, 솔로몬, 엘리사, 스가랴, 요한, 예수님, 무함마드 등 예언자들 이름까지 들어서 규정하고 있다. 거의 대부분은 성경에 있는 인물이다.[45] 이슬람만의 예언자는 후드, 살리흐, 루끄만, 알렉산더 대왕 듭 가르나인, 일곱 난장이들의 전설에서 나오는 에베소의 일곱 잠자는 자가 있다.

라술(rasul, massenger)은 창조주의 말씀을 설명하고 해석하는 업무 외에 그 복음을 인류에게 전달하여 가르치고 인도하는 임무까지 부여 받은 선택된 자들이다. 라술에는 모세와 다윗, 예수님, 무함마드가 해당한다.[46] 무함마드는 예언자와 선지자들을 구별하지 않는다. 모든 무슬림들은 그들의 행적을 지켜야 한다. 그들은 모두 인류의 지도자로서 알라의 선택을 받은 훌륭한 인간들이므로 신자들은 누구나 믿고 따라야 한다는 것이 이슬람의 보편적 교리이다.[47]

셋째, 그들은 쿠투브(Kutub)라는 경전을 믿는다. 성경에 대하여 다음과 같이 말한다.

① 꾸란은 성경을 재확인하는 것이다.
② 무슬림도 기독교의 경전을 보관하였고 알라의 말씀은 영원 불멸함을 주장하고 있다.

---

44 최정만, 『비교종교학개론』, 307-309.
45 최정만, 『비교종교학개론』, 309-310.
46 최정만, 『비교종교학개론』, 310.
47 최정만, 『비교종교학개론』, 310.

③ 꾸란은 유대인들이나 기독교인들이 왜곡된 경전을 가지고 있다고 주장하고 있다.

그들은 꾸란에 대하여 말하기를, "즉시 쓰여진 계시로서 천사가브리엘이 매년 기록의 정확성에 대해서 검사 및 비교하였다."라고 믿는다. 칼리프 아부 바크르(A.D. 632~634)의 명령으로 책을 편찬하였다. 기타 경전에 대하여 이슬람은 무함마드 이전의 다른 선지자들의 경전을 받아들이고 있는 것이 특이하다.

이슬람에서 인정하는 다른 선지자들의 경전은 다음과 같다. 모세의 토라(Torah), 다윗 왕의 시편(Zabur), 예수님의 복음(Injil)은 아직도 존재하는 경전이지만 읽혀지지 않고 사라진 경전도 있다.

이슬람의 기원에 관하여 다음과 같이 말한다. 유대교와 기독교적 요소가 주류를 이루고 있다. 초기에 계시된 내용은 당시 아랍 점쟁이들의 구전 형태의 주술적 내용이 들어와 있다. 바나바의 복음(The gospel of Banabas)을 참 복음이라 주장하고 있다. 내용을 보면 예수님은 하나님의 아들이 아닌 것으로 말한다. 예수님은 십자가에 못 박혀 죽지 않았다. 예수님은 무함마드의 출현을 예언하였다. 복음서는 예수님에게 주어졌으나 애당초 예수님에게 주어진 내용의 성경과는 다르다.

넷째, 그들은 천사를 믿는다. 천사는 성별이 없고 알라의 종이며 자유의지가 없고 빛으로 창조되었다. 그들은 선지자보다 낮은 존재라고 생각하며 천사장으로는 알라의 사자로서 가브리엘과 미카엘, 죽음의 천사인 아즈라일과 지옥을 관장하는 말리크 등이 있다(수라 2:91-92).[48]

---

48 김성욱, 『개혁주의 선교신학』, 283-284.

이슬람은 천사가 양식, 풍우, 선과 악을 주관하고, 천국과 지옥을 담당하며, 심판과 부활의 날을 담당한다고 믿는다.[49] 그리고 인간은 평생 동안 악령이나 마귀 또는 사탄의 행악으로부터 보호받는 다고 믿는다. 이것은 창조주의 명령에 따라 천사들이 보호하기 때문이다.

알라는 인간을 창조하신 다음날에 천사로 하여금 아담에게 허리 구부려 인사를 하도록 하였고, 아담에게 천사들보다 많은 지식과 지혜를 주었고 자산을 관리하는 대리권을 주었다.[50] 이렇게 이슬람의 관점에서 인간은 천사보다 높은 지위에 있다. 이때 아담에게 경배하기를 거부해서 쫓겨난 천사가 바로 이불리스라는 사탄과 같은 존재임을 알 수 있다.[51] 꾸란은 이불리스가 알라를 믿지 않는 불신자들과 배교자들에게 활동하고 있는 것으로 말한다.[52]

다섯째, 그들은 마지막 심판을 믿는다. 이슬람은 심판 때에 일어나는 징조에 대하여 성경의 기록과 비슷하다. 알라가 직접 책을 펼쳐 놓고 심판을 하는데 선한 행위를 한 자는 낙원으로 가지만 악한 행위를 한 자는 지옥으로 간다고 주장한다(수라 39:69-75).[53] 그러나 이슬람의 천국은 술과 미인이 기다리는 남성 위주의 천국이다.[54]

여섯째, 그들은 운명론을 믿는다. 세상의 창조와 일어나는 모든 행운과 불행은 창조주의 뜻이고 창조주가 기록하여 두지 않았던 것은 인간에게 절대 발생하지 않으므로 창조주를 믿는 자들은 알라께 의지해야 한다. 우주의 운행 질서 경우, 모두 창조주의 권능 안에 있

---

49 최정만, 『비교종교학개론』, 315.
50 최정만, 『비교종교학개론』, 316.
51 최정만, 『비교종교학개론』, 315-316.
52 김성욱, 『개혁주의 선교신학』, 284.
53 김성욱, 『개혁주의 선교신학』, 285.
54 최정만, 『비교종교학개론』, 317.

다고 말하며, 인간이 언제 어디서 어떻게 탄생하여 언제 어디서 어떻게 임종할 것인가에 대한 것도 알라의 뜻에 따라 행해짐으로 알라 외에는 창조되는 시간과 임종하는 시간을 아무도 알 수 없다.[55] 그리고 존재하는 모든 사물과 인간이 선택하여 행하는 모든 행위도 창조주 알라께서 알기 전에는 그 어떤 것도 발생하지 않는다고 믿고 있다. 이것이 이슬람교의 운명론이다.[56] 따라서 그들은 알라의 섭리라는 용어인 인살라(In Salah)를 밥 먹듯이 쓰고 있는 것이다.[57]

4) 이슬람교의 종파

이슬람은 하나이지만 교리만 조금 다르다. 그러나 실제로 그 안에는 다양한 종파들이 존재한다. 도저히 통합할 수 없는 종파들이 산재해 있다.[58] 그것은 누가 무함마드의 후계자가 될 것인지 논의가 일어나면서 여러 종파로 갈라지기 시작하였는데, 후계자를 민주적으로 선출한 지도자를 세울 것인지, 아니면 무함마드 일가의 후손을 세울 것인지에 대한 논의의 쟁점이었던 것이다.[59] 그래서 이슬람의 종파는 세 가지로 나누어 볼 수 있는데, 수니파(Sunnis)와 시아파(Shia), 수피파(Sufis)이다. 특히 시아파와 수피파는 모두 수니파에서 분리되었다.[60]

---

55 최정만, 『비교종교학개론』, 317.
56 최정만, 『비교종교학개론』, 317-318.
57 조귀삼, 『복음주의 선교신학』 (안양: 세계로미디어, 2013), 259.
58 유해석, 『우리 곁에 다가온 이슬람』 (서울: 생명의말씀사, 2009), 131.
59 Don McCurry, *Now you can know what Muslims believe: a Muslim world overview*, 주지현 역, 『무슬림은 무엇을 믿는가?』 (서울: 도서출판 예수전도단, 2008), 9.
60 김성욱, 『개혁주의 선교신학』, 292. 무함마드의 후계자를 칼리프(Caliph)라고 하는데 후계자 계승에 관한 문제로 이슬람 세계에 분열이 일어났다. 무함마드의 외동딸 파티마의 남편인 알리의 가계 혈통에서 칼리프가 계승되어야 한다는 주장과 칼리프는 선거제도

(1) 정통 수니파

수니파라는 용어는 선지자의 도를 따르는 자들로서 정통 회교도를 말한다. 오늘날 이슬람교는 대부분 수니파에 속한다. 이슬람의 전통파인 수니파는 무슬림 인구의 약 90%가 차지하고 있는데, 사우디아라비아가 중심이다.[61] 그들은 무함마드와 무함마드 후에 그의 후계자가 된 네 명의 가르침만을 신봉하는 자신들이 진정 정통 이슬람이라고 주장한다. 그들은 무함마드 사후 자신들만이 이슬람을 떠나지 않았기 때문에 구원을 받을 때 알라에게 후한 점수를 받는다고 믿고 있다.[62]

수니파는 꾸란과 무함마드의 생애와 교훈을 담고 있는 "순나"(Sunna), 전승들과 순나의 해석과 주석인 "하디스"(Hadith)에 표현된 모든 내용을 수용하고 있다. 이슬람의 네 개의 기본적 율법(토라, 수흡, 자부르, 인질) 샤리하(Shariha)[63]를 인정하고 있다.[64]

(2) 시아파

시아파(Shia)는 이슬람의 소수 종파로 기존 정통파로부터 이단이라 한다.[65] 사실 시아파는 아랍인들 사이에 일어난 정치적인 움직임에서 기원한다. 무함마드의 두 번째 후계자 오마르가 암살당한 후에 이슬람은 그의 후계자를 무함마드의 양자였던 알리와 무함마드

에 의해서 선출되어야 한다는 주장으로 양분되었다. 이 분쟁에 의해서 수니파, 시아파, 수피파 등의 종파가 분열되었다. 최정만, 『비교종교학개론』, 326.

61 이희수, 『이슬람』 (서울: 청아출판사, 2001), 344.
62 유해석, 『우리 곁에 다가온 이슬람』, 132.
63 샤하리는 꾸란, 하디스, 이즈마(이슬람 공동체의 동의), 쿠야스(분석적 추리)로 구성되어 있다.
64 최정만, 『비교종교학개론』, 327.
65 이희수, 『이슬람』, 344.

의 사위였던 오스만 사이에서 선택해야 했다. 이것이 분열의 씨앗이 되어 오스만이 차기 후계자가 되자 알리의 추종자들이 오스만을 반대한 것이다. 결국 오스만은 살해당하고, 오스만의 조카 무아위야와 알리 사이에 후계자 자리를 놓고 싸움이 벌어졌다.[66] 이러한 싸움으로 인해 끝에 결국 무아위야가 후계자가 되었고, 알리를 따르던 추종자들의 일부가 알리 진영에서 벗어나 이란으로 가서 시아파를 형성하게 되었다.

시아파는 무함마드의 직계 손만이 무함마드의 후계자가 될 수 있다고 주장하였다.[67] 그래서 시아파는 곧 알라파이며, 혈통주의라는 특징이 있다.[68] 시아파의 중심은 페르시아, 즉 현재 이란으로 총수는 호메이니(Ayatollah Khoumeni)이다.[69] 시아파는 이라크의 남부 지방과 이란, 아프리카 일부 지역, 예멘에도 있다.[70] 이 종파의 교리는 "알라는 영원하다. 꾸란은 창조되었다." 등이다. 그들은 운명론보다는 자유의지를 강조하며, 그들에게 있어서 이맘(Imam)은 어떤 오류도 없는 존재로 여기고 있다.[71]

(3) 수피파

수피파(Sufis)는 이슬람교의 신비주의의 종파로 보편적으로 알려져 있다. 이것은 이슬람이 전파하는 과정에서 토속신앙과 접목하면서 나타난 것으로 지적인 이슬람보다 신비주의와 금욕주의에 가까

---

66 유해석, 『우리 곁에 다가온 이슬람』, 132-133.
67 유해석, 『우리 곁에 다가온 이슬람』, 133.
68 이희수, 『이슬람』, 344-349.
69 이현갑, 『세계의 종교들』, 99.
70 조귀삼, 『복음주의 선교신학』, 261.
71 김성욱, 『개혁주의 선교신학』, 293.

운 것이다.[72] 이 종파는 이슬람의 전통 노선인 수니파에 대한 반발로 일어났다.[73] 주로 환상과 치유, 기도에 치중하고 알라 신과의 신비한 연합의 관계를 통해 하나가 되는 것을 목표로 한다.[74] 그리고 춤과 마약 등 환각적이고 쾌락적인 것으로 영성훈련을 함으로써 이 종파는 이슬람 종교를 넓게 확산시키는 데 가장 큰 공헌을 하였다.[75]

수피파는 민속 이슬람 사상과 신비주의 사상이 결합되어 이슬람 문화의 꽃을 피웠다. 그들은 무함마드를 신격화하고 점성과 마술을 인정하고 부적을 사용하며, 알라의 9가지 이름을 외우면 굉장한 신비의 힘이 솟아난다고 믿는다.[76] 수피파는 전 세계적으로 이슬람을 알리는 데 공헌한 종파로, 현재 인도, 파키스탄, 인도네시아, 말레이시아, 필리핀, 중앙아시아, 중앙아프리카에 영향을 주었으며, 주로 아시아 지역으로 진출하였다.[77] 또한 힌두교와 불교에도 적지 않은 영향을 미쳤다.[78]

(4) 소수 종파들

이슬람의 종파 가운데는 세 종파인 수니파와 시아파, 수피파 이외에도 아하미디아파와 하와비파가 있다. 아하미디아파는 신흥 종교의 성격을 가지고 있으며, 신약성경 복음서의 예수님 행적에 대해서 전적으로 부정한다. 이 종파의 주장에 의하면, 예수님의 무덤이 타시미라는 곳에 실제로 존재하고 있다고 믿는다. 아하마디아의 중

---

72 김성욱, 『개혁주의 선교신학』, 293.
73 최정만, 『비교종교학개론』, 328.
74 김은수, 『비교종교학 개론』, 256.
75 최정만, 『비교종교학개론』, 328.
76 최정만, 『비교종교학개론』, 328.
77 김성욱, 『개혁주의 선교신학』, 293.
78 최정만, 『비교종교학개론』, 328.

심은 파키스탄이다.[79] 와하비파는 이슬람의 부흥 운동파로 18세기 이후의 서구 시민주의에서 이 세계가 해방되어야 한다고 주장하였다. 그러나 서구의 팽창 정책을 저지하는 운동이며, 이슬람 정신의 복구 운동이며, 저항 운동(레지스땅)의 한 갈래이다.[80]

5) 이슬람교의 문화 이해

이슬람 문화권은 마을마다 높이 솟은 돔과 첨탑 위에 초생달 마크가 있고, 새벽마다 확성기를 통해 무슬림의 기도 소리가 들린다. 이슬람 문화 이해의 대전제는 모든 이슬람 국가가 신정국가라는 것이다. 이슬람의 중요한 정치적 결정은 이란 대통령이었던 호메이니옹과 같은 종교 지도자가 결정한다. 그래서 이슬람의 신앙은 모든 분야의 사회 조직과 이리저리 얽혀 있다.[81] 이렇게 이슬람은 영적이고 현실적이면서 강력한 종교적 특징으로 결합된 문화가 특징이다. 그들의 종교법을 "샤리하"라고 한다. 이것은 단순히 종교에 국한된 교리나 법이 아니라 개인의 사생활은 물론 공적인 생활, 정치, 경제, 사회 모든 분야를 총망라하고 있다.[82]

(1) 정치적 특징

이슬람의 정치적 특성은 한 마디로 이슬람의 상징인 오른손에는 칼과 왼손에는 꾸란으로 상징되고 있다. 이것이 상징하는 바와 같이 폭력적인 힘의 지배라는 것이다. 이슬람은 세계에서 정치적 목적을

---

79   최정만, 『비교종교학개론』, 329.
80   최정만, 『비교종교학개론』, 329.
81   최정만, 『비교종교학개론』, 329.
82   최정만, 『비교종교학개론』, 329-330.

위해 암살과 테러를 자행해 왔다.[83] 암살단은 중근동의 골칫거리였던 샤바흐의 정치적 적들을 암살하는 것이 바로 알라의 뜻으로 실천하고 있다. 이것이 신성한 종교적 의무인 동시에 영원한 시간 동안 항상 황홀감을 느낄 수 있는 천국에 가서 살기 위한 것으로 자살 공격까지도 기꺼이 자행할 수 있는 것이라고 여겼다.[84]

(2) 언어, 과학, 예술, 건축, 문학

이슬람은 독자적인 사막 문화를 건설하면서 세계화를 성공시켰다. 무엇보다도 그들이 사용하던 숫자는 세계 어느 나라에서도 쓰이지 않는 곳이 없다. 이를 통상 아라비아 숫자라고 한다. 그들은 또한 사막에서 밤을 보내면서 밤하늘의 신비와 별들을 관찰하다 보니 무역학이 발달하였다. 낙타를 몰고 먼 곳까지 다니며 장사를 하다 보니 무역이 발달한 것이다.[85]

그들은 먼 나라에 장사 나간 가족을 그리워하면서 기나긴 밤을 눈물과 한숨으로 지새우는 가운데 그리움과 상상력이 어우러져 아름다운 문학으로 승화한 것이 아라비아의 문학이다. 매우 독특한 것은 돔 형식의 성전과 뾰족한 탑은 이슬람의 독특한 건축 양식이다. 그리고 아라비아의 연금술은 근대 화학의 시조라고 할 수 있다. 화약의 발명과 약품의 제도는 아라비아가 선구적인 역할을 하였다.[86]

(3) 가족과 여성의 문제

이슬람의 결혼은 선택의 문제가 아니다. 그것은 남자의 의무로

---

83 최정만, 『비교종교학개론』, 330.
84 Norman Anderson, *The World's Religions* (Grand Rapids: Eermans, 1982), 333.
85 최정만, 『비교종교학개론』, 332-333.
86 최정만, 『비교종교학개론』, 333.

네 사람 이상의 아내를 취해서는 안 된다. 그러나 그들은 선택하고 싶은 만큼 많은 여자를 소유할 수 있다. 꾸란 제4장에 의하면, "남자가 여자보다 위에 있다."고 하였다. 꾸란 4:3에 의하면, 일부다처제가 합법화되어 있다. 또한 "여자는 남자의 경작지"라고 꾸란에 기록되어 있기 때문에 남자는 능력이 있는 대로 얼마든지 경작할 수 있다는 것이다. 이것은 아마도 이슬람 초기에 무함마드가 이슬람 세력 확장을 위한 인구 팽창 정책으로 마음껏 종족을 번성시키도록 명령했기 때문이다.[87]

남자들은 언제든지 어떠한 이유로든지 이혼할 수 있다. 그러나 여자는 어떠한 이유든지 이혼을 제기할 수 없다. 여인은 외출할 때 반드시 얼굴 가리개를 해야 한다. 만일 가리개를 하지 않은 여인의 얼굴을 낯선 남자가 보면, 그 남자는 그 여인을 책임져야만 한다. 하지만 이슬람교에서는 조혼과 다산의 고통 때문에 여성 자살율이 높다. 꾸란에는 이혼에 관한 장이 있지만 남자 쪽에서 "나는 너와 이혼한다."라고 세 번 외치면 여자의 의사와는 상관없이 이혼이 성립된다는 것이다.[88]

6) 이슬람교의 세계 분포 현황

세계에서 네 번째로 인구가 많은 나라는 인도네시아로 국민의 약 88%가 이슬람교도이다. 1997년 9월 통계에 의하면, 인도네시아는 약 2억 1천만 명의 이슬람교도가 있다고 한다. 그리고 유럽 전체의 이슬람 인구는 1,680만 명으로 유럽의 두 번째 종교이다. 파리 근교

---

[87] 이희수, 『이슬람』, 101–126.
[88] 이희수, 『이슬람』, 101–126.

에 100만 명의 이슬람교도가 살고 있고, 프랑스에는 400만 명의 이슬람교도들이 살고 있다. 그래서 프랑스의 제2의 종교는 이슬람이다. 영국에는 약 400만 명의 이슬람교도가 살고 있으며, 1,800개의 모스크와 3,000개의 꾸란 학교가 있다. 런던에 본부를 두고 있으며, 유럽 이슬람회의는 영국을 이슬람 국가로 만들기 위해 석유를 기반으로 한 자금으로 이슬람 선교에 열을 올리고 있다.[89]

또한 제2차 세계대전 이후 많은 수의 노동자, 유학생, 기술연수생이 서유럽으로 진출하였다. 1970년 이후에는 레바논(팔레스타인), 아랍에미리트, 파키스탄, 이란, 아프가니스탄 등지로부터 정치적, 경제적 망명자들로 서유럽의 이슬람 인구는 꾸준히 증가하였다. 이외에도 아랍, 서아프리카, 벨기에, 네덜란드, 스칸디나비아, 이탈리아, 그리스 등 서 유럽 전역에 퍼져 있다.[90] 역시 미국에도 600만 명의 무슬림과[91] 1,500개의 이슬람 성원이 있다.

1930년 전 세계의 이슬람 인구는 2억 3백만 명이었지만 오늘날은 15억 인구가 되었다. 이슬람은 문화와 인종을 넘어서 세계적으로 널리 퍼지고 있으며 기독교인의 수를 압도하고 있다.[92] 한국에서의 이슬람 전래와 현황을 살펴보면, 불교와 기독교 문화 속에서 살아온 한국 사람에게 생소한 이슬람교가 그 두터운 벽을 뚫고 한국에 전래된 것은 1995년이다. 이슬람이 한국에 전파된 것은 1955년 9월이며, 6.25 동란 때 유엔군으로 참전하였던 터키 부대의 압둘 라흐만 종군 이맘과 주베르코취 종군 이맘에게 한국 포교를 위하여 지도와 협조

---

[89] 이희수, 『이슬람』, 371-378.

[90] 이희수, 『이슬람』, 378-382.

[91] 이희수, 『이슬람』, 382-390. 프로권투 전 세계 헤비급 챔피언 무함마드 알리와 타이슨, 프로농구 천재 압둘 자바, 종교를 통한 인권운동가 말콤 엑스도 이슬람교도이다.

[92] 유해석, 『우리 곁에 다가온 이슬람』, 96-98.

를 요청한 김민규와 윤두영에 의해 포교가 시작되었다.

서울시 동대문구 이문동에서 한국 이슬람교 협회를 발족하고 초대회장 김진규, 부회장 겸 사무국장 윤두영과 신도 70여 명으로 시작되었다. 초창기 10여 년 간에 포교 운영의 고난을 극복하고 1965년 한국 이슬람교 중앙연합회로 재발족, 1967년 3월 재단법인 한국 이슬람교로 인가되어 신도 7,500명의 교세를 갖게 되었다. 1976년 5월, 용산구 한남동에 서울중앙성원을 건립하고(사우디아라비아, 기타 6개국의 원조로), 1980년 항도 부산에 제2성원, 1981년 경기도 광주에 제3성원을 건립하였다. 또한 해외교포를 위하여 사우디아라비아, 쿠웨이트, 인도네시아에 지회가 설립되어 국내의 신도 수가 약 35,000명의 교세를 가지게 되었다.

현재 한국 이슬람 성원은 다음과 같다.

① 서울중앙성원(서울 용산구 한남2동 732-21).
② 부산성원(부산 금정구 남산동 30-1).
③ 광주성원(경기도 광주군 광주읍 역리 48-9).
④ 전주성원(전북 전주시 덕진구 인후동 2가 1562-10).
⑤ 안양성원(경기도 안양시 안양 5동 618-132, 안양대학교 앞).
⑥ 제주분회(제주시 연동 252-65).
⑦ 안산성원.
⑧ 파주성원.
⑨ 부평성원.
⑩ 포천이슬람센터.
⑪ 대구우수만성원 등 11곳에 성원이 있다.

그리고 50여 개의 임시 예배소가 있으며, 무슬림들을 위한 새로운 성전의 건립을 추진하고 있다.

1980년 5월, 최규하 대통령의 사우디아리비아 방문 시 칼리드 왕과의 공동성명을 통해 한국 이슬람 대학교 설립 공사비 일체의 제공을 확약받았다. 그리고 1980년 7월 최규하 대통령이 이슬람 대학교 부지 43만 평방미터를 기증함으로 지금까지 대학 건립이 추진 중에 있다.[93] 한국 이슬람교는 1970년대의 중동 붐을 타고 두드러지게 교세가 확장되어 근래에 매년 중동 각국에서 무슬림이 되어 귀국한 1,700여 명의 기능 근로자 신도들을 핵으로 삼아 신도 배가 운동을 펴고 있다. 그러나 한국에서의 이슬람교는 한국 사람의 습성 및 기호와의 차이점을 비롯하여 예배 의식 용어 및 교리의 토착화 등 숱한 난제를 안고 있다.

---

93 이슬람 대학에 설립될 학과와 학생 수도 매우 구체적으로 명시되어 있다. 총 8개 학과에 800명 규모이며, 이슬람법과(150명), 아랍어과(100명), 말레이시아·인도네시아어과(120명), 한국어·한국문학과(80명), 영어·영문학과(120명), 경제학과(80명), 국제무역학과(120명), 경영학과(200명)로 구성되어 있다. 이 같은 대학설립의 주목적은 이슬람을 신학적, 역사적, 문학적으로 연구하는 것이라고 밝혔다. 재학생에 대해 전원 장학금 지급과 전원 기숙사 생활도 지원하는 것으로 알려졌다. "한국 이슬람 40년사"에는 대학의 설립 취지에 대해 여섯 항목으로 명시되어 있다. 특히 "명실 공히 극동 지역의 대표적인 교육기관으로서의 역할을 감당할 것"이라고 밝힌 부분이 눈에 띈다. 첫째, 이슬람 교육기관 설립을 통해 한국 무슬림들에게 이슬람 정신을 고취시키며 이슬람의 진정한 가르침과 우수성을 숙지시킨다. 둘째, 어떤 종교를 믿든 가능한 한 많은 학생들에게 이슬람 교육의 장을 마련해 타종교와 비교연구를 통해 이슬람의 우수성을 알린다. 셋째, 대학이 각 종교 활동의 중심지가 될 것을 예상한다. 무슬림 학생들이 중심이 되어 이슬람서적 출판이나 이슬람 문화 전시회 개최 등을 통해 이슬람의 올바른 뜻과 가르침을 대중에게 전달한다. 넷째, 미래의 무슬림 교육자를 양성해 이슬람에 대한 왜곡, 편견 없는 교육을 실시한다. 다섯째, 극동지역에는 이슬람 교육기관이 전무하다. 따라서 향후 한국에서 건립될 이슬람 대학은 단지 한국 내 이슬람 학생들만 아니라 중국, 일본, 대만 등 주변 국가의 유학생들에게도 문호를 개방해 명실 공히 극동의 대표적인 이슬람 교육기관으로서의 역할을 다한다. 여섯째, 한국 이슬람 대학과 이슬람 국가의 대학 간 교환교육을 통해 실질적인 이슬람 지역의 전문가를 양성한다. 「크리스챤투데이」, 2007년 11월 23일자.

서울중앙성원은 성전을 중심으로 1층은 사무실과 이맘의 사무실 그리고 예배 올리기 전에 소정을 하는 장소가 있다(이슬람의 소정[小淨]은 몸을 깨끗이 하고 알라 앞에서 예배를 올리기 위해서 하는 것이다). 그리고 2층은 예배를 드리는 장소가 있다. 성전 주위의 주차장은 성전 주위에 살고 있는 주민들에게 주차할 수 있도록 공개하고 있다. 이것은 이슬람교와 주민과의 원만한 관계를 이끄는 이슬람교의 선교 전략이다. 그리고 성전 주위에는 상가로 이루어져 있다. 상가에는 미용실, 이용실, 분식집, 세탁소, 옷가게 등이 있다. 이 가게의 주인은 알라를 믿는 이슬람교도들이다.[94]

3. 이슬람을 위한 선교 전략

이슬람은 아브라함의 장자 이스마엘의 계열이라는 사실을 자랑스럽게 생각한다. 그들은 꾸란을 편집하고 제작할 때 구약성경에 있는 많은 내용들을 차용하였다. 무함마드는 팔레스타인 지역을 다닐 때 보고 듣고 예배에 참여한 경험과 소아시아 지역을 다닐 때 기독교로부터 들었던 이야기와 함께 예배드렸을 때 종교적인 체험들이 이슬람의 신학을 형성하는 데 있어서 많은 영향을 주었다.[95] 이슬람을 위한 기독교 선교의 적극적인 관심과 논의의 시작은 1970년대부터였다.

스티븐 니일(Stephen Neill)은 『기독교 선교 역사』(*History of Christian*

---

94 서울대학교 종교학과 종교문화연구실 편, 『전환기의 한국 종교』(서울: 집문당, 1986), 450–454.
95 Hendrick Kraemer, *The Christian Message in a Non-Christian World*, 최정만 역, 『기독교 선교와 타종교』(서울: CLC, 1995), 378–390.

Missions)라는 책에서 이슬람권 선교에 대하여 다음과 같이 말했다.

> 험한 장벽이 앞을 가로막고 있지만 절망해서는 안 되며, 교회가 우호적이고 적절한 접근을 한다면 무슬림들의 적극적인 반응을 기대할 수 있다.[96]

핸드릭 크래머(Hendrik Kraemer)는 이슬람 선교에 대하여 다음과 같이 말했다.

> 이슬람 세계를 향한 그리스도교의 선교 전략은 교리적인 측면은 피하고 성경적 실재론을 가지고 삶의 현장으로 나아가야 한다.[97]

이것은 기독교 선교사들이 서로 협력하여 이슬람과의 좋은 관계를 유지하면서 사랑의 봉사를 통해 접근하면 선교의 가능성을 볼 수 있을 것이다.

1) 사랑의 접촉점을 사용하라

이슬람교는 자비와 사랑의 교리를 강조한다. 기독교는 이것을 접촉점으로 사용할 수가 있다. 이슬람은 사랑을 말로만 하지 않는다. 사실 행동이 따르지 않는 말뿐인 사랑은 힘이 없다. 그래서 그들의

---

[96] Stephen Neill, *Christian Faith and Other Faithes* (Doners Grover: Inter Varsity Press, 1984), 89.
[97] Hendrick Kraemer, *The Christian Message in a Non-Christian World* (Grand Rapids: Kregel, 1977), 363.

필요를 돌아보고 도와주어야 한다. 이것은 물건을 주라는 것이 아니다.[98] 그래서 기독교는 이슬람을 향한 하나님의 선교 차원에서 연합하여 그들에게 의료, 식량, 구제, 생필품 지원, 개발, 교육 등을 통해서 사랑을 보여 주어야 한다.

기독교는 이슬람 문화권에서 분열과 갈등의 투쟁에서 희생되어 세상에서 위로 받지 못하고 상처받고 고통당하는 그들에게 접근하여 하나님의 사랑을 전하고 필요한 도움을 제공해 줌으로써 선교의 접촉점을 열어 가야 할 것이다.[99] 그러나 이슬람의 추수를 막는 가장 큰 장애물은 선교사와 목회자 혹은 그리스도인들 마음속에 있는 부정적 생각과 불신앙이다. 디모데전서 2:4에 의하면, 하나님은 모든 사람이 구원받고 진리를 아는 지식에 이르기를 원하신다고 하였다. 베드로후서 3:9에 의하면, 하나님은 누구도 멸망하지 않고 회개에 이르게 되기를 바라신다고 하였다.[100]

2) 변증학적 선교를 하라

선교학적으로 현대는 혼합주의와 상대주의, 포스트모더니즘과 같은 사상들 때문에, 그보다 분명한 예수 그리스도의 유일성에 대한 자세가 필요하다. 그래서 무엇보다 현대사회 속에서 효과적인 선교 사역을 위하여 변증학적 선교가 필요하다.[101] 변증학적 선교란 고난당하는 상황에서도 왜 기독교인가를 겸손하게 변증하는 것이다.[102]

---

98 유해석, 『우리 곁에 다가온 이슬람』, 202-203.
99 최정만, 『비교종교학개론』, 341.
100 Don McCurry, 『무슬림은 무엇을 믿는가?』, 17.
101 김성욱, 『개혁주의 선교신학』, 240-241..
102 전호진, 『전환점에서 선 중동과 이슬람』 (서울: SFC출판부, 2005), 199.

그래서 알렌 리처드슨(Alan Richardson)은 변증학의 개념에 대하여 다음과 같이 말했다.

> 변증학은 우주와 그 속에서의 인간의 실존에 대한 합리적 이해를 기독교적 입장에서 도모하며 촉구하는 학문이다.[103]

기독교의 입장에 대한 성경적 가르침으로서 다른 종교인들에게 복음을 증거하는 사명에 대하여 베드로는 모든 그리스도인은 자기 안에 있는 소망에 대한 이유를 설명할 준비가 항상 되어 있어야 한다고 명령한다(벧전 3:15).[104] 이렇게 베드로전후서는 변증학적 선교의 모델이다. 기독교는 도덕적인 통전성을 보여주면서 기독교 진리를 변호하고 전도해야 한다. 이슬람 문화권에서 공개적으로 전도하는 것은 자살행위와 다를 바가 없다. 일부 국가의 경우, 복음주의 교회들은 이슬람이 기독교를 공격하는 것을 지혜롭게 해답하고 질문을 유도하면서 답변하는 선교 전략을 사용하기도 한다.[105]

3) 현지인들을 통해 현지를 선교하라

선교는 궁극적으로 현지인 교회가 자기 나라에 대한 복음화와 선교를 책임져야 한다. 선교의 목표는 헌신적인 현지인 지도자와 평신도이다. 이러한 목적으로 현지인 신학교를 설립하는 것은 매우 중요한 선교 전략이다. 하지만 아직도 이슬람 문화권에서 신학교에서 가

---

103 Alan Richardson, *Christian Apologetics* (London: SCM Press, 1947), 21.
104 김성욱, 『개혁주의 선교신학』, 242. "너희 마음에 그리스도를 주로 삼아 거룩하게 하고 너희 속에 있는 소망에 관한 이유를 묻는 자에게는 대답할 것을 항상 준비하되 온유와 두려움으로 하고"(벧전 3:15).
105 전호진, 『전환점에서 선 중동과 이슬람』, 199.

르치는 사역은 소수에 불과하다.[106]

그래서 100년 전에 이미 독일 선교학자 구스타프 바르넥(Gustav Warneck)은 이슬람 선교에 대하여 다음과 같이 말했다.

> 지역의 기독교 교회가 선교회를 만들어 선교할 때 진정한 선교가 될 것이다.[107]

그래서 선교는 궁극적으로 현지인이 현지인들에게 전도하는 것이 가장 효과적이다.

4) 선교사를 접촉점이 되게 하라

사실 이슬람 선교의 효율성은 궁극적으로 선교사에게 달려 있다. 그래서 선교학자 헨드릭 크레머는 선교사의 접촉점에 대하여 말하기를, "선교의 가장 좋은 접촉점은 바로 선교사 자신이다."라고 하였다. 특히 이슬람 문화권에서는 선교가 자유롭지 못한 상황이기 때문에 선교사의 삶과 인격이 가장 중요하다. 기독교가 이슬람보다 더 위대한 것은 선교사들이나 기존 기독교 신앙인들의 윤리와 인격의 통전성을 통하여 증명되어야 한다.[108] 이슬람 문화권 경우, 일대일의 개인 접촉점이 가장 효과적이지만 이 역시 잘못하면 위험 부담이 따른다. 이런 경우, 선교사는 신분을 감추지만 무엇보다도 신뢰와 존경을 받아야 할 것이다.[109]

---

106 전호진, 『전환점에서 선 중동과 이슬람』, 199-200.
107 전호진, 『전환점에서 선 중동과 이슬람』, 200.
108 전호진, 『전환점에서 선 중동과 이슬람』, 202.
109 전호진, 『전환점에서 선 중동과 이슬람』, 203.

5) 상황화로 선교하라

이슬람 선교의 노하우를 가진 대부분의 서구 선교사들은 이슬람 문화권에서 선교는 철저히 상황화가 되어야 한다는 것을 역설한다. 상황화란 기독교의 본질이 결코 손상되지 않는 범위 내에서 이슬람 언어와 문화의 옷을 입는 것이다. 예를 들어, 인도네시아를 비롯한 일부 이슬람 국가를 제외하고 대부분의 이슬람 국가는 금요일에 안식일로 지킨다. 이슬람 국가에서는 교회들도 대부분 금요일 오전에 예배를 드린다. 이것은 불가피한 상황이지만 때로는 일요일에 예배를 드리거나 그날 저녁에 집회를 가지기도 한다.

바울은 이방인에게는 이방인처럼, 유대인에게는 유대인처럼 하였다. 그의 메시지는 철저히 적응의 원리이다.[110] 존 스토트(John R. W. Stott)는 상황화 선교에 대하여 말하기를, "예수 모스크"를 제안하였다. 이슬람에서 모스크는 종교적 사회적 회집 장소이다. 모스크에서는 종교 문제뿐만 아니라 세상 문제도 서로 대화의 내용이 된다. 따라서 모스크는 문을 닫는 일이 없다고 한다. 유의할 것은 이슬람 국가에서 기독교로의 개종은 죽음을 의미한다는 점이다. 이러한 사회에서 눈에 잘 보이는 장소에 십자가를 다는 교회당 건물은 불가능하다. 그렇다고 모스크의 모습으로 위장하라는 것은 아니다. 그래서 이슬람 출신의 교회 지도자들은 가정 교회 혹은 셀 그룹을 권장하고 있다.[111]

---

110 Phil Parshall, *New Paths in Muslim Evangelism* (Grand Rapids: Baker Book House, 1980), 38-39.
111 전호진, 『전환점에서 선 중동과 이슬람』, 204.

6) 문서로 선교하라

　이슬람을 선교함에 있어 가장 필요한 것은 문서선교이다. 한국 교회 선교에서 취약한 분야는 소위 선교의 인프라이다. 사람을 보내는데 급급했지 연구와 자녀 교육, 신학 교육이나 제자 양육에 필요한 자료나 서적들을 만드는 데는 관심과 투자가 부족하다.[112]
　이슬람의 문화와 종교를 감안해서 복음을 담고 있는 문서는 선교하는 데 매우 유용한다. 그들의 언어로 만들어진 좋은 문서가 있다면 큰 도움이 될 것이다. 하지만 문서를 나눠 주기 전에 먼저 충분히 검토하고 예수님을 개인의 구주로 영접한 무슬림에게 검증을 받는 것이 좋을 것이다. 좋은 문서는 무슬림의 마음을 부드럽게 할뿐만 아니라 그들을 예수님께로 인도할 수 있다. 그리고 읽는 것을 좋아하는 무슬림들과 여가 시간을 활용하여 무슬림 주부들도 시간이 날 때마다 읽어 볼 수 있을 것이다.[113]
　그래서 발로 뛰는 것은 너무 바쁘지만, 문서나 서적은 분명 무슬림들을 스스로 성장하게 하는 지름길이 될 수 있다. 특히 아랍어 성경은 있으나 아직도 신학서적은 너무나 부족한 형편이다.[114] 따라서 기독교 신학자들은 이슬람 선교에 눈을 돌리고 한국 교회는 그들을 파송해야 할 것이다.

112　전호진, 『전환점에서 선 중동과 이슬람』, 204-205.
113　유해석, 『우리 곁에 다가온 이슬람』, 204-205.
114　전호진, 『전환점에서 선 중동과 이슬람』, 205.

7) 중보기도로 선교하라

이슬람의 추수는 시작부터 끝까지 순간순간마다 반드시 중보기도를 기본으로 해야 한다. 이슬람에 복음을 전하는 데 있어서 가장 중요한 열쇠는 중보기도이다.[115] 그래서 마가복음 1:35에 의하면, 예수님은 사역 중에 많이 힘드셨지만 그럴 때마다 한적한 곳에 나아가 하나님과의 시간을 가지셨다.[116]

4. 나가는 말

선교사와 교회는 먼저 무슬림들을 접촉하고 복음을 전하고 그들을 위해 기도해야 한다.

> ① 주인이신 하나님께 일꾼을 보내 달라고 기도해야 한다.
> ② 이슬람이 하나님께 돌아오게 해 달라고 기도해야 한다.
> ③ 기독교 선교사들이 효과적으로 사역할 수 있도록 기도해야 한다.
> ④ 이슬람의 사슬에 얽매인 그들을 자유롭게 풀어 달라고 기도해야 한다.[117]

선교는 사람이 하는 일이 아니라 하나님이 하시는 일이다. 그래서 하나님께 선교사가 만나는 이슬람의 마음을 열어 주시기를 기도

---

115 유해석, 『우리 곁에 다가온 이슬람』, 206.
116 "새벽 아직도 밝기 전에 예수께서 일어나 나가 한적한 곳으로 가사 거기서 기도하시더니"(막 1:35).
117 Don McCurry, 『무슬림은 무엇을 믿는가?』, 16-17.

하는 것이다. 이슬람을 선교하기 위해서 선교사와 파송 교회는 단시간의 안목이 아니라 정기적인 노력으로 인내를 가지고 접근할 필요가 있기 때문이다.[118] 따라서 선교사와 한국 교회는 지속적인 중보기도로 성령의 인도하심 가운데 하나님께 나아가야 할 것이다.

---

118 김성욱, 『개혁주의 선교신학』, 298.

참고문헌

김성욱. 『개혁주의 선교신학』. 서울: 어머징북스, 2013.
김은수. 『비교종교학 개론』. 서울: 대한기독교서회, 2006.
서울대학교 종교학과 종교문화연구실 편. 『전환기의 한국 종교』. 서울: 집문당, 1986.
유해석. 『우리 곁에 다가온 이슬람』. 서울: 생명의말씀사, 2009.
이현갑. 『세계의 종교들』. 서울: 도서출판 청파, 1990.
이희수. 『이슬람』. 서울: 청아출판사, 2001.
전호진. 『전환점에서 선 중동과 이슬람』. 서울: SFC출판부, 2005.
조귀삼. 『복음주의 선교신학』. 안양: 세계로미디어, 2013.
채필근. 『비교종교론』. 서울: 대한기독교서회, 1965.
최정만. 『비교종교학개론』. 서울: 도서출판 이레서원, 2002.
「크리스챤투데이」. 2007년 11월 23일자.
Anderson, Norman. *The World's Religions*. Grand Rapids: Eermans, 1982.
Kraemer, Hendrick. *The Christian Message in a Non-Christian World*. 최정만 역. 『기독교 선교와 타종교』. 서울: CLC, 1995.
Kraemer, Hendrick. *The Christian Message in a Non-Christian World*. Grand Rapids: Kregel, 1977.
Neill, Stephen. *Christian Faith and Other Faithes*. Doners Grover: Inter Varsity Press, 1984.
McCurry, Don. *Now you can know what Muslims believe: a Muslim world overview*. 주지현 역. 『무슬림은 무엇을 믿는가?』. 서울: 도서출판 예수전도단, 2008.
Parshall, Phil. *New Paths in Muslim Evangelism*. Grand Rapids: Baker

Book House, 1980.

Richardson, Alan. *Christian Apologetics*. London: SCM Press, 1947.

Schmalfuss, Lothar. *The World's Religion*. Grand Rapids: Eerdmans, 1982.

Wagner, William. *How Islam Plans to Change the World*. 노승현 역.『이슬람의 세계 변화 전략』. 서울: APOSTOLOS PRESS, 2007.

제10장
영적 전쟁과 선교 전략

이 회 훈

1. 들어가는 말

　세계 복음화는 주님의 지상명령이다. 교회는 이러한 사명을 감당하기 위해 다양한 선교 전략을 개발시켜 왔다.[1] 현대에 이르러 선교학계는 영적 전쟁 사역을 세계 선교를 위한 귀중한 전략으로 발전시켜 왔다. 이것은 교회의 세계 선교 사역을 방해하는 악한 영적 세력들의 실체를 폭로하고[2] 이에 대한 교회의 무장을 견고하게 하여 영적 전쟁을 통해 마귀의 일을 멸하고 교회 성장과 세계 선교의 과업을 이루자는 전투적인 전략이다.
　교회의 역사 가운데 영적 전쟁에 관한 연구와 사역은 계속되어 왔다. 이러한 흐름은 20세기 초 오순절 그룹의 등장으로 더욱 가속화되었다. 오순절 그룹은 성령의 임재와 함께하는 표적과 기사에 관

1　김성태, 『세계 선교 전략사』 (서울: 생명의말씀사, 1994).
2　J. Herbert Kane, *Christian Missions in Biblical Perspective*, 이재범 역, 『선교신학의 성서적 기초』 (서울: 나단, 1976), 399-400.

해 많은 관심을 가졌다.[3] 1980년대에 들어서 선교 현장에서 경험한 것들을 배경으로 하여 영적 전쟁이론을 정립하려는 시도가 등장했는데 여기에는 풀러학파의 공헌이 지대했다. 외국의 경우, 이러한 영적 전쟁에 대한 찬반 논의가 학문적으로 진행되어 어느 정도 합의가 이루어지는 모양새를 보이다가 결국 각자의 길을 가게 된다.[4]

그렇다면 한국 교회의 상황은 어떠한가? 한국 교회의 경우에는 두 가지 반응을 볼 수 있다. 보수적인 그룹들은 현대 영적 전쟁 운동가들의 이론이 오직 사역의 현장 가운데서 얻은 이론들이기에 성경적인 기반이 취약하다는 점, 종교 혼합주의의 위험이 있다는 점을 이유로 영적 전쟁 신학과 사역 자체를 부정하며 강력하게 비판하고 있다. 이들은 현대 영적 전쟁 운동을 이단, 사이비, 극단적 미신운동이라고 평가절하한다.[5] 반면, 소위 능력 사역에 열려 있는 그룹들은 현대 영적 전쟁 운동의 사역 방법론들을 선교와 목회 현장에 전략적으로 사용하고 있다. 그러나 이 그룹의 약점은 통일된 영적 전쟁 신학과 사역 원리를 가지고 있지 않으므로 다발적인 사역을 하고 있다는 것이다.

이에 본 소고는 현대 영적 전쟁 운동을 4가지 흐름으로 정리하고 이를 바탕으로 선교 전략적 의의를 연구하므로 선교와 목회 현장에 도움이 될 영적 전쟁 지침을 제시하고자 한다. 이러한 목적이 달성되면 본 연구를 통해 기존에 혼합되어 있던 영적 전쟁 운동의 흐름이 선명하게 정리되고, 동시에 영적 전쟁 운동의 선교 전략적 당위

---

3 이수환, 『선교와 영적 전쟁』 (서울: 한국학술정보, 2011), 56-61.
4 영적 전쟁 운동에 대한 학문적 논의 내용은 박보경, "영적 전쟁 이론에 대한 비판적 고찰", 『선교신학』 제28호 (2011). 그리고 신경규, "능력 대결 운동의 전개 과정과 최근 동향 및 그 평가", 『고신선교 1』 (2001)을 참조하라.
5 김재성, 『교회를 허무는 두 대적』 (서울: 킹덤북스, 2013); 박영호, 『빈야드 운동 평가』 (서울: CLC, 1996).

성을 명확히 확보할 수 있을 것이다.

2. 현대 영적 전쟁 운동의 흐름

현대 영적 전쟁 운동을 명확하게 이해하려면 "전도"와 "성화"의 범주로 나누어서 살펴보아야 한다. 전도를 위한 영적 전쟁 가운데는 "능력 전도"와 "전략적 차원의 영적 전쟁"이 있으며, 성화를 위한 영적 전쟁 가운데는 "축사 치유 사역"과 "전통적인 성화를 위한 영적 전쟁"이 있다. 이렇게 4가지로 구분된 각 주제에 대해 개념, 대상, 방법의 순으로 현대 영적 전쟁 운동의 특징을 살펴보고 이러한 현대 영적 전쟁 운동에 대한 비판적 관점들을 살펴본다.

데이비드 폴리슨(David Powlison)은 1960년대 이후부터 발전된 영적 전쟁 운동의 사역자들을 다음의 4종류로 구분한다. 돈 바시햄(Don Basam)과 데릭 프린스(Derek Prince)같은 은사주의자들, 개인적인 목회상담과 기도를 통해 사역하는 마크 부벡(Mark Bubeck), 메릴 엉거(Merrill Unger), 프레드 디카슨(Fred Dickason)같은 세대주의자들, 닐 앤더슨(Neil Anderson), 티모시 워너(Timothy Warner), 톰 화이트(Tom White), 에드 머피(Ed Murphy)와 같은 복음주의자들, 그리고 존 윔버(John Wimber), 피터 와그너(Peter Wagner), 찰스 크래프트(Charles Kraft), 존 화이트(John White)와 같은 하나님 나라 도래와 다문화적 전도에 관심을 가진 전반적이고 체계적인 신학적 논리를 특징으로 하는 제3의 물결론자들로 구분한다.[6]

그러나 이러한 구분은 현대 영적 전쟁 운동의 신학적 흐름을 이

---

6   David Powlison, *Power Encounter*, 유미영 역, 『성경이 말하는 영적 전쟁』 (서울: 생명의말씀사, 2004), 36-38.

해하는 데는 미흡하다. 그 이유는 데이비드 폴리슨의 구분은 각 사역자들의 영적 전쟁 신학에 따른 구분이기보다는 사역자들이 가지고 있는 기존 신학적 입장에 따른 구분이기 때문이다. 사역자들의 기존의 신학적 입장이 다른 경우에도 영적 전쟁의 신학과 사역에는 많은 공통점이 존재한다.

이재완은 영적 전쟁 운동 그룹을 비은사주의자들, 제3의 물결론자들, 복음주의자들로 분류한다. 그에 의하면 첫째, 축사를 인정하지 않는 비은사주의자들은 마크 부벡, 메릴 엉거, 프레드 디카슨, 존 맥아더(John MacArthur), 데이비드 폴리슨(David Powlison) 등이고 한국의 보수주의자들의 입장이다. 둘째, 제3의 물결 운동 그룹은 존 윔버(John Wimber), 피터 와그너, 찰스 크래프트 등이 대표하며, 셋째, 복음주의자들은 티모시 워너, 딘 셔먼(Dean Sherman), 에드 머피, 닐 앤더슨 등이라고 구분한다.[7] 그러나 이러한 구분도 정확하지 않다. 마크 부벡, 메릴 엉거, 프레드 디카슨은 저서나 사역을 통해서 볼 때 축사 사역을 인정하는 것으로 파악되고, 제3의 물결 운동 그룹과 복음주의 사역자들 간에는 상호 신학적, 사역적 동질성이 발견되기 때문이다.

현대 영적 전쟁의 흐름을 보다 정확하게 이해하기 위한 분류는 크게 전도를 위한 영적 전쟁과 성화를 위한 영적 전쟁으로 나누고, 전도를 위한 영적 전쟁은 능력 전도와 전략적 차원의 영적 전쟁으로, 성화를 위한 영적 전쟁은 축사 치유 사역(치유를 통해 성화를 돕는 영적 전쟁 운동)과 전통적으로 이해되어온 성화를 위한 영적 전쟁 운동으로 구분하는 것이다.

필자의 이러한 구분은 각 영적 전쟁 운동의 목적에 따른 구분이

---

7 이재완, 『선교와 영적 전쟁』 (서울: CLC, 2011), 35-42.

다. 이렇게 사역 목적에 따른 구분으로 현대 영적 전쟁 운동의 흐름을 사역자 별로 구분하면 전도를 위한 영적 전쟁 그룹 중 능력 전도는 존 윔버, 케빈 스프링거(Kevin Springer)와 같은 빈야드 계열의 사역자들, 전략적 차원의 영적 전쟁은 피터 와그너, 톰 화이트, 에드 실보소(Ed Silvoso), 존 도우슨(John Dawson) 등으로 나눌 수 있고, 성화를 위한 영적 전쟁 중 축사 치유 사역(치유를 통해 성화를 도우려는 그룹)에는 마크 부벡, 메릴 엉거, 프레드 디카슨, 에드 머피, 닐 앤더슨, 찰스 크래프트[8] 등이 속하며 존 맥아더, 데이비드 폴리슨 등과 한국의 보수주의 그룹은 전통적인 성화를 위한 영적 전쟁을 강조하는 그룹으로 구분할 수 있다.

현대 영적 전쟁 운동 흐름

불신자 전도를 위한 영적 전쟁		신자의 성화를 위한 영적 전쟁	
능력 전도	전략적 차원의 영적 전쟁	축사 치유 사역	전통적인 성화 사역

필자의 판단으로는 현재 진행되는 연구들이 상기한 영적 전쟁 운동의 사역 목적에 따른 구분을 무시하고 진행되기에 그것을 이해하기에 많은 혼란이 있다고 생각된다. 본 소고에서는 현대 영적 전쟁 흐름을 상기의 4가지 흐름으로 정리하고 그 특징을 살펴보려 한다.

---

8 찰스 크래프트는 전도와 성화를 위한 영적 전쟁 모두에 관련해서 사역하고 있다. 그러나 주력 사역은 그리스도인들의 성화(온전함)를 위한 "축사 치유 사역"이다.

3. 현대 영적 전쟁 운동의 특징

1) 전도를 위한 영적 전쟁

1980년대부터 선교학계와 선교 사역, 목회 현장에 막대한 영향을 미치게 되는 현대 영적 전쟁 운동의 강력한 흐름은 제3의 물결론자들로부터 일어나기 시작한다. 도날드 맥가브란(Donald A. McGavran)과 알란 티펫(Alan R. Tippett)에게 영향을 받은 피터 와그너는 1982년 존 윔버를 만남으로 "표적과 기사를 통한 교회 성장 운동"에 적극적으로 개입하게 되고, 이후 찰스 크래프트 등과 협력해서 전방위적이고 독특한 영적 전쟁 운동을 선교학계, 선교대회, 선교 현장, 목회 현장에서 펼쳐가고 있다.[9]

이들의 영적 전쟁 운동의 특징은 무엇인가? 그것은 영적 전쟁을 영혼 구원을 위한 전도의 영적 차원으로 이해하고 있다는 것이다. 존 윔버와 피터 와그너로 대변되는 전도를 위한 영적 전쟁 운동[10]은 각각 "능력 전도", "전략적 차원의 영적 전쟁"으로 불려진다. 이 둘은 서로 일치점과 상이점을 가지고 있다.

---

9 제3의 물결론자들의 자세한 현대 영적 전쟁 운동의 전개 과정은 박보경, "영적 전쟁 이론에 대한 비판적 고찰", 『선교신학』, 67–95; 신경규, "능력 대결 운동의 전개 과정과 최근 동향 및 그 평가", 『고신선교 1』, 73–107; Edward Rommen, *Spiritual Power and Missions*, 정흥호 역, 『영적 능력과 선교』(서울: 목양, 1997), 14–21을 참고하라.

10 본 소고에서는 "전도를 위한 영적 전쟁"을 "선교를 위한 영적 전쟁"과 혼용한다.

(1) 능력 전도

① 능력 전도의 개념

이미 도래한 하나님의 나라 사상(아직은 완성을 향해 가고 있는 하나님의 나라)[11]과 현재적 성령의 은사 사역[12]을 배경으로 하는 능력 전도는 하나님 나라 복음을 방해하는 사단의 세력들을 성령의 능력으로 제거하며 복음을 전하는 전도방식이다. 능력 전도는 필연적으로 사탄의 세력과 능력 대결을 치르게 되는데, 능력 대결은 사람들로 하여금 복음을 믿게 하기 위하여 반드시 극복되어야 할 세력이나 구조를 정복하는 것을 목표로 한다.

이러한 능력 대결에 있어서 가장 중요한 것은 사탄이 사용하는 가장 무서운 무기인 불신이라는 악을 제거하는 것이다.[13] 능력 대결 가운데 나타나는 표적과 기사를 통한 하나님의 능력은 이를 체험한 사람들에게 하나님의 임재와 능력에 대한 눈을 열게 한다. 능력 전도에서 나타나는 지혜의 말씀, 치유, 예언, 악령 추방 등의 초자연적인 사건을 통해 하나님의 능력이 드러나게 됨으로써, 사람들이 가지고 있는 복음에 대한 저항감이 극복되어 그리스도에 대한 진정한 믿음을 지속적으로 가지면서 성숙한 그리스도인으로 성장할 수 있게 되는 것이다.[14]

---

11 John Wimber, *Power Evangelism* (Ventura, Calif.: Regal, 2009), 22-45; George E. Ladd, *A Theology of the New Testament* (Grand Rapids: Eerdmans Publishing Company, 1983), 26-27.

12 John Wimber, *Power Healing* (San Francisco: Harper Collins, 1991), 23-34.

13 John Wimber, *Power Evangelism*, 49-50; Alan R. Tippett, *People Movements in Southern Poiynesia* (Chicago: Moody Press, 1971); Alan R. Tippett, *Verdict Theology in Missionary Theory* (Lincoln, IL: Lincoln Christian College Press, 1969).

14 John Wimber, *Power Evangelism*, 77. 존 윔버에게서 촉발된 오늘날에도 유효한 "표적과

이러한 능력 전도에 대한 관심은 처음에는 치유에 강조점이 있었으나 점차 하나님과 악한 세력 간의 능력 대결에 초점이 맞추어진다. 능력 전도 주제를 다루는 대부분의 강좌들이 개인의 질병치료가 아닌 빛의 나라와 어둠의 나라 사이에 전쟁에 대해 초점을 맞추게 된다.[15] 결국 "능력 전도"란 전도를 방해하는 사탄의 세력들을 제거하는 성령의 초자연적인 표적과 기사를 동반하여 복음을 전하는 전도 방법이다.

② 능력 전도의 대상

하나님 나라의 궁극적인 완성과 주 예수 그리스도의 대위임령(마 28:19)을 완수하는 것을 방해하는 사탄의 세력, 즉 불신, 질병, 귀신들림, 악한 환경, 죽음 등의 사단의 세력과 구조를 정복하는 것에 목적을 둔다.[16] 능력 전도 그룹에서 보는 사탄은 복음을 믿지 못하게 하는 미혹자(고후 4:3-4), 사람들을 다양한 방법으로 억압하는 압제자(행 10:28)이다.

③ 능력 전도의 방법

존 윔버의 능력 전도 방법론은 성령 사역 중심적이다. 그는 사람들을 믿음의 세계로 인도하기 위한 전적인 열쇠는 성령 하나님께 있음을 강조한다.[17] 그래서 사단의 세력들을 제압하기

기사"에 대한 논쟁은 성경학자, 신학자, 목회자들의 포괄적인 검증을 거치게 했고 이러한 논의는 책으로 출간되었다. 자세한 사항은 "Gary S. Greig & Kevin N. Springer, *The Kingdom and the Power*, 명성훈 역, 『하나님 나라의 능력』(서울: 나단, 1993)"을 참조하라.

15 F. Douglas Pennoyer, "능력 전도의 주제와 경향들", C. Peter Wagner 외, *Wrestling with Dark Angels*, 정운교 역, 『선교 현장과 영적 전쟁』(서울: 나눔터, 1994), 391-392.

16 John Wimber, *Power Evangelism*, 156-183.

17 John Wimber, *Power Evangelism*, 66-67.

위한 모든 사역도 성령께 의존한다. 존 윔버가 제시하는 성령 의존적 능력 전도 방법론은 다음과 같다.

첫째, "지식의 말씀의 은사"와 같은 초자연적인 영감들을 통해 시작하라.

둘째, 성령과의 깊은 교제 가운데 하나님의 영감과 암시를 받아라.

셋째, 능력 대결을 승리로 이끄는 지혜와 영감은 오직 성령을 통해 받는다.

넷째, 예수님도 단순한 말보다는 성령의 기름 부으심 가운데 사역하셨으므로 기름 부으심 가운데 사역하라.

다섯째, 하나님께서 영적인 은사나 다른 초자연적인 현상을 통해 자신을 어떤 개인이나 그룹에게 제시하시는 지정된 만남인 "신적인 약속"에 민감해야 한다. 보통 이러한 신적인 약속은 그리스도인들이 초자연적인 방법으로 복음을 받아들여야 할 사람의 "긴박한 필요"를 알고 전하기 때문에 매우 효과적이다. 대개 사람들은 신적인 만남을 가지면 즉시 주님을 믿는다.[18]

이처럼 존 윔버는 사람들로 하여금 믿음을 갖게 하기 위해서는 하나님의 능력을 드러낼 필요가 있다고 말하며, 성령의 능력은 사람과 자연을 통해 역사하고, 이를 목격한 사람들은 두려움을 느끼게 되는 것과 아울러 자신의 마음을 열고 주님께로 돌아오는 일이 많다고 강조한다.[19] 그에게 있어서 모든 능력 대결의 궁극적 목적은 예수님의 대위임령의 완수와 그리스

---

18 John Wimber, "Power Evangelism Definitions and Directions", *Supernatural Forces in Spiritual Warfare*, C. Peter Wagner ed. (Spensberg: Destiny Image, 2012), 35-41.

19 John Wimber, *Power Evangelism*, 64-65.

도인의 영적 성장이다.[20]

결국 능력 전도의 방법론은 철저히 현재적인 성령 은사 사역에 의존된다. 성령은 예수 그리스도에게 역사하셨던 방법으로, 사도들에게 역사하셨던 방법으로 현대에도 능력으로 복음을 확증하고 계신다.

(2) 전략적 차원의 영적 전쟁

① 전략적 차원의 영적 전쟁 개념

이미 도래한 그러나 아직 완성되지는 않은 하나님의 나라 사상과 성령의 현재적 은사 사역을 배경으로 한다는 점은 존 윔버와 동일하지만 피터 와그너를 중심으로 하는 전략적 차원의 영적 전쟁 그룹의 사상은 훨씬 더 진보해 있다. 이들에게 있어서도 최고의 관심은 하나님의 마음과 같이 잃어버린 영혼을 구원하는 전도에 있다. 여기에 사단은 최대의 방해물이다.[21]

사단의 주목적은 잃어버린 자들이 구원받으므로 하나님이 영광 받게 되는 것을 방해하는 것이며, 부수적 목적은 현세대의 인간과 인간사회를 가능한 비참하게 만드는 것이다.[22] 사단이 이 세상 사람들이 복음을 받아들이지 못하도록 역사하는 방법은, 수하에 있는 "지역 귀신들"(territorial spirits)을 통해 각 지역 사람들의 마음을 미혹하는 것이다(고후 4:4).[23]

그러므로 효과적인 복음전파를 위해 교회는 각 지역에서 복음

---

20 John Wimber, *Power Points*, 김태진 역, 『능력 포인트』 (서울: 솔로몬, 1997).
21 C. Peter Wagner, *Warfare Prayer* (Spensberg: Destiny Image, 2009), 18.
22 C. Peter Wagner, *Warfare Prayer*, 59-60.
23 C. Peter Wagner, *Warfare Prayer*, 60-61.

전도를 방해하는 "지역 귀신들"을 분별하고, 이러한 악한 영들이 역사할 수 있는 근거를 찾아내어 회개하며, 강력한 전투적 기도를 통해 지역의 마귀의 세력을 묶은 후 복음을 전파하면 놀라운 영혼 구원의 열매를 맺을 수 있다는 것이다. 이렇게 지역을 장악하고 있는 악한 영들을 제압하는 영적 전쟁의 전 과정을 와그너는 "전략적 차원의 영적 전쟁"이라고 부른다.

이 그룹의 사역자들에게 있어서 복음전도의 열매는 하늘의 영들과의 영적 전쟁의 결과에 의해 우선적으로 좌우된다.[24] "전략적 차원의 영적 전쟁"은 지역 귀신을 상대한다는 점에서 능력 전도와 구분된다. 능력 전도에서의 사탄의 세력과의 능력 대결의 개념이 우주적 차원으로 진보된 영적 전쟁론이다.

② 전략적 차원의 영적 전쟁 대상

이 그룹이 새롭게 제기하는 귀신론은 지역을 장악해서 불신자들을 미혹하는 "지역 귀신론"이다. 티모시 워너는 부족을 지배하는 악한 영과의 싸움을 경험한 선교사의 사례를 접하면서 지역 귀신에 대한 이해를 발전시켰다.[25] 워너에게서 영향을 받은 와그너는 "지역 귀신론"을 체계화하는 데 공헌한다. 와그너는 에베소서 6:12, 요한계시록 12:7이 지역 귀신에 대한 강한 암시를 주고 있다고 말하며,[26] 예수님, 베드로, 바울, 서신서의 전략적 차원의 영적 전쟁에 대한 실례들을 설명한다.[27]

---

24 C. Peter Wagner, *Warfare Prayer*, 46. 그러나 피터 와그너는 영적 전쟁 자체가 목적이 아니고 "사람들을 예수께로 인도하는 일"이 가장 중요하다는 것을 강조한다.

25 Timothy M. Warner, *Spiritual Warfare*, 안점식 역, 『영적 전투』 (서울: 죠이선교회, 2005), 152-161.

26 C. Peter Wagner, *Warfare Prayer*, 16-17.

27 C. Peter Wagner, *Confronting the Powers*, 나겸일 역, 『영적 전투를 통한 교회 성장』 (서울:

전략적 차원의 영적 전쟁에서 싸움의 대상은 사단이 각 지역에 할당해 놓은 지역 귀신들[28]이다. 이러한 지역 귀신에 대한 견해는 맹렬한 찬반 논란을 불러왔다. 와그너를 중심으로 한 찬성 그룹은 성경적인 근거를 제시하고, 경험적인 논리를 앞세워 그 존재 증명을 시도했으며, 반대 그룹은 동일하게 성경적인 근거를 제시하고, 신학적 비판을 가해 왔다.

③ 전략적 차원의 영적 전쟁 방법

⟨a⟩ 영적 도해(Spiritual Mapping): 효과적으로 복음을 전파하여 영혼을 구원하기 위해서는 지역을 장악하고 있는 지역 귀신을 먼저 묶어야 하는데, 이를 위해 가장 우선적으로 수행해야 하는 것이 "영적 도해"이다. 조지 오티스(George Otis)가 처음 언급한 "영적 도해"[29]는 지역의 겉모양만이 아닌 지역을 장악하고 있는 영적인 세력들을 분별하고, 파악하므로 전도를 위한 회개와 기도에 활용하라는 것이다.[30]

영적 도해의 방법은 지역사회에 대한 역사적 고찰, 지역사회에 대한 물리적 배열들, 즉 술집, 죄악된 장소들 등을 고찰하고 마지막으로 영적인 요인들, 즉 주술 종교, 타종교들과 악한

서로사랑, 1997), 137-299; C. Peter Wagner, *Spreading the Fare*, 홍용표 역, 『불을 질러라』(서울: 예찬사, 1996); C. Peter Wagner, *Lighting The World*, 홍용표 역, 『세계를 밝혀라』(서울: 예찬사, 1997); C. Peter Wagner, *Blazing the Way*, 홍용표 역, 『개척하라』(서울: 예찬사, 1997). 그러나 필자가 볼 때 이러한 사례들을 "전략적 차원의 영적 전쟁"의 유일한 실례로 보기에는 다소 무리가 따른다.

28 C. Peter Wagner, *Territorial Spirits* (Spensberg: Destiny Image. 2012). 피터 와그너는 전략적 차원의 영적 전쟁의 대상이 되는 지역 귀신론에 대해 18명의 기고자들을 통해 논증하려 한다. 이 책은 1991년 *Engaging the Enemy*라는 제목으로 출판된 적이 있다.

29 George Otis Jr. *The Last of the Giants* (NY: Chosen Books, 1991), 85.

30 C. Peter Wagner, *Breaking Strongholds in Your City*, 홍용표 역, 『지역사회에서 마귀의 진을 헐라』(서울: 서로사랑, 1997).

영들의 관계 등을 고찰하므로 진행된다.[31] 이를 통해 도시에 있는 사탄의 강력한 요새, 도시에 배치된 지역의 악령들, 처리되어야 할 과거와 현재의 공동의 죄 등을 알게 된다.[32] 이러한 영적 도해는 실용적 차원의 방법론이다. 보다 명확하게 "지역 귀신"을 분별하여 영적 전쟁을 수행하자는 의도에서 나온 것이다. 그러나 성경적인 실례가 없다는 것이 큰 약점이다.

⟨b⟩ 동일시 회개: 이러한 영적 도해를 통해 알게 되는 것은 지역 귀신들이 그 지역을 장악하게 되는 빌미를 준 조상들의 집단적 죄악들인데 이것을 철저히 회개해야 지역 귀신들을 묶을 수 있다는 것이다. "동일시 회개"로 불리는 이러한 회개는 느헤미야(느 1:6), 다니엘(단 9:20)이 자기들이 범하지 않은 과거 세대들의 우상숭배의 죄와 자신을 한 몸으로 여기며 회개하는 것을 통해 실례를 찾을 수 있다. 오직 그리스도인만이 예수 그리스도의 속죄의 능력을 말할 권세가 있으므로 그리스도인들이 지금까지 고백되지 않은 지역의 집단적 죄를 회개할 때 땅을 고치는 역사가 일어난다는 것이다(대하 7:14).

복음전도에 앞서 동일시 회개를 하지 않으므로 말미암아 마귀가 특정 지역 진지들에서 일할 수 있는 법적인 권리가 유지되므로 불신자들에게 복음의 빛이 비추지 못하는 경우가 많다는 것이다.[33] 이렇게 사탄의 세력들이 죄를 빌미로 사람을 억압할 수 있다는 것은 성경적인 지지를 얻는다. 그러나 과연 그리스도인의 "동일시 회개"를 통해 사탄의 세력이 힘을 잃는다는 견해가 옳은가 하는 것에는 의문이 든다. 그리스도인의 "동일

---

31 C. Peter Wagner, *Praying with Power* (Spensberg: Destiny Image, 1997), 107-110.
32 C. Peter Wagner, *Warfare Prayer*, 162-171.
33 C. Peter Wagner, *Praying with Power*, 113-141.

시 회개"의 순간에도 불신 세상은 죄 가운데 있고, 더욱이 "동일시 회개"를 통해 영적 전쟁을 수행한 예가 성경에 발견되지 않는 것은 이 이론의 최대 약점이다.

〈c〉 전투적 기도: 지역 귀신을 실제적으로 묶는 것은 기도 사역을 통해서 가능하다. 도시를 구원하기 위한 전략적 차원의 중보기도는 다음의 단계로 진행된다.

첫째, 영적인 분별력을 가지고 사역할 수 있는 경계 지역을 설정한다.

둘째, 그 지역의 목사들과 다른 기독교 지도자들의 연합을 공고히 하고, 정기적으로 함께 기도하기 시작한다.

셋째, 이러한 모든 노력들은 그리스도의 모든 지체들의 활동이라는 분명한 이미지를 투영한다.

넷째, 회개와 겸손과 거룩함을 통해 영적인 준비를 하게 한다.

다섯째, 도시를 형성하고 있는 악령의 세력을 드러내기 위하여 도시의 역사적인 배경을 조사한다(영적 도해).

여섯째, 하나님의 공격 계획과 시기 등에 대한 계시를 구하며, 특별히 전략적 수준의 영적 싸움에 은사가 있고 부르심을 입은 중보 기도자들과 동역한다. 하나님의 음성을 듣고, 영분별을 하는 중보 기도자들의 역할이 절대적이다.[34]

일곱째, 하나님의 때를 따라 마귀를 묶는 기도와 함께 전도한다. 이러한 "전투적 기도"는 전략적 차원의 영적 전쟁에 있어

---

34 C. Peter Wagner, *Warfare Prayer*, 153-172. 와그너의 경우는 "신디 제이콥스"라는 중보기도자와 동역했다. 그녀의 중보 사역에 관해서는 Cindy Jacobs, *Possessing the Gates of the Enemy*, 고세중 역, 『대적의 문을 취하라』, (서울: 죠이선교회출판부, 1996).에 잘 나타나 있다. 나아가서 와그너는 전략적 차원의 영적 전쟁의 실례들을 소개하는데, 에드 실보소의 "기도 전도", 데이빗 브라이언트의 "24시간 기도회", 스티브 호돈의 "기도 걷기"와 그 외 "예수를 위한 행진", "이웃의 기도하는 집들"이 그것이다. C. Peter Wagner, *Praying with Power*, 189-212.

서 가장 실제적인 부분이다. 이 기도의 싸움에서 이기게 되면 전도사역에 큰 열매가 있다는 것이 이들의 주장이다. 이렇게 전략적 차원의 영적 전쟁이 기도운동으로 발전된 것은 기존의 기도의 개념을 "전투로서의 기도"로 새롭게 부각시켰다.

2) 성화를 위한 영적 전쟁

"성화를 위한 영적 전쟁"은 "그리스도인의 완전을 위한 영적 전쟁"과 같은 의미이다. 악한 영들은 구원받은 그리스도인의 정상적인 삶과 완전을 향해 나아가는 성화의 삶에 심각한 장애물들이다. 이를 극복하고 그리스도인을 향한 하나님의 뜻을 이루기 위한 영적 전쟁 사역은 "축사 치유 사역"과 "전통적인 성화를 위한 영적 전쟁"으로 나눌 수 있다.

(1) 축사 치유 사역

① 축사 치유 사역 개념

그리스도인의 마음과 육체에 기생하며 죄를 짓게 하고, 질병을 가져오며, 각종 장애를 일으키고, 악한 일을 하는 귀신을 다루는 사역[35]으로 "축사 치유 사역"[36]을 통해 귀신 추방, 질병 치유, 성장과 성숙, 그리스도인의 완전을 이루는 데 그 목적을 둔다. 사역 방법론에 있어서 가장 폭이 넓다.

---

35 Charles H. Kraft, *Behind Enemy Lines* (Oregon: Wipf and Stark Pub. 2000), 84-85.
36 본 소고에서는 "치유를 통해 성화를 돕는 사역"과 같은 의미로 사용한다.

② 축사 치유 사역 대상

이 분야에 종사하는 사역자들은 그리스도인의 경우에도 틈이 있을 때 귀신이 침입하고, 거할 수 있으며, 이것들이 각종 악한 일들을 한다는 전제를 가지고 있다. 축사 치유 사역의 대상은 "그리스도인 안에 기생하는 귀신"이다.[37]

프레드 디카슨은 성경적, 신학적, 의학적, 임상적 근거를 가지고 그리스도인에게도 귀신이 들어와 거할 수 있다는 것을 증거하며,[38] 죄를 짓도록 유혹하므로 침입의 통로를 마련한다고 말한다.[39] 그리스도인의 내부에 침입한 악한 영들은 싸우고(엡 6:10-18), 참소하고 비방하며(계 12:10), 의심을 넣고(창 3:1-5), 죄를 짓도록 유혹하며, 핍박하고(계 2:10), 봉사를 못하게 막으며(살전 2:18), 거짓 선생과 거짓 제자를 통해 교회를 분열시키고, 훼방한다(고후 11:13-15; 마 12:38-39; 고후 2:10-11).[40]

메릴 F. 엉거(Merrill. F. Unger)도 신자들에게도 귀신들이 침입

---

37 필자가 "축사 치유 사역"을 "성화를 위한 영적 전쟁"의 범주에 넣는 가장 중요한 이유는 이 분야의 사역이 주로 그리스도인을 대상으로 한다는 점에 있다. 축사 사역을 통해 우선 자유와 해방을 경험하지만 사역 가운데 귀신의 통로가 되는 죄를 다루고, 지속적인 해방과 성숙을 위해 반드시 "성결과 제자도"의 삶으로 인도받는 과정이 따르므로 축사 치유 사역은 그리스도인의 성화를 돕는 사역으로 구분될 수 있다.

38 C. Fred Dickason, *Demon Possession & the Christian*, 김병제·이학규 역, 『그리스도인도 귀신들릴 수 있는가?』 (서울: 요단출판사, 1994), 121-258. 프레드 디카슨은 성경에서 볼 수 있는 귀신들의 영향을 나타내는 구절들, 즉 고후 4:3-4; 살전 2:18; 요일 4:1-4; 벧후 2:1-22; 고전 2:11; 딤전 4:1과 귀신들의 공격을 보여주는 구절들, 즉 엡 6:10-18; 엡 4:26-27; 딤전 3:6-7; 벧전 5:6-8; 딤후 2:26을 제시하며 그리스도인에게 귀신이 침입할 수 있다는 근거를 제시한다. 또한 신자의 경우라도 죄와 특별한 사교적 관심들을 통해 귀신이 침입할 수 있음과 의학적, 임상적 보고를 예를 들며 그리스도인에게도 귀신들이 침입할 수 있다고 주장한다.

39 C. Fred Dickason, *Angels, Elect and Evil*, 김달생 역, 『천사 사탄과 귀신론』 (서울: 성광문화사, 1981), 199-200. 디카슨은 악한 영들이 유혹하는 죄로 "거짓말(행 5:3), 성범죄(고전 7:5), 세속화(요일 2:15-17; 5:19), 인간의 지혜를 의지함(대상 21:1-8; 마 16:21-23), 교만(딤전 3:6), 낙담(벧전 5:6-10)" 등을 소개한다.

40 C. Fred Dickason, 『천사 사탄과 귀신론』, 197-203.

할 수 있고, 고통을 가져올 수 있다고 전제한다.[41] 프랭크 D. 헤몬드(Frank D. Hammond)도 귀신들이 인간의 육체에 침입해 들어와 거주하며, 고통을 가할 수 있다고 말한다. 여기에는 그리스도인들도 예외가 아니며, 그리스도인의 경우 거듭나서 구원받은 영이 아닌 혼과 육에 귀신이 거하고 괴롭힐 수 있다고 설명한다.[42]

찰스 크래프트는 불신자는 물론이고 그리스도인에게도 귀신들이 침입할 수 있다고 주장하며, 귀신들의 침입통로로 귀신을 초청하기, 권위 있는 인물의 초청, 조상들의 범죄에 대한 결과, 저주 등을 제시하며 그 타당성을 제시한다.[43] 이렇게 그리스도인들 내부에 거주하는 귀신들은 그리스도인들의 정상적인 삶과 성화의 삶을 심각하게 방해하며 괴롭힌다.

③ 축사 치유 사역 방법

치유를 위한 축사 사역의 방법론은 이 분야에 종사하는 사역자만큼 다양하다. 메릴 F. 엉거는 신자들에게 역사하는 귀신들의 침입 정도는 가벼운 상태에서 심각한 상태까지 다양한데, 이러한 귀신에서 해방을 받으려면 먼저 대적을 바로 알아야 하고, 나아가서 예수 그리스도의 승리에 대한 믿음과 귀신의 침입 통로가 된 죄들을 고백하고 청산해야 하는데, 여기에

---

41 Merrill F. Unger, *What Demons can do to Saints* (Chicago: Moody Press, 1991), 57-58. 엉거는 그리스도인의 경우라도 성도의 신분을 망각하고, 그것에 근거해서 행동하지 않는 경우와 범하기 쉬운 죄에 습관적으로 노출되는 경우 귀신의 침입을 허용할 수 있다고 지적한다.

42 Frank D. Hammond, *Pigs in the Parlor*, 홍원팔 역, 『안방 속의 돼지 떼들』 (서울: 서로사랑, 2002), 210-212.

43 Charles H. Kraft, *Defeating Dark Angels* (Ventura, Calif.: Regal, 2011), 73-84.

는 모든 신비주의적인 물건을 없애는 것과 모든 영매술과의 접촉 단절, 귀신 숭배의 모든 흔적을 거절해야 할 것이 포함된다. 기도와 금식이 중요하며, 하나님께 전적으로 자신을 드리려는 삶의 결단이 해결책이라고 주장한다.[44]

또한 예수 그리스도와의 일체적 죽음과 부활을 근거로 하는 신자의 신분을 의식하고 합당한 삶을 사는 것이 귀신의 침입을 방지하고 성화의 삶을 사는 데 있어서 매우 중요하다고 강조한다.[45] 프랭크 D. 헤몬드는 그리스도인 내부에 역사할 수 있는 53가지 범주의 귀신 집단을 소개하며,[46] 감정적인 문제들, 정신적인 문제들, 언어상의 문제들, 성적인 문제들, 중독증, 육체적인 질병들이 보이면 축사를 행해야 한다고 주장한다.[47]

헤몬드의 축사방법은 정직, 겸손, 회개, 죄의 근절, 용서, 기도, 영적 전투를 통해 진행하게 되는데,[48] 이때 예수님의 승리에 대한 확신과 신자의 권세, 무엇보다도 성령의 인도가 관건이라고 강조한다.[49] 헤몬드는 영적 전쟁의 능력은 성령세례에 있다고 본다.[50] 그는 성령의 은사는 축사 치유 사역에 필수적인 요인이라고 본다.

찰스 크래프트는 축사 능력의 근원은 성령께 있다고 인정하며, 귀신을 다룰 수 있는 그리스도인의 권세와 능력의 근원이

44　Merrill F. Unger, *What Demons can do to Saints*, 187-211.
45　Merrill F. Unger, *Biblical Demonology*, 정학봉 역, 『성서적 마귀론』 (서울: 요단출판사, 1979), 299-311.
46　Frank D. Hammond, 『안방 속의 돼지 떼들』, 179-182.
47　Frank D. Hammond, 『안방 속의 돼지 떼들』, 53-54.
48　Frank D. Hammond, 『안방 속의 돼지 떼들』, 56-61.
49　Frank D. Hammond, 『안방 속의 돼지 떼들』, 128-141; 배본철, 『귀신 추방』 (서울: 킹덤북스, 2014), 12-15.
50　Frank D. Hammond, 『안방 속의 돼지 떼들』, 20-21.

주님과의 좋은 관계에 있다고 말한다.[51] 크래프트에게서 발견되는 특이한 방법론은 축사 사역과 내적 치유를 접목한 부분이다. 그에 의하면 귀신이 사람들 내부에 달라붙을 수 있는 내적인 상처들을 우선적으로 처리하는 것은 축사 사역을 현저히 용이하게 한다는 것이다.[52] 그래서 크래프트는 축사를 시행하기 전에 내담자의 과거의 상처들을 먼저 치유하고 이후 축사 사역을 시행한다. 그의 축사 사역에는 귀신들을 취조하는 것을 포함하는데 이때 발견되는 증거들은 분별력을 통해 축사 사역에 유용하게 사용된다.[53] 축사 이후 신앙성장과 성화를 위한 하나님과의 친밀감에 대한 강조와 함께 도움을 주는 것으로 사역을 마무리한다.[54]

닐 앤더슨은 진리의 말씀에 근거한 그리스도인의 영적 신분과 권세에 입각한 축사 사역을 주장하는데, 그에 의하면 귀신을 이길 수 있는 근원적인 힘은 "그리스도인이 누구인가?"를 알고, 믿는 것에 있다고 주장한다.[55] 닐 앤더슨이 제시하는 자유를 위한 단계는 다음의 몇 가지로 소개된다. 그것은 사단의 영향력 하에 있는 모든 행위를 포기하기, 마귀의 속임수가 아닌

---

51 Charles H. Kraft, *Defeating Dark Angels*, 105–106; Charles H. Kraft, *I Give You Authority* (Grand Rapids: Chosen Books, 2012), 310–321.
52 Charles H. Kraft, *Deep Wounds Deep Healing* (Ventura, Calif.: Regal, 2009), 52–76.
53 Charles H. Kraft, *Defeating Dark Angels*, 151–222.
54 Charles H. Kraft, *Deep Wounds Deep Healing*, 이윤호 역, 『깊은 상처를 치유하시는 하나님』 (서울: 은성, 1995), 319–323. 2009년 판에는 "하나님과의 친밀감"의 부분이 빠져있다. 그러나 1995년도 판에는 축사 치유 사역을 통해 자유를 경험한 사람이 이 과정을 통해 하나님과의 친밀감을 경험하게 되면 그 사람을 창조하신 하나님의 목적이 성취된다고 크래프트는 강조한다. 필자는 이러한 크래프트의 강조는 축사 치유 사역이 자유만을 목적으로 하는 것이 아니라 그 이후 하나님과의 친밀감을 향해 성장, 성숙하게 만드는 것에 최종적인 목적이 있음을 보여준다고 판단한다.
55 Neil T. Anderson, *Victory over the Darkness*, 유화자 역, 『내가 누구인지 이제 알았습니다』 (서울: 조이선교회, 1993), 21–106.

진리의 말씀에 서기, 다른 사람 용서하기, 하나님의 권위에 순종하기, 하나님 앞에 겸손하기, 습관적인 죄 해결하기, 조상의 죄로 말미암은 저주 해결하기이다. 이것을 자유할 때까지 반복하라는 것이 닐 앤더슨의 요구이다.[56] 자유한 이후에는 성장과 성숙을 위한 "관계 형성"에 관해 안내를 받는다.[57]

결국 "축사 치유 사역"은 성경적인 타당성을 담보하지만 그 방법론에 있어서 사역자의 경험의 범위만큼 그 폭이 넓은 것을 볼 수 있다. 만일 교회가 경험에 치중된다면 그만큼 혼란이 있을 수 있다.

(2) 성화를 위한 전통적인 영적 전쟁

① 성화를 위한 전통적인 영적 전쟁 개념

개혁신학 그룹과 보수주의적인 그룹이 이해하는 전통적인 영적 전쟁의 개념은 그리스도인의 마음의 죄와 죄를 짓도록 속임수와 유혹을 가져오는 마귀와의 싸움이다.

데이비드 폴리슨은 토마스 브룩스(Thomas Brooks)의 "사탄의 계략에 대항하는 귀중한 치료법", 존 번연(John Bunyan)의 『천로역정』, 『거룩한 전쟁』, 윌리엄 거널(William Gurnall)의 『그리스도인의 전신갑주』 등을 거론하며 청교도 목회 신학자들이 성경, 인간 본성, 귀신에 관하여 글을 쓰면서 무서운 악과 사탄의 기만적인 속임수들, 인간의 마음상태를 관찰하는 분석의 방법에 대해 썼다는 것을 강조한다.

---

56 Neil T. Anderson, *The Bondage Breaker*, 유화자 역, 『이제 자유입니다』 (서울: 조이선교회, 1993), 203-223.

57 Neil T. Anderson, *Victory over the Darkness*, 『내가 누구인지 이제 알았습니다』, 223-241.

폴리슨은 계속해서 루이스(C. S. Lewis), 레이 스테드먼(Ray Stedman), 제이 아담스(Jay Adams), 존 맥아더 등을 거론하며 이들 역시 전통적인 방법으로 영적 전쟁에 임할 것을 말한다고 강조한다.[58] 그러므로 "성화를 위한 전통적인 영적 전쟁"이란 죄와 타락한 본성과의 싸움이 주류를 이룬다.

이러한 전통적인 영적 전쟁 이해는 지극히 성경적인 사상이다. 그러나 "축사 치유 사역"의 전제가 되는 그리스도인에게도 귀신이 침입할 수 있다는 보다 진보된 영적 전쟁 개념을 수용하지 못하는 한계가 있다.

② 성화를 위한 전통적인 영적 전쟁 대상

영적 전쟁의 대상은 그리스도인의 내면에 잔존하고 있는 타락한 죄악의 본성[59]과 그것을 부추기고, 속이고, 유혹하는 사탄과 그의 세력들이다. 전통적인 성화를 위한 영적 전쟁의 개념에서 본 사탄은 유혹자이다.

③ 성화를 위한 전통적인 영적 전쟁 방법

성경적인 영적 전쟁 방법론은 인간의 마음에 영향을 미치는 사탄의 강력한 힘을 인식하면서 그리스도인들은 어둠에서 나와 빛으로 향하는 지속적이고 반복적인 돌이킴을 통해 영적인 전쟁을 수행해야 하며, 여기서 필요로 하는 것은 회개, 믿음, 순종이다.[60] 예수님과 서신서가 가르치는 영적 전쟁 방법론은

---

58 David Powlison, 『성경이 말하는 영적 전쟁』, 40-42.
59 John Murray, *Systematic Theology, vol. 2* (Edinburgh: The Banner of Truth Trust, 1996), 77-79.
60 David Powlison, 『성경이 말하는 영적 전쟁』, 42.

죄의 귀신을 쫓아내지 않고, 은혜의 하나님을 소개하며 죄에 대한 회개, 하나님에 대한 믿음, 하나님의 뜻에 대한 순종을 요구하시는 것이었다.[61]

레이 스테드먼도 신약성경의 사도들이 귀신들림과 같은 사탄의 직접적인 공격에 대해서 거의 언급하지 않는 것을 지적하며 그리스도인들이 사탄의 간계(schemes)라고 불리는 사탄의 간접적인 공격에 대비해서 싸울 것을 주문한다. 그에 의하면 사탄은 세상과 타락한 본성을 통해 그리스도인들을 파괴하려 한다. 이에 그리스도인들은 하나님의 전신갑주를 입고 마귀와 영적 전쟁을 수행해야 한다.[62]

이러한 "전통적인 성화를 위한 영적 전쟁"은 그리스도인의 삶 전체에 걸쳐 요구되며 그리스도인의 정상적인 삶과 성화의 삶을 위해 반드시 치뤄야 하는 성경적인 싸움이다. 모든 그리스도인들은 신분적으로 이미 하나님의 자녀들이 되었다. 그래서 하나님의 나라에 속한 모든 신령한 은혜를 누리며 이 세상에 살고 있다(롬 14:17). 그러나 동시에 이 땅의 모든 성도들은 상태적으로 아직 하나님의 자녀의 모든 충만한 경지에 이르

---

61 David Powlison, 『성경이 말하는 영적 전쟁』, 87-118. 데이비드 폴리슨의 회개, 믿음, 순종의 전통적인 영적 전쟁론은 성화의 삶을 위한 지극히 정상적인 이해이지만 죄와 사탄의 영향력을 구분하지 못하는 한계를 보여준다. 사탄은 죄지은 인생들 안에 들어가 파괴적인 역사를 자행하고 있다(요 10:10). 전통적인 성화를 위한 영적 전쟁의 이해 그룹은 사탄의 이러한 파괴적인 역사에 대해 무지한 경향이 있다. 실제 축사 치유 사역자들은 죄의 경향성을 목도하고 축사 사역 전 반드시 죄의 문제를 해결하고 축사를 시도한다. 그리고 축사 사역 이후에는 죄를 경계하는 삶에 대한 안내를 한다.

62 Ray C. Stedman, *Spiritual Warfare* (Grand Rapids: Discovery House Publishers, 1999), 49-207. 죄와의 싸움에 대한 스테드먼의 견해는 정당하다. 그리스도인은 천국에 가는 그날까지 내적인 죄의 세력들과 싸워야 한다. 다만 스테드먼의 이해 역시 죄로 인해 침해받을 수 있는 그리스도인의 상태에 대한 이해 부족이 드러나는 것이 아쉽다. 스테드먼의 이해는 사탄을 죄의 배후 세력만으로 한정된다. 그러나 축사 치유 사역 그룹은 사탄은 죄의 배후뿐 아니라 그리스도인 안에 들어가서 파괴의 역사를 자행하는 존재라고 이해된다. 그래서 그리스도인의 경우에도 침해를 받았을 경우 축사 치유가 필요하다.

지 못했다. 아직 그리스도의 장성한 분량에 이르지 못했다. 더욱이 그리스도인의 내면에 타락한 본성이 끊임없이 옛 사람의 삶으로 회귀하도록 요구하고, 세상의 죄악된 분위기는 매 순간 그리스도인의 삶을 위협한다.

여기에 악한 영적 세력들은 성도 안의 타락한 본성과 세상의 죄악된 분위기를 통해 지금도 맹렬하게 유혹하며 타락시키려 하고 있다. 이에 교회는 아직도 잔존하고 있는 그리스도인 내면의 타락한 본성을 제어하고 마침내 그리스도의 장성한 분량에 이르도록 전통적으로 강조되어 온 성화를 위한 영적 전쟁에서 승리해야 한다. 이를 위해서 더욱 회개, 믿음, 순종의 삶을 살도록 가르침과 실천이 따라야 할 것이다.

또한 이러한 "전통적인 성화를 위한 영적 전쟁"은 "축사 치유 사역"을 위해서도 매우 중요하다. "축사 치유 사역"은 그리스도인 내부에 기생하는 악한 영들을 추방하여 성화를 돕는 사역이다. 이때 함께 고려되는 것이 귀신의 침입을 허용하게 한 "죄"를 다루는 부분이다. 사역자들은 먼저 죄를 회개하도록 유도한 후, 축사 사역을 진행하는데 이는 그리스도인의 내적 성결을 위해 매우 중요한 요소인 것이다.

아울러 "축사 치유 사역" 이후 지속적인 성결과 제자도의 삶이 무엇보다 중요한데 만일 이러한 성화를 지향하는 삶을 실패할 경우 추방된 악한 영들이 다시 침입할 수 있기 때문이다 (마 12:43-45). 바로 여기에 "전통적인 성화를 위한 영적 전쟁"의 중요성이 대두되는 것이다.

그리스도의 장성한 분량에 이르기 위해서나, 악한 영에게서 지속적으로 자유한 삶을 위해서나 죄를 멀리하는 성결한 삶은 필수적이고, 하나님을 가까이하는 제자도의 삶은 무엇보다 중요한 요소이다. 그래서 필자가 볼 때 "축사 치유 사역"과 "전통적인 성화를 위한 영적 전쟁"의 각각의 역할 분담과 실행이 잘 이루어진다면 결국 그리스도인의 성화를 온전히 돕는 귀중한 사역이 될 것이라 생각한다.

4. 나가는 글 : 현대 영적 전쟁 운동의 선교 전략적 평가

1) 긍정적인 평가

현대 영적 전쟁 운동에는 교회 성장과 세계 선교를 위한 긍정적인 공헌점들이 있다.

(1) 성경적 선교 전략

선교 전략은 추수하시는 주님의 손에 효과적인 도구를 쥐어드리는 것이다.[63] 역사적으로 "능력 전도"의 원조 격인 오순절 그룹은 표적과 기사가 동반되는 복음전도 전략으로 유명하다.[64] 명성훈은 오순절교회의 영적 전쟁 사역이 성경의 예수 그리스도께서 본을 보이신, 계속되어야 할 하나님의 사역으로 분석했다.[65] 공관복음서에서 볼 수 있는 예수 그리스도의 능력 사역들은 그가 전하는 하나님의 나라 복음을 확증하는 것이었다.[66] 이렇게 그리스도께서 본을 보이

63　C. Peter Wagner, *Frontiers in Missionary Strategy*, 전호진 역, 『기독교 선교 전략』 (서울: 생명의 말씀사, 1998), 31.

64　Vinson Synan, *The Holiness Pentecostal Tradition*, 이영훈 · 박명수 역, 『세계 오순절 성결 운동의 역사』 (서울: 서울말씀사, 2000), 127-131

65　명성훈, 『교회 성장의 영적 차원』 (서울: 서울말씀사, 1997), 69-76.

66　Herman Ridderbos, *The Coming of the Kingdom* (Pennsylvania: P&R Publishing Company,

신 "능력 전도"는 성경적 선교 전략이다.

(2) 현재적 성령 은사 사역

현대 영적 전쟁 운동은 현재적 성령 은사 사역이다.

도날드 맥가브란은 복음전도에 있어서 성령의 절대적인 역할을 다음과 같이 말했다.

> 복음전파는 인간에 의해 주도되지 않는다. 우리들은 결코 우리 자신의 공로로 전도 사업을 할 수 없다. 교회의 명목상의 신자들은 다른 사람들을 얻어 그리스도 안의 생명으로 이끌게 하는데 아무런 관심을 갖고 있지 않다. 전체의 선교운동은 성령에 의해서 영감을 받으며 인도받으며, 조종을 받으며 그 열매를 맺게 된다.[67]

피터 와그너 역시 복음전도 사역은 오직 성령을 통해 가능하다는 것을 인정한다. 그는 "세계 복음화를 위한 최첨단의 병기들이 준비되어 있을지라도, '성령의 능력'이라는 추진 연료가 없으면 하나님이 명령하신 세계 선교의 완성은 불가능한 것이다."라며 오직 성령의 주도적인 역동성을 통해 세계 선교의 과업이 실현될 수 있다는 것을 강조한다.[68]

1962), 65.

67 Donald A. McGavran & Arthur F. Glasser, *Contemporary Theologies of Mission*, 고환규 역, 『현대선교신학』 (서울: 성광문화사, 1985), 199.

68 C. Peter Wagner, *Supernatural Forces in Spiritual Warfare*, 17.

(3) 악한 영적 세력들에 대한 각성

피터 와그너의 지역 귀신과의 싸움에는 "영적 도해"를 통해 주도적으로 지역의 영을 발견하고, 근거가 되는 죄를 찾아내서 "동일시 회개"를 하며, "전투적 기도"를 통해 마귀의 세력을 궤멸하여 영혼 구원의 실제적 열매를 얻겠다는 "방법론적 실험"이 상정된다. 이러한 실험은 성경적인 예를 찾아볼 수 없다는 커다란 약점이 있다.[69]

필자는 이러한 "방법론적 실험"은 성경의 영적 전쟁 원리에 인위적인 방법론을 혼합하게 하는 위험이 있다고 평가하지만, 도시 이면의 영적인 실상을 보여주려는 이들의 노력을 통해 복음전도를 실제적으로 방해하는 "악한 영적 세력들"에 대한 보다 진보된 통찰과 각성을 가져다 준 점은 분명한 공헌점이라고 판단한다.

(4) 새롭게 부각된 기도 사역

현대 영적 전쟁 운동가들은 복음전도 사역의 승리를 위해 "기도"에 전념할 것을 강조한다. 소위 "전략적 차원의 영적 전쟁"을 주창하는 피터 와그너는 영적 전쟁과 함께 "기도" 사역에 관심을 갖는다.[70] 그는 존 윔버를 통해 "능력 전도"에 도전을 받은 이후 1980년 무렵 "기도"와 교회 성장에 관한 관심을 갖게 된다. 그러나 기도에 대한 학자로서의 본격적인 연구는 1987년부터인데 이때부터 와그너는 크리스천 지도자를 위한 중보기도, 전략적 차원의 기도, 기도와 선교 그리고 기도와 교회 성장에 관해 연구하게 된다.[71]

---

69 예수 그리스도와 제자들의 선교 사역에는 "영적 도해"와 "동일시 회개"를 선행하며 복음을 전파한 예는 발견되지 않는다.

70 Peter Wagner는 6권의 기도용사 시리즈를 발간했다. Peter Wagner는 영적 전쟁 사역자들을 위한 중보기도에 대해서도 C. Peter Wagner, *Prayer Shield* (Ventura, Calif.: Regal, 2011)를 통해 강조했다. 기도용사 시리즈 가운데 최종 결정판은 *Praying with Power*이다.

71 C. Peter Wagner, *Wrestling with Alligators, Prophets and Theologians*, 방원선 역, 『악어와의

이러한 현대 영적 전쟁 운동가들의 "기도" 강조는 일반적인 "기도"의 개념을 선교학적으로 진일보시킨 것이다. 즉 이들의 "기도론"은 복음전도를 위한 악한 영적 세력들과의 싸움의 장이 "기도"이고 "기도"를 통해 사탄의 세력을 궤멸할 수 있다는 전제를 가지고 전개되고 있는 것이다.

(5) 필요를 채우는 사랑실천 사역

"축사 치유 사역"은 그리스도인의 성화를 돕는 사역임과 동시에 영적인 눌림에 있는 사람들의 필요를 채우는 사랑의 사역이다. 성경에서 발견하는 예수 그리스도의 치유 사역은 병든 자를 불쌍히 여겨 그들의 필요를 채우는 사랑의 사역이었다.[72] 닐 앤더슨은 자신의 사역 목표는 하나님 백성의 자유와 성숙한 삶에 있다고 고백한다. 그는 "처음부터 나의 관심사는 다분히 목회적인 것이었다. 목자로서의 나의 모든 열망은 하나님의 백성이 진정한 자유를 누리게 될 뿐 아니라 생산적인 삶을 사는 모습을 보는데 있었다."라며 양의 필요를 채우고자 노력하는 진정한 목자의 바람을 쏟아낸다.[73]

에디 머피 역시 끊임없는 비판에도 불구하고 지치지 않고 사역에 임하는 이유에 대해 다음과 같이 피력한다.

> …이러한 논쟁에서 신학적으로 승리하는 일은 아무런 의미가 없다. 왜냐하면 실제로 고통당하는 성도들을 자유롭게 하는 것이 내 사역의 목표이기 때문이다. 그리고 이것은 결국 모든

레슬링, 예언 그리고 신학』(서울: WLI Korea, 2010), 231-234.
72 Francis MacNutt, *Healing*, 변진석·변창욱 역, 『치유』(서울: 무실, 1992), 193.
73 C. Peter Wagner, *Supernatural Forces in Spiritual Warfare*, 123.

것의 핵심이기도 하다.[74]

이처럼 현대 영적 전쟁 운동 가운데 "축사 치유 사역"과 같은 개인을 돌보는 사역은 사람들의 필요에 교리적인 답변만이 아닌 실제적 필요를 채우는 사랑의 사역이다.

2) 비판적인 평가

필자는 현대 영적 전쟁 운동가들의 공헌한 점을 인정한다. 그러나 현대 영적 전쟁 운동에는 몇 가지 위험 요소들도 있다고 판단된다. 이러한 비판적 평가는 반드시 필요한데, 건전한 비판은 바른 신학과 사역을 지향하게 해서 건강한 선교와 목회 사역을 가능하게 하고 결국 건강한 교회를 세우도록 돕기 때문이다.

(1) 현상주의의 위험

"능력 전도"와 같이 가시적인 표적과 기사가 동반되는 영적 전쟁 운동은 "현상주의"로 흐를 수 있는 위험이 상존한다. 배본철은 "능력 전도" 그룹의 운동이 복음적인 신학의 토대 위에서 온전하게 발전한다면 성숙한 성령운동에 일조를 할 수 있을 것이라는 긍정적인 평가와 함께 이들에게서 나타나는 "다양한 현상에 대한 강조"는 치명적인 약점이라는 비판적 평가를 내린다.[75]

"능력 전도" 사역자는 실재와 현상의 균형을 잘 유지해야 한다. 표적과 기사는 복음을 증언하는 도구이다. 복음 때문에 표적과 기

---

74 C. Peter Wagner, *Supernatural Forces in Spiritual Warfare*, 67.
75 배본철, 『개신교 성령론의 역사』(안양: 성결대학교출판부, 2003), 307–313.

사가 동반되는 것이다. 그런데 복음보다 표적과 기사와 같은 외적인 부분에 치중하게 된다면 주객이 전도되는 우를 범할 수 있다.

(2) 인위적인 방법론의 위험

"전략적 차원의 영적 전쟁" 가운데는 성경적 원리에 대한 인위적 방법론의 혼합으로 인해 비판을 받는 요소가 있다. 와그너는 지역 복음화를 위해 먼저 실재하는 지역 귀신을 제압하도록 "전략적 차원의 영적 전쟁"을 제안한다. 여기에는 "영적 도해", "동일시 회개", "전투적 기도"가 포함된다.[76]

현재 와그너의 이론이 공격받는 것은 그의 인위적인 구분에 따른 방법론적 실험 때문이다. 과연 이러한 사역 원리들이 성경적이며 또한 교회 성장과 세계 선교의 열매들을 효과적으로 맺게 하는 방법론인지가 의문점인 것이다. 영적 사역을 감당하는 그룹은 그들의 사역이 성경적인가? 인위적인가?에 대해 민감해야 한다.

(3) 개인적 체험의 원리화 위험

"축사 치유 사역"에는 개인적 체험을 객관적 원리로 체계화하려는 시도를 볼 수 있다. 찰스 크래프트의 "축사 치유 사역"에는 전통적인 방법론과 신비로운 개인적 사역 방법론이 함께 제시된다. 이 가운데 신비적인 개인적인 방법론은 검토가 필요하다. 사역자 개인의 경험이 원리화되는 것은 문제가 있다. 그 이유는 모든 개인의 경험이 원리가 된다면 기준이 없어지기 때문이다. 신비로운 영적 세계를 상대로 한 영적 사역일수록 그 원리는 성경적이어야 한다. 성경만이 신앙 세계의 참된 기준이 되기 때문이다.

---

76 C. Peter Wagner, *Warfare Prayer*, 14–17.

(4) 균형 상실의 위험

이태웅과 박보경은 영적 전쟁 운동의 위험성을 잘 지적하고 있다. 필자는 이러한 우려가 현실이 될 수 있는 가능성은 얼마든지 있다고 판단한다. 결국 선교와 목회 사역의 책임은 개교회의 사역자들의 몫인데 여기에 신학과 목회 사역의 균형감각의 중요성이 대두된다. 성경과 현장의 균형감각, 신학과 목회의 균형감각, 목회자와 성도의 균형 감각이 영적 전쟁 사역에 절실히 요구된다.

참고문헌

김성태. 『세계 선교 전략사』. 서울: 생명의말씀사. 1994.
김재성. 『교회를 허무는 두 대적』. 서울: 킹덤북스. 2013.
김세윤. 『예수와 바울』. 서울: 두란노. 2001.
김호환. 『카리스마와 영성』. 서울: 개혁주의신행협회. 2006.
명성훈. 『교회 성장의 영적 차원』. 서울: 서울말씀사. 1997.
박영호. 『빈야드 운동 평가』. 서울: CLC. 1996.
배본철. 『귀신 추방』. 서울: 킹덤북스. 2014.
이승현. 『성령』. 서울: 킹덤북스. 2012.
이재완. 『선교와 영적 전쟁』. 서울: CLC. 2011.
이수환. 『선교와 영적 전쟁』. 서울: 한국학술정보. 2011.
정흥호. 『영적 전쟁 균형 잡기』. 서울: 그리심. 2006.
_____. 『성경과 선교』. 서울: 도서출판 바울. 2014.
Anderson, Neil T. *The Bondage Breaker*. 유화자 역. 『이제 자유입니다』. 서울: 조이선교회. 1993.
_____. *Victory over the Darkness*. 유화자 역. 『내가 누구인지 이제 알았습니다』. 서울: 조이선교회. 1993.
Dickason, C. Fred. *Demon Possession & the Christian*. 김병제·이학규 역. 『그리스도인도 귀신들릴 수 있는가?』. 서울: 요단출판사. 1994.
_____. *Angels, Elect and Evil*. 김달생 역. 『천사 사탄과 귀신론』. 서울: 성광문화사. 1981.
Hammond, Frank D. *Pigs in the Parlor*. 홍원팔 역. 『안방 속의 돼지 떼들』. 서울: 서로사랑. 2002.
Jacobs, Cindy. *Possessing the Gates of the Enemy*. 고세중 역. 『대적의 문을

취하라』. 서울: 죠이선교회 출판부. 1996.

Kane, J. Herbert. *Christian Missions in Biblical Perspective.* 이재범 역.『선교신학의 성서적 기초』. 서울: 나단. 1976.

McGavran, Donald A. & Glasser, Arthur F. *Contemporary Theologies of Mission.* 고환규 역.『현대선교신학』. 서울: 성광문화사. 1985.

MacNutt, Francis. *Healing.* 변진석 · 변창욱 역.『치유』. 서울: 무실. 1992.

Powlison, David. *Power Encounter.* 유미영 역.『성경이 말하는 영적 전쟁』. 서울: 생명의말씀사. 2004.

Rommen, Edward. *Spiritual Power and Missions.* 정흥호 역.『영적 능력과 선교』. 서울: 목양. 1997.

Synan, Vinson. *The Holiness Pentecostal Tradition.* 이영훈 · 박명수 역.『세계 오순절 성결운동의 역사』. 서울 : 서울말씀사. 2000.

Unger, Merrill F. *Biblical Demonology.* 정학봉 역.『성서적 마귀론』. 서울: 요단출판사. 1980.

Verkuyl, Johannes. *Contemporary Missiology an Introduction.* 최정만 역.『현대선교신학개론』. 서울: CLC. 1996.

Warner, Timothy M. *Spiritual Warfare.* 안점식 역.『영적 전투』. 서울: 조이선교회. 2005.

Wagner, C. Peter. *Spreading the Fare.* 홍용표 역.『불을 질러라』. 서울: 예찬사. 1996.

_____. *Lighting The World.* 홍용표 역.『세계를 밝혀라』. 서울: 예찬사. 1997.

_____. *Blazing the Way.* 홍용표 역.『개척하라』. 서울: 예찬사. 1997.

_____. *Confronting the Powers.* 나겸일 역.『영적 전투를 통한 교회 성장』. 서울: 서로사랑. 1997.

_____. *Breaking Strongholds in Your City.* 홍용표 역.『지역사회에서 마귀의 진을 헐라』. 서울: 서로사랑. 1997.

_____. *Frontiers in Missionary Strategy.* 전호진 역.『기독교 선교 전략』. 서울: 생명의말씀사. 1998.

_____. *Wrestling with Dark Angels.* 정운교 역.『선교 현장과 영적 전쟁』. 서울: 나눔터. 1994.

_____. *Wrestling with Alligators, Prophets and Theologians.* 방원선 역.『악어와의 레슬링, 예언 그리고 신학』. 서울: WLI Korea. 2010.

Wimber, John. *Power Points.* 김태진 역.『능력 포인트』. 서울: 솔로몬. 1997.

Kraft, Charles H. *Behind Enemy Lines.* Oregon: Wipf and Stark Pub. 2000.

_____. *Defeating Dark Angels.* Ventura, Calif.: Regal. 2011.

_____. *Deep Wounds Deep Healing.* Ventura, Calif.: Regal. 2009.

Ladd, George. *A Theology of the New Testament.* Grand Rapids: Eerdmans Publishing Company. 1983.

Nichol, John T. *The Pentecostals.* Plainfield: Logos International. 1966.

Otis Jr, George. *The Last of the Giants.* NY: Chosen Books.1991.

Ridderbos, Herman. *The Coming of the Kingdom.* Pennsylvania: The P&R Publishing Company. 1962.

Stedman, Ray C. *Spiritual Warfare.* Grand Rapids: Discovery House Publishers. 1999.

Tippett, Alan R. *People Movements in Southern Poiynesia.* Chicago: Moody Press. 1971.

_____. *Verdict Theology in Missionary Theory.* Lincoln, IL; Lincoln Christian College Press. 1969.

Unger, Merrill F. *What Demons can do to Saints.* Chicago: Moody Press. 1991.

Wimber, John. *Power Evangelism.* Ventura, Calif.: Regal. 2009.

_____. *Power Healing.* San Francisco: Harper Collins. 1991.

Wagner, C. Peter. *Supernatural Forces in Spiritual Warfare.* Spensberg: Destiny Image. 2012.

_____. *Warfare Prayer.* Spensberg: Destiny Image. 2009.

_____. *Praying with Power.* Spensberg: Destiny Image. 1997.

_____. *Territorial Spirits.* Spensberg: Destiny Image. 2012.

변화하는 선교 전략

Changing Strategy of Mission

2015년 9월 15일 초판 발행

지 은 이 | 송영만, 이수환, 이회훈, 윤승범

편　　집 | 김수홍
디 자 인 | 이수정 김소혜
펴 낸 곳 | 사)기독교문서선교회
등　　록 | 제16-25호(1980. 1. 18)
주　　소 | 서울시 서초구 방배로 68
전　　화 | 02) 586-8761~3(본사) 031) 942-8761(영업부)
팩　　스 | 02) 523-0131(본사) 031) 942-8763(영업부)
홈페이지 | www.clcbook.com
이 메 일 | clckor@gmail.com
온 라 인 | 기업은행 073-000308-04-020, 국민은행 043-01-0379-646
　　　　 예금주: 사)기독교문서선교회

ISBN 978-89-341-1484-0 (93230)

* 낙장 · 파본은 교환해 드립니다.

이 도서의 국립중앙도서관 출판시 도서목록(CIP)은 서지정보유통지원시스템 홈페이지(http://seoji.nl.go.kr)와 국가자료공동목록시스템(http://www.nl.go.kr/kolisnet)에서 이용하실 수 있습니다.
(CIP제어번호: CIP2015022988)